全国职业院校“十三五”汽车专业新形态规划教材

汽车空调

主　编　马　泽　王亚男

副主编　林　泉　李顺华　周　栋　何明松

参　编　霍梦楠　杜茂金　梁康松　兰国龙　秦政义

机械工业出版社

本教材采用任务驱动模式，通过把知识点拆解为多个任务，引导学生加深对知识点的理解和掌握，同时培养学生的动手能力。本教材结合中等职业教育的基本特点编写，符合实际教学要求，主要内容包括：汽车空调概述，汽车空调制冷系统，汽车空调通风、供暖和配气系统，汽车自动空调控制系统，汽车空调综合检测。

本教材主要作为中等职业学校汽车相关专业的教学用书，也适合汽车从业人员阅读和参考。

图书在版编目（CIP）数据

汽车空调/马泽，王亚男主编．—北京：机械工业出版社，2019.11

全国职业院校“十三五”汽车专业新形态规划教材

ISBN 978-7-111-63494-2

Ⅰ.①汽… Ⅱ.①马… ②王… Ⅲ.①汽车空调－中等专业学校－教材 Ⅳ.①U463.85

中国版本图书馆 CIP 数据核字（2019）第 179972 号

机械工业出版社（北京市百万庄大街 22 号 邮政编码 100037）

策划编辑：王 博 责任编辑：王 博 王振国

责任校对：潘 蕊 封面设计：马精明

责任印制：孙 炜

保定市中画美凯印刷有限公司印刷

2020 年 1 月第 1 版第 1 次印刷

187mm×260mm · 13.5 印张 · 331 千字

0 001—3 000 册

标准书号：ISBN 978-7-111-63494-2

定价：39.80 元

电话服务 网络服务

客服电话：010-88361066 机 工 官 网：www.cmpbook.com

010-88379833 机 工 官 博：weibo.com/cmp1952

010-68326294 金 书 网：www.golden-book.com

封底无防伪标均为盗版 机工教育服务网：www.cmpedu.com

前言

随着人民生活水平的提高，汽车已逐渐成为人们的必需品，人们对汽车后市场服务也提出了更高的要求。因此，汽车行业人才需具备更全面的专业知识、较强的动手能力。

汽车相关专业的中职学生作为汽车行业储备人才，应当具备分析问题和解决问题的能力、吸收新知识和新技能的能力。因此，本教材从中等职业教育的特点和要求出发，打破传统教材的编写方式，通过具体案例，系统介绍汽车空调的结构、检修操作流程和理论知识，具有较好的应用性、实践性和可操作性。本教材具有以下特点。

（1）以工作过程为导向——任务引领　以具有代表性的工作任务作为一个相对完整的学习过程，围绕工作任务聚焦知识和技能，翔实介绍汽车空调每个模块的操作过程，体现“以工作过程为导向”的教学观，激发学生学习的主动性；将职业工作的内容在主观上作为一个整体化的行为并付诸实施，构建工作过程完整的学习过程。

（2）以全面职业能力培养为目标——一体化　本教材结合课程特点按照理实一体化教学模式编写，充分利用现代化教学、实物教学手段，使学生理论与实践融会贯通，知识与技能同步，在理实一体化的训练过程中，全面培养学生的知识、技能和情感，提高学生的专业能力和职业能力。

（3）注重教学的实效实施——实用性　本教材以“实用、够用”为宗旨，以技能为主线，理实结合，重在教会学生掌握必需的专业知识和技能。每个任务中实际案例的选取，都充分考虑了其必要性、代表性和可操作性。每个单元都有知识目标和技能目标，任务后配有课后习题，便于检测学生理论知识和技能的掌握情况，既方便教师教学，又便于学生自主学习。

现代汽车种类繁多，本教材以一般与典型相结合的方式，系统地阐述了现代汽车空调的结构、工作原理和故障维修技术。每个任务以典型实际案例为切入点，导入理论知识，再在任务实施部分引导学生完成案例故障的诊断与排除，做到理论与实践的紧密结合。

在本教材编写过程中借鉴和参考了相关资料，在此谨向所有参考资料的作者表示感谢！感谢融畅易和公司提供的技术支持。

由于编者水平有限，本教材难免会有疏漏和不当之处，敬请读者和业内专家给予批评指正。

编　者

目录

单元1 汽车空调概述

知识目标

1）了解汽车空调的发展历史。

2）掌握汽车空调的作用和组成。

3）掌握汽车空调面板控制开关的作用。

技能目标

1）能够对汽车手动空调面板进行操作。

2）能够对汽车自动空调面板进行操作。

任务1　了解汽车空调发展史

任务描述

炎炎夏日，我们坐在车内，享受着汽车空调带来的凉爽。当你一边享受宜人的车内温度，一边观赏灼热的浓荫时，你是否想过汽车空调是怎样发展起来的呢?

任务分析

想要了解汽车空调的由来，应当知道汽车空调发展的几个阶段以及汽车空调的种类。

相关知识

1. 汽车空调的发展历程

早在1886年，德国人卡尔·弗里德里希·本茨就制造出了世界上第一辆三轮汽车，虽然此后关于汽车的发明层出不穷，但汽车空调的问世，却比汽车发展整整滞后了近半个世纪。由于最初汽车没有密封的车身，如何控制车“内”的温度似乎并不是一件值得工程师们操心的事情：冬天，人们只需穿厚重些；夏天，20km/h的速度也可以为人们带来一丝凉意。当汽车开始安装封闭车身时，实在难以忍受闷热的人们依然考虑的是如何通过通风来降低温度，比如在车辆地板上挖几个洞。不过，这样的发明显然并不实用，因为在带来并不算凉爽的空气的同时，这些通风孔还带来了大量的尘土。在这之后，还有人将一桶水放在车辆地板的通风孔旁边，利用水的蒸发来带走空气中的热量。这种方法虽然原始且效果并不是特别明显，但却是后来汽车空调技术的基础。随着汽车的普及和高新技术的应用，汽车空调经历了由低级到高级、由简单到复杂的发展过程，可概括为以下 5 个阶段。

第一阶段：单一制暖空调。

1925 年美国首先出现了利用汽车冷却液通过加热器供暖的方法。1927 年发展到具有加热器、风机和空气滤清器这一比较完整的供热系统，当时轰动了世界各国汽车制造商。实际上这种装置只能称为“加热器”，只是在汽车车厢内增加了热量，在寒冷的季节里，能起到一定的保暖作用。

这种供热系统直到 1948 年才在欧洲出现，而日本到 1954 年才开始使用加热器取暖。目前，在寒冷的北欧、亚欧北部地区，汽车空调仍然使用单一供热系统。

第二阶段：单一制冷空调。

单一制冷空调实际上到 1938 年才出现，美国人帕尔德根据电冰箱“冷气”的原理发明了汽车空调，林肯 V12 有幸成为第一辆安装冷气空调的车。1940 年，美国 Packard 公司第一次将机械制冷用于车用空调，为世界汽车空调市场开辟了发展之路。但这种空调体积庞大又不便控制，到 1941 年，厂家就不再安装这种空调了。

正当汽车空调准备大展身手的时候，第二次世界大战突然爆发了，致使汽车空调的发展一度中断。第二次世界大战结束后，汽车空调的实用化、普及化才开始逐渐恢复并发展起来。战后不久，凯迪拉克曾推出过一种“全新”的空调装置，这种“全新”主要表现在空调控制系统上。不过，这种控制系统位于车的后部，这在今天看来是不可思议的：如果车后面坐着乘客还好说，转个身就可以开、关空调，而要是后排没有乘客，驾驶人就只能下车去开空调了，太麻烦了。

欧洲、日本到 1957 年才有这种单一制冷空调的轿车。目前，在热带、亚热带地区，汽车空调仍然使用单一制冷的空调。我国广东、海南出租车使用的空调，大部分只有制冷降温功能。

第三阶段：冷暖一体化空调。

1954 年，美国通用汽车公司首先在纳什牌轿车上安装了冷暖一体化空调，汽车空调才基本上具有调节与控制车内温度、湿度的功能。这种空调最终将控制开关放在了前排的控制面板上，并采用了电控开关和出风口，从而帮助人们有更多的温度选择。此后，日本和欧洲的一些国家开始参考美国试制生产汽车空调。20 世纪 60 年代后，冷气装置的汽车空调开始普及全世界。据有关资料统计表明，截至 1962 年，世界上轿车装有空调设备的已达 75 万辆。

随着汽车空调技术的不断完善，现在的汽车冷暖一体化空调基本上具有降温、除湿、通风、过滤、除霜等功能。

第四阶段：自动控制的汽车空调。

冷暖一体化空调需要人工操作，这显然增加了驾驶人的工作量，同时控制质量也不是很好。1964 年，第一台自动控温的汽车空调装到了美国通用公司的凯迪拉克豪华型轿车上。丰田、劳斯莱斯、奔驰等公司也不甘落后，到 1971 年，它们的高级轿车中都安装了自动汽车空调设备。

第五阶段：微型计算机控制的汽车空调。

1973 年，美国通用汽车公司与日本五十铃汽车公司一起联合研制微型计算机控制的汽车空调，并于 1977 年同时安装在各自生产的汽车上，将汽车空调技术推升到一个新的高度。随着微型计算机技术的发展，微型计算机控制的汽车空调功能不断增强和完善，实现了控制显示数字化、冷暖通风一体化、故障诊断智能化。

目前，高档轿车的全自动空调与其他电控系统组成局域网，根据车内外的环境情况，自动控制汽车空调系统的工作，这样既提高了调节效果，又节约了燃料。

2. 我国汽车空调的发展与现状

我国汽车空调的发展十分缓慢，从 20 世纪 60 年代开始才真正进入发展阶段，可分为以下几个阶段。

第一阶段：研发阶段。我国汽车空调最先的发展是在长春中国第一汽车制造厂，当年技术人员研发出了能在红旗轿车上使用的空调并投入生产，主要是通过循环水来为车内降温，或者引用发动机的热气为车内提供暖气。

第二阶段：起步阶段。我国应用世界上其他发达国家的空调技术并加以改进，开始在国产车辆上进行使用和研究，为我国之后汽车空调技术的发展起到了不可替代的作用。

第三阶段：规模发展阶段。由于我国经济的迅速发展和国家工业的崛起，汽车产销量开始呈指数式增长，汽车空调技术也越来越成熟。

3. 汽车空调发展方向

随着社会的进步，汽车空调的使用基本普遍，未来汽车空调发展将更加经济实用，而且生产成本将进一步降低；应更好地提高空调的设计结构和效率，进一步提高车内的舒适性，提高行车安全；同时也应加强空调使用过程中的环保性，操作进一步简化，变得更加智能、合理，即汽车空调将更加智能化、节能化和轻量化。

任务准备

汽车实训整车、空调实训台架。

任务实施

1）认识汽车手动空调。

2）认识汽车自动空调。

扩展知识

世界上第一辆汽车：1886 年德国人卡尔·弗里德里希·本茨发明的以汽油机为动力的三轮汽车，如图 1-1 所示。

第一台装有制冷机的轿车是美国 Packard 公司生产的，如图 1-2 所示。

1976 年，由上海汽车空调机厂（原上海内燃机油泵厂）制造的汽车空调，配套在上海牌 SH760A 轿车中，如图 1-3 所示。

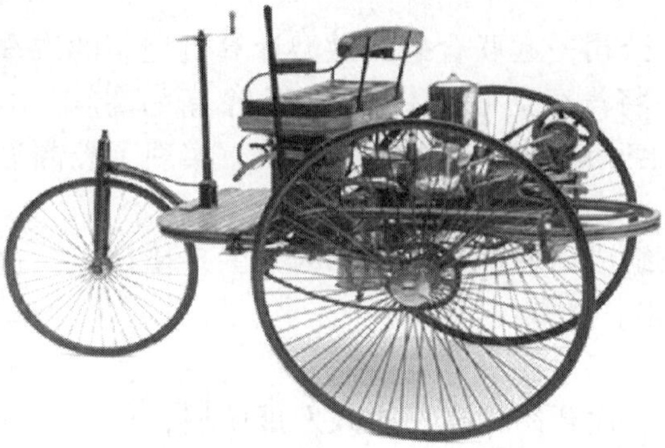

图 1-1　世界上第一辆汽车

图 1-2　装有制冷机的轿车

图 1-3　上海牌 SH760A 轿车

任务 2　了解汽车空调系统的作用与组成

任务描述

由于汽车是一个比较密闭的空间，所以长时间内空气不流畅会让人们产生疲劳感，这对驾驶人来讲也是一个困扰，不能很好地开车，严重的还会存在一定的安全隐患。面对这种问题该如何解决呢？

任务分析

为了完成本次任务，应该做到以下几点。

1）掌握汽车空调的组成系统及各系统的作用。

2）掌握汽车空调制冷系统的组成及原理。

3）掌握制冷系统各部件的结构。

相关知识

1. 汽车空调的作用

空调即空气调节，它的作用是在封闭的空间内对温度、湿度进行控制。衡量汽车空调质量的指标主要有 4 个，即温度、湿度、流速和清洁度。

（1）温度　在夏季，使人感到最舒适的温度是 22～28℃，在冬季则是 16～18℃。人体面部所需求的温度比足部略低，即要求“头凉脚暖”，温差大约为 2℃。

（2）湿度　使人觉得最舒适的相对湿度，在夏季是 50%～60%，冬季则是 40%～50%。

（3）流速　空气流速在 0.2m/s 以下为好，并且以低速变动为佳。

（4）清洁度　全封闭空间的空气极易产生缺氧和二氧化碳浓度过高。汽车发动机废气中的一氧化碳、道路上的粉尘、野外有毒的花粉都对人体有害。

2. 汽车空调系统的组成

汽车空调系统一般由制冷系统（装置）、暖风装置、通风装置、加湿装置、空气净化装置和控制系统组成。制冷系统的作用是对车内空气或由外部进入车内的新鲜空气进行冷却或除湿，使车内空气变得凉爽舒适。暖风装置主要用于取暖，对车内空气或由外部进入车内的新鲜空气进行加热，达到取暖、除湿的目的。通风装置将外部新鲜空气吸进车内，起通风和换气作用。同时，通风装置对防止风窗玻璃起雾也起着良好作用。加湿装置是在空气湿度较低时对车内空气进行加湿，以提高车内空气的相对湿度。空气净化装置用于除去车内空气中的尘埃、臭味、烟气及有毒气体，使车内空气变得清洁。控制系统用于将上述各部分全部或部分组合在一起安装在汽车上。

一般的轿车和客货车上，通常只有制冷装置、暖风装置和通风装置，高级轿车和高级大客车上还加有加湿装置和空气净化装置。

3. 制冷系统的组成

科鲁兹轿车的制冷系统属于传统汽车空调，主要由压缩机、冷凝器、蒸发器、储液干燥器、膨胀阀、鼓风机、控制机构等组成，如图 1-4 所示。各部件之间采用铜管（或铝管）和高压橡胶管连接成一个密闭系统。

图 1-4　传统汽车空调组成

1—蒸发器　2—压缩机

3—储液干燥器　4—冷凝器

（1）压缩机　压缩机是空调制冷系统的心脏，是制冷剂在系统内循环的动力源，如图 1-5 所示。其作用是把制冷剂由低温低压气体压缩为高温高压气体。没有它，制冷系统不仅不制冷，而且还失去了运行的动力。压缩机是由汽车发动机的曲轴来驱动的。

（2）冷凝器　冷凝器的作用是将压缩机排出的高温高压制冷剂蒸气进行冷却，并使其凝结为液体，凝结时所放出的热量被排至大气中。它一般安装在车头，与散热器一起，共同享受来自前方的凉风，如图 1-6 所示。

图 1-5　压缩机

图 1-6　冷凝器

（3）储液干燥器　储液干燥器实际上是一个储存制冷剂及吸收制冷剂水分、杂质的装置。一方面，它相当于汽车的油箱，为由于泄漏制冷剂而多出的空间补充制冷剂；另一方面，它又像空气滤清器那样，过滤掉制冷剂中的杂质。储液干燥器中还装有一定的硅胶物质，起到吸收水分的作用，如图 1-7 所示。

（4）蒸发器　蒸发器的作用与冷凝器正好相反，它是制冷剂由液态变成气态（即蒸发）时吸收热量的场所。车内湿热空气通过蒸发器时，蒸发器内液态雾状制冷剂吸收流经蒸发器的湿热空气热量，蒸发而使空气冷却，湿气凝结成露水沿导流管排出车外，冷干空气经风机作用在车内循环，最终体现汽车空调制冷的作用，如图 1-8 所示。

图 1-7　储液干燥器

图 1-8　蒸发器

（5）膨胀阀　膨胀阀的作用是降低进入蒸发器内的制冷剂的压力，控制进入蒸发器内的制冷剂流量。压力降低，温度同时降低，制冷剂雾化成液态微粒，制冷剂易于吸热而蒸发膨胀。控制进入蒸发器内制冷剂的流量，可以防止因制冷剂流量过大使蒸发器温度过低而结冰；也可以防止因制冷剂流量过小使蒸发器过热而导致空调系统制冷度不足，如图 1-9 所示。

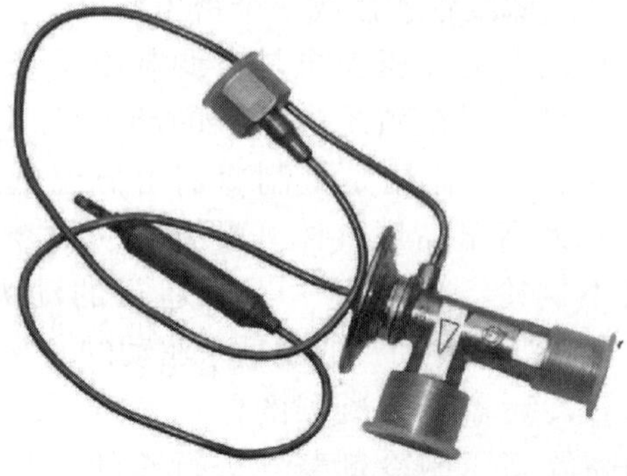

图 1-9　膨胀阀

任务准备

汽车实训整车、空调实训台架。

任务实施

认识汽车空调的组成，找到各组成部件安装位置。

1）空调压缩机的安装位置。

2）空调蒸发器的安装位置。

3）空调冷凝器的安装位置。

4）空调膨胀阀的安装位置。

5）汽车空调系统在发动机舱内的相对位置。

提示：任务完成后回收工具，整理、清洁工作场所，认真执行6S管理。

检查评议

评价表见表1-1。

表1-1　评价表

序号	检查项目	操作内容	配分	得分
1	专业知识	能够说出制冷系统各部分的名称	40分	
		能够说出各部分的作用	40分	
2	职业素养	学习态度：积极主动参与学习	4分	
		团队协作：善于合作，共同完成	4分	
		责任意识：爱护仪器，作业单填写认真	4分	
		安全规范：有安全意识，操作规范	4分	
		现场管理：6S执行认真，有环保意识	4分	
合计			100分	

问题及防治

1）根据检查情况，总结出完成任务过程中会遇到的问题。

2）小组内探讨如何预防这些问题的发生，也可以由组长汇总后咨询教师。

扩展知识

正确使用空调

1）先放热气再开空调。若车在烈日下停放时间较长，车辆起动后不要立刻使用空调。先把所有窗户都打开，起动外循环，把热气排出去，等车厢内温度下降后，再关闭车窗开启空调。不应频繁开启和关闭空调，以防损坏空调系统。

2）车内开空调时，司机不要在车内吸烟。若吸烟，应将空调的通风控制调到“外循环”位置。

3）在空气进气口附近不能堆放物品，以防进气口被堵，致使空调系统空气流通受阻。

4）经常清洁出风口和驾驶室内的灰尘与污垢。这不仅有助于汽车的美观，而且对驾驶人和乘客的身体健康都是有益的。

5）停车后使用空调时间不能过长。有的车主为凉快，关紧车门窗，打开空调在车内休息，这样极易导致车内一氧化碳浓度升高而中毒。

6）在到达目的地（停车）之前几分钟关掉冷气，稍后开启自然风，在停车前使空调管道内的温度回升，消除与外界的温差，从而保持空调系统的相对干燥。避免因潮湿造成大量霉菌的繁殖。

7）在低速行驶时尽量不使用空调。行车中遇到交通堵塞时，不要为提高空调效能而使发动机以较高转速运转，因为这样做对发动机和空调压缩机的使用寿命都有不利影响。

8）不要先熄火再关空调。有的车主常常在熄火后才想起关闭空调，这对发动机是有害的，因为在车辆再次起动时，发动机会带着空调的负荷起动，这样的高负荷会损伤发动机。因此，每次停车后应先关闭空调再熄火，而且也应该在车辆起动两三分钟、发动机得到润滑后，再打开空调。

课后练习

1）汽车空调系统一般由________、暖风装置、________、加湿装置、________和控制系统组成。

2）衡量汽车空调质量的指标主要有 4 个，即________、________、________、________。

3）压缩机的作用是把制冷剂由________气体压缩为________气体。

4）在冷凝器内，制冷剂从________变成________。

5）蒸发器的作用与冷凝器正好相反，它是制冷剂由液态变成气态（即蒸发）________热量的场所。

任务3　了解汽车空调面板操作

任务描述

王先生买了辆新车，不太懂车的他想在寒冷的冬季打开汽车空调取暖，结果打开了空调制冷系统，导致车内越来越冷。汽车空调到底该如何操作呢？

任务分析

为了避免王先生所遇到的问题，应该做到以下几点。

1）认识并会操作汽车手动空调的操作面板。

2）认识并会操作汽车自动空调的操作面板。

相关知识

在汽车空调系统中，车内的温度控制与风量的调节是由空调操作面板来实现的，根据空调系统的自动化程度不同，空调面板也有手动、半自动和全自动3种形式。

1. 手动空调操作面板的认识

在电子控制的手动空调系统中，进气源、空气温度、空气分配及鼓风机速度等功能都是驾驶人通过操纵手动控制面板的旋钮、按钮和拨杆，借助拉索进行调节选择的。典型的手动空调控制面板如图1-10所示。

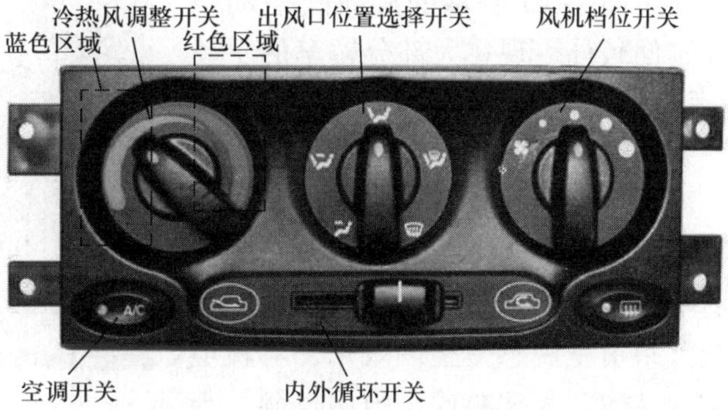

图1-10　典型的手动空调控制面板

（1）空调开关（A/C开关）　当按下A/C开关时，A/C开关指示灯会亮，此时空调压缩机的电磁离合器吸合，压缩机开始工作。

（2）风机档位开关（风扇控制转盘）　当打开风机档位开关时，可以选择鼓风机的速度，并随着风机档位的变大，鼓风机的转速会逐步增高。

（3）出风口位置选择开关（模式控制旋钮）

1）：当出风口位置选择开关在这个位置时，风会分两部分，一部分由出风口吹向面部，另一部分从下出风口吹向脚部。

2）：当出风口位置选择开关在这个位置时，所有的风从中央出风口吹向头部。

3）：当出风口位置选择开关在这个位置时，风从下出风口吹向脚部，只有少量的风

吹向面部。

4）：当出风口位置选择开关在这个位置时，风会从除霜口吹向风窗玻璃而给玻璃除霜。

5）：当出风口位置选择开关在这个位置时，风会从除霜口吹向风窗玻璃和脚部空间。

（4）内外循环开关（进气口控制杆） 当开关处于位置时，属于外循环模式，使车外的新鲜空气进入车内。当选择这个模式时，车外的空气将在鼓风机的带动下进入车内。

当开关处于位置时，属于内循环模式，使车内的空气在车内部循环，这时车外的热空气进不到车内。当需要快速将车内温度调整到理想状态时，可选择打开内循环开关。在这种状态下空气循环仅限于车内，能获得快速升（降）温的效果。

（5）冷热风调整开关（温度控制旋钮） 在该开关后有一根拉线，当你选择任一位置时，拉钮就会停到那个位置，同时，拉线会带动链动装置动作，这时空调就进入相应的冷风或热风工作状态。

当选择红色区域时，属热风档。此时暖风水箱（加热器芯）的热水开始循环，暖风风门打开，这时热空气将会从中央出风口吹进车内。

当选择蓝色区域时，属冷风档。此时暖风水箱的水不循环，暖风风门关闭。这时打开空调，风机档位开关打开，就会有冷风从风口吹出。使用时应注意：当开空调时，冷热风调整开关必须拨到冷风档（蓝色位置）。

除了图1-10所示的旋钮式手动空调控制面板外，现在大部分轿车的手动空调控制面板做成了图1-11所示的样子，各按键功能一样。

图1-11 手动空调控制面板

手动空调的优点：成本低廉，机械式操纵机构简单、可靠。

手动空调的缺点：操纵负载大，手感差；乘员主观感受空调效果，对环境变化无响应，无法精确、恒温控制；与高档车内饰不协调；机械故障率高，塑料控制盘容易变形导致控制错位、卡死，风门漏风严重。

2. 自动空调面板的认识

自动空调就是乘员操作自动控制面板的旋钮或按钮，设定所需的空调温度，由自动空调系统自动监控并调节温度、鼓风机速度和空气分配。自动模式提供了最适宜的系统控制，并且不需要手动干预。手动模式允许忽略单个功能的自动运行，以适应个人偏好。典型的自动空调控制面板如图1-12所示。

（1）OFF键（关闭开关） 按下此键即关掉空调。新鲜空气不再进入车内，可防止车外被废气及灰尘污染的空气进入车内。

（2）AUTO键（自动开关） 此键适用于各种天气状况，一旦达到设定的温度，鼓风机将以最低的转速运转；若温度发生变化，调节系统会通过改变鼓风机转速和调节调温门位置进

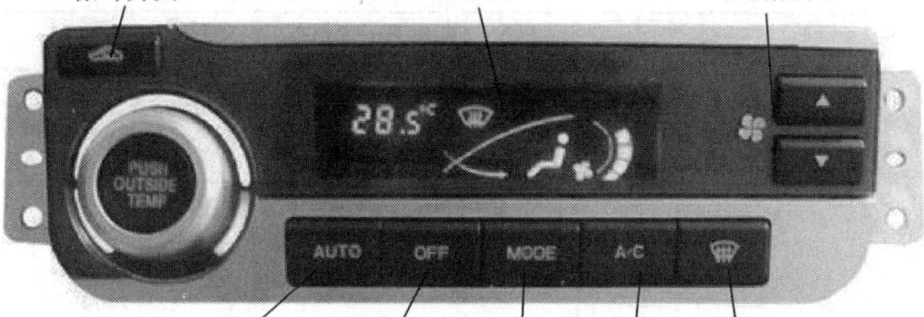

图 1-12　典型的自动空调控制面板

行调节。天气寒冷时，暖风从吹脚风道吹出，少部分暖风吹到风窗玻璃上进行除霜；天热时，冷风从中央出风口吹出。

（3）除霜键（除霜开关）　按下除霜键，大部分空气吹向风窗玻璃进行除霜、除雾。此时鼓风机以高速运转。

（4）OUTSIDE TEMP 键　该键为外部温度键。按下此键，将显示外部温度值，同时该键左侧的检查指示灯亮。天气寒冷时，鼓风机只有在发动机冷却液加热到 50℃ 时才开始运转，以保证具有良好的加热性。如果点火开关接通后约 1min，OUTSIDE TEMP 键左边的检查指示灯闪亮，则表示空调系统有故障，如果在行驶中有故障，检查指示灯同样会闪亮。在 OUTSIDE TEMP 键的下方是温度指示选择开关和℃键、℉键。置于℃键时，显示温度为摄氏温度；而置于℉键时，显示温度为华氏温度。该面板按键的组合操作，还可以完成对空调系统的自诊断功能，故障码在显示屏幕上自动显示。

自动空调的优点：智能化恒温控制，空调舒适性极佳；人性化交互界面，操作和运行可视化，与中控台融合为一体，协调美观；操纵负载小，手感佳。

自动空调的缺点：成本高；可维修性差，即维修难度增大。

任务准备

装有手动空调的汽车、装有自动空调的汽车。

任务实施

1. 正确操作汽车手动空调

1）打开汽车空调开关。

2）打开风机档位开关，正确选择出风口位置。

3）使用风窗玻璃除霜开关进行除霜。

4）使用内外循环开关让车内的空气进行流通。

5）将车内冷、热风模式进行转换。

2. 对汽车空调面板加以认知（填写表 1-2）

表 1-2　汽车空调面板符号含义

序号	内容	名称	作用
1			
2			
3			
4			
5			
6			
7			

检查评议

评价表见表 1-3。

表 1-3　评价表

序号	评价项目	评价内容	配分	得分
1	专业知识	能够认识汽车空调面板	40 分	
		能够正确操作汽车手动空调各键	40 分	
2	职业素养	学习态度：积极主动参与学习	4 分	
		团队协作：善于合作，共同完成	4 分	
		责任意识：爱护仪器，作业单填写认真	4 分	
		安全规范：有安全意识，操作规范	4 分	
		现场管理：6S 执行认真，有环保意识	4 分	
合计			100 分	

问题及防治

1）根据检查情况，总结出完成任务的过程中会遇到的问题。

2）小组内探讨如何预防这些问题的发生，也可以由组长汇总后咨询教师。

课后练习

1）根据空调系统的自动化程度不同，空调面板也有________、________和________3种形式。

2）在电子控制的手动空调系统中，进气源、空气温度、空气分配及鼓风机速度等功能都是通过操纵手动控制面板的________、按钮和拨杆，借助拉索进行调节选择的。

3）当按下A/C开关时，A/C开关指示灯会亮，此时空调压缩机的电磁离合器________，压缩机开始工作。

4）自动空调就是乘员操作的________旋钮或按钮，设定所需的空调温度，由自动空调系统自动监控并调节________、________和空气分配。

5）自动模式提供了最适宜的系统控制，并且不需要________干预。

单元2

汽车空调制冷系统

知识目标

1）知道汽车空调制冷系统的结构和工作原理。

2）认识汽车空调制冷系统中压缩机、冷凝器、膨胀阀、节流管、储液干燥器与蒸发器及其他辅助元件的结构，并理解其工作原理。

技能目标

1）能够描述汽车空调制冷系统的工作原理。

2）能够拆装及检修汽车空调制冷系统压缩机、冷凝器、膨胀阀、储液干燥器、蒸发器及其他辅助元件等主要零部件。

任务1　认识汽车空调制冷系统

任务描述

王先生的威朗轿车空调系统使用制冷模式时，没有冷风，怎样对汽车空调制冷系统进行维修呢?

任务分析

为了完成本学习任务，应当做到以下几点。

1）了解空调制冷系统制冷原理。

2）掌握制冷原理基本术语。

3）知道制冷剂性能特点、命名规则和类型。

4）掌握冷冻机油性能指标、选用规则。

5）会使用制冷剂纯度鉴别仪检查制冷剂。

相关知识

1. 空调制冷系统的原理

（1）热力学定律

1）热力学第一定律。自然界中的一切物质都具有能量，能量不可能被创造，也不可能被消灭，但能量可以从一种形态转变为另一种形态，且在转化过程中能量的总量保持不变。这也称为能量守恒定律。

2）热力学第二定律。热不能自发地、不付代价地从低温物体传到高温物体。简言之，热不能自发地从冷处传到热处，任何高温的物体在不受热的情况下，都会逐渐冷却。这也可以称为能量转换定律。

（2）物理学基本概念

1）物理状态的转化。自然界的物体有 3 种稳定的存在状态，即固态、液态和气态。这 3 种物理状态在一定条件下是可以互相转化的，它们的转化形式如图 2-1 所示。

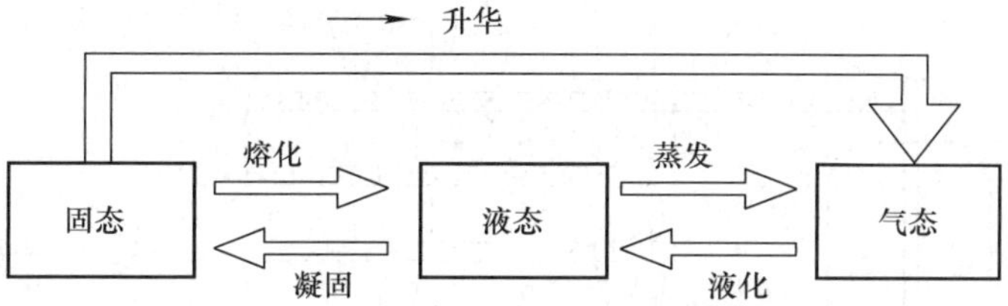

图 2-1　物理状态的转化

2）冷凝。物质由液态转变为气态是一种可逆现象。如果吸收气态物质中的热量，气态物质就会转变成液态。这种物质由气态变为液态的过程就叫作冷凝。空调制冷系统中的制冷剂就是在冷凝器中由高温高压气体变为液态的。

图 2-2 所示的例子中，A 点和 B 点之间在 100℃恒温下，水蒸气向空气中释放出热量，便由气态转变为液态。从 B 点到 C 点，物质从 100℃冷却到 80℃（液态）。发生这一变化的设备称为冷凝器。

3）汽化。物质从液态转变为气态的现象称为汽化。汽化有蒸发和沸腾两种形式。蒸发是任何温度下液态表面所发生的汽化过程，蒸发过程为吸热过程。沸腾是一种在液态表面和内部同时进行汽化的现象。

制冷剂在蒸发器内进行汽化的过程称为制冷，这种过程通常在蒸发器中以沸腾的方式进行。习惯上称制冷剂沸腾时所保持的温度为蒸发温度，相应压力称为蒸发压力。制冷剂要能够蒸发就必须吸收一定的热量。图 2-3 所示的例子说明这一变化过程。瓶子中，制冷剂在 700kPa 的压力下处于液体状态；打开开关 R；制冷剂在 100kPa 的压力（大气压力）下以 -29.8℃的温度流进蛇形管。制冷剂吸收周围空气的热量，周围的空气温度便从 +27℃冷却至 +10℃，制冷剂从液态转变为气态（-20℃）。空调系统中发生这一变化的设备称为蒸发器。

（3）制冷循环过程

1）汽车空调制冷系统的组成。汽车空调制冷系统主要由空调压缩机、蒸发器、冷凝器、储液干燥器、视液窗、膨胀阀等部件组成，利用制冷剂的不断变态循环达到制冷效果。各部件之间采用铜管（或铝管）和高压橡胶管连接成一个密闭系统。汽车空调制冷系统示意图如图 2-4 所示。

2）汽车空调的制冷原理。汽车空调制冷系统各组成部件由 3 种管路连接而成，主要有用于连接压缩机和冷凝器的高压管路，用于连接冷凝器和蒸发器的液体管路，用于连接蒸发器和压缩机的回气管路。汽车空调制冷系统以压缩机和膨胀阀或孔管为分界点将空调系统分成高压侧和低压侧。即：压缩机输出端、高压管路、冷凝器、储液干燥器和液体管路构成高压侧；压缩机输入端、蒸发器、膨胀阀构成低压侧。

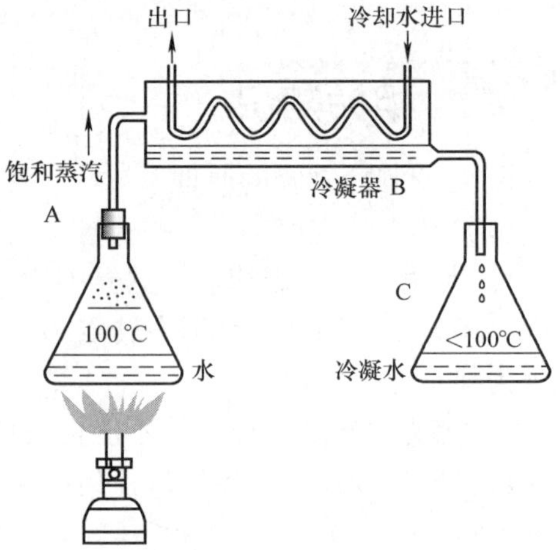

图 2-2　液化过程

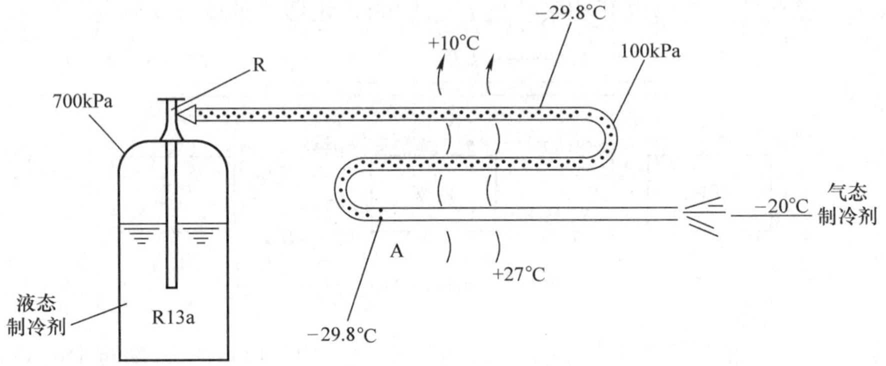

图 2-3　制冷剂汽化过程

汽车空调制冷系统的工作原理如图 2-5 所示。空调压缩机把低温低压气态制冷剂（冷媒）压缩成高温高压气态后进入冷凝器，使其能在冷凝器内将热量释放给车外的空气，失去热量的气态制冷剂在冷凝器内冷凝成中温高压的液态制冷剂，液态的制冷剂在通过节流装置时，又转变成低压低温的液态制冷剂，然后进入蒸发器中在低压下汽化，由于制冷剂在蒸发器内汽化时的温度低于蒸发器外空气的温度，因此能吸收被强制送入车厢内的空气中的热量，使进入车厢内的空气降低温度，产生制冷效果。从蒸发器中出来的制冷剂又变成低温低压的气体，再次进入压缩机中重新工作。

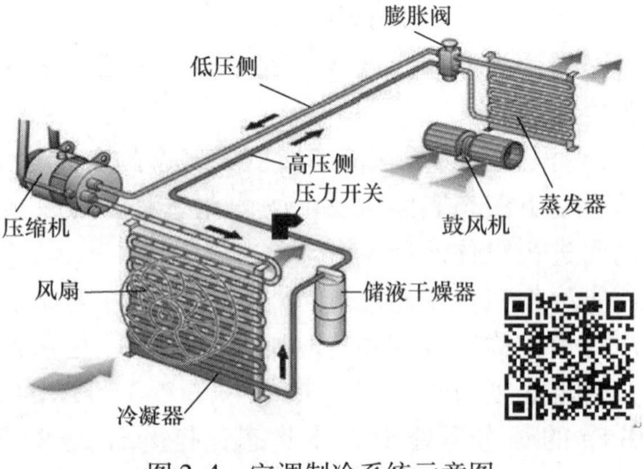

图 2-4　空调制冷系统示意图

制冷系统工作时，制冷剂以不同的状态在这个密闭系统内循环流动，每个循环又分为 4 个基本过程。

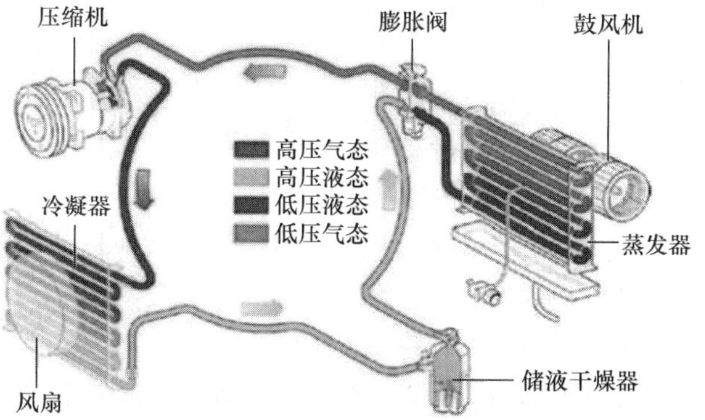

图 2-5　汽车空调制冷系统的工作原理

① 压缩过程。压缩机将蒸发器低压侧（温度约为 0℃、气压约为 0.15MPa）的低温低压气态制冷剂压缩成高温（约 110℃ ）高压（约 1.5MPa）的气态制冷剂，送往冷凝器冷却降温。

② 放热过程。送往冷凝器的过热气态制冷剂，在温度高于外部温度很多时，向外散热进行热交换，制冷剂被冷凝成中温（60℃）、压力为 1.0～1.2MPa 的液态制冷剂。

为了增强冷却效果，冷凝器用风扇对制冷剂进行强化冷凝，这样制冷剂将车内带来的热量和压缩机产生的热量，通过冷凝器的作用，以热量的形式传递。

③ 节流过程。冷凝后的液态制冷剂经过膨胀阀使制冷剂空间体积增大，其压力和温度急剧下降，变成低温（约 -50℃）、低压（约 0.15MPa）的湿蒸气，以便进入蒸发器中迅速吸热蒸发。

在膨胀的同时进行流量控制，以便供给蒸发器所需的制冷剂，从而达到控制温度的目的。

④ 吸热过程。液态制冷剂通过膨胀阀变为低温低压的湿蒸气，流经蒸发器不断吸热汽化转变成低温（约 0℃）、低压（约 0.15MPa）的气态制冷剂，吸收车内空气的热量。从蒸发器流出的气态制冷剂又被吸入压缩机，增压后泵入冷凝器冷凝，进行制冷循环。

制冷循环就是利用有限的制冷剂在封闭的制冷系统中，周而复始地将制冷剂压缩、冷凝、膨胀、蒸发，在蒸发器中吸热汽化，对车内空气进行制冷降温。

2. 制冷原理基本术语

（1）温度　温度是物体冷暖程度的标志。温度越高，物体就越热。常用的温度表示单位是摄氏度，用符号“℃”表示。温度还可以用华氏度表示，它的符号是℉。

（2）湿度　湿度用来表示空气的干湿程度。1m^3 湿空气中所含水蒸气的重量叫作空气的绝对湿度。相对湿度就是湿空气中实际所含的水蒸气量与同温度下饱和湿空气所含的水蒸气量的比值。

（3）压力与真空度（见图 2-6）　压力就是固体、液体或气体垂直作用于物体表面上的力。在实际应用中，压力是以作用于物体单位面积上的力来表示的，常用 p 表示，其单位为帕斯卡，简称帕（Pa）。表示压力常用的方式有绝对压力、表压力和真空度。

1）绝对压力。它表示实际的压力值，是把完全真空状态作为零值。

2）表压力。通过压力表指示读出的压力值，称为表压力值。它是将标准大气压作为零值，在此基础上进行压力计量的结果。

3）真空度。低于大气压力的数值称为真空度。

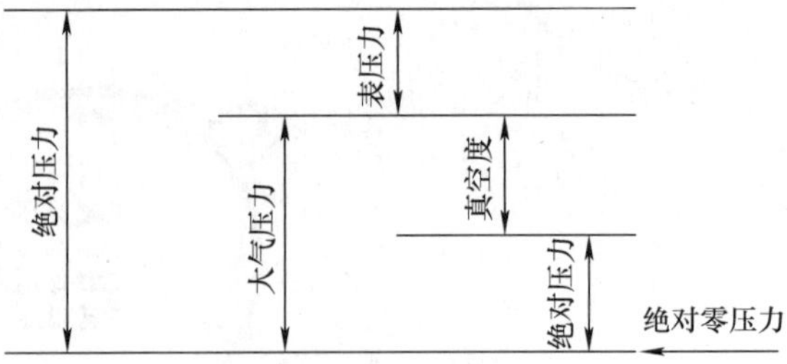

图 2-6 压力与真空度的关系

（4）汽化与冷凝

1）汽化。物质由液态变为气态的过程称为汽化。1kg 液体转变为气体所需要的热量（单位为 J 或 kJ），叫作该物质的汽化热。汽化过程有两种形式，即蒸发和沸腾。在空调制冷系统中，主要是利用制冷剂在蒸发器内的低压下不断吸收周围空气的热量进行汽化的过程来制冷的。这种过程通常在蒸发器中以沸腾的方式进行，但习惯上称它为蒸发过程，并把沸腾时的温度称为蒸发温度，沸腾时所保持的压力称为蒸发压力。

2）冷凝。它是指气态物质经过冷却（通过空气或水等热交换方式）使其转变为液体的过程。冷凝过程一般为放热过程。在汽车空调制冷系统中，制冷剂在冷凝器中由气态凝结为液态的过程就是一个冷凝过程，同时放出热量，放出的热量由冷却空气带走。

（5）饱和温度和饱和压力　处于液体和蒸气共存状态的制冷剂蒸气叫作饱和蒸气。饱和蒸气的温度叫作饱和温度；饱和蒸气的压力叫作饱和压力。

（6）热量与热容

1）热量。有热出入，温度就有变化，温度变化的大小和出入的热量成比例，这种热的量叫作热量。热量的单位为焦耳（J）。

2）热容。把物质的温度升高 1 K 所需要的热量称为热容。热容大的物体有不易热和不易冷的性质。热容的单位为 J/K。

（7）显热与潜热　在液体未达到蒸发温度之前，所加的热能使温度上升，称为显热，能用温度计测出。当温度达到蒸发温度以后，继续加的热用于使液体变成气体，这种热叫作潜热，不能用温度计测出。温度与热量的关系如图 2-7 所示。

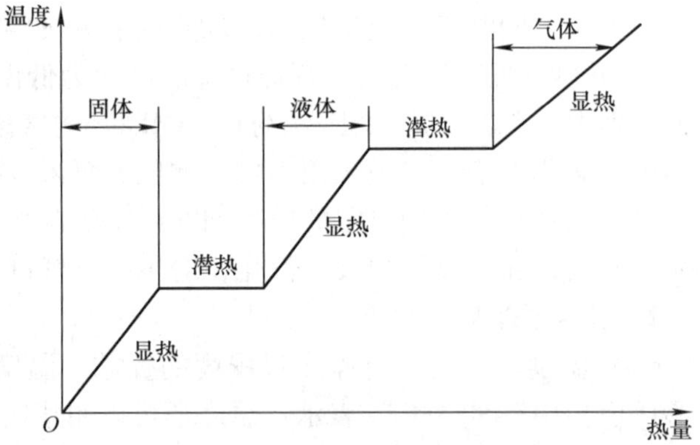

图 2-7 温度与热量的关系

（8）节流　在流体通路中，通道截面积突然缩小，流体压力便下降，如果此时产生气体，则总体积还要增大。这种变化只是状态的变化，与外界没有热和功的交换，因此流体的热量不变。这种状态变化称为节流。在空调制冷系统中，制冷剂在膨胀阀中的状态变化就是节流过程，如图 2-8 所示。

（9）制冷能力与制冷负荷

1）制冷能力。制冷能力的大小是以单位时间内所能转移的热量来表示的，单位为 J/h。

2）制冷负荷。为了把汽车内部的温度和湿度保持在一定的范围内，必须将来自车外太阳的辐射热和车内人体散发出的热量排除到大气中去。这两种热量的总和就叫作制冷负荷。

3. 制冷剂

制冷剂在制冷循环中担负起了在被冷却对象和环境介质之间传递热量的任务，最终把热量从低温的被冷却对象传递给环境介质，即将车内热量通过制冷循环装置传给了车外空气。

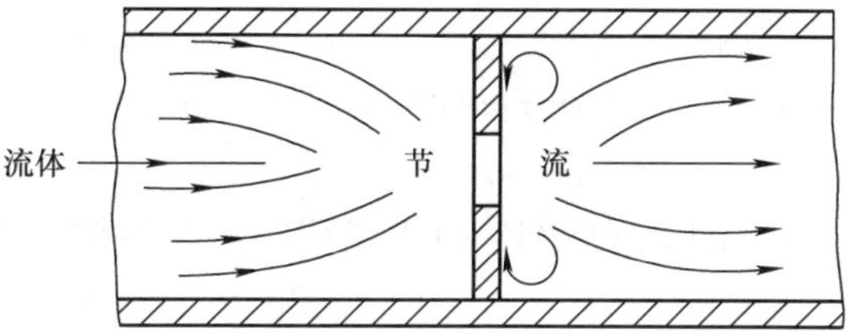

图 2-8　节流图

制冷剂是制冷循环中的工作流体。在制冷系统运转时，它在其中循环流动，通过自身热力状态的循环变化，不断与外界发生能量交换，以达到制冷的目的，又称其为制冷工作介质或制冷工质。

（1）制冷剂的性能特点

1）因为制冷是通过液体的蒸发来实现的，因此，制冷剂必须是易于汽化或蒸发的物质。

2）制冷剂蒸发时的潜热越大，制冷剂的循环量就可以减少，制冷装置的体积就可缩小。因此，要求制冷剂需有较高的潜热。

3）为保证制冷剂的安全工作，制冷剂应该是不易燃烧和不易爆炸的物质。

4）制冷剂应该对人体没有伤害，但又具有特殊的气味，这样就能通过嗅觉来发现制冷系统是否有泄漏现象。

5）制冷剂应该具有较高的稳定性，能反复使用，对金属、橡胶和润滑机油无明显的腐蚀现象。

6）制冷剂的蒸发压力比大气压力高，以免空气进入制冷系统。

（2）制冷剂的命名规则

1）无机化合物制冷剂。R700 + 该无机化合物相对分子质量的整数部分。例如，NH_3 相对分子质量为 17，故其代号为 R717。

2）卤代烃制冷剂的分子通式为 $C_mH_nF_xCl_yBr_z$，且 $n+x+y+z=2m+2$，其代号为 $R(m-1)(n+1)(x)$，如 Br，则后加 B，B 后数字为 Br 原子数。当 $(m-1)=0$ 时，将 0 忽略，制冷剂命名规则见表 2-1。

表 2-1　制冷剂命名规则

名称	化学式	m	n	x	y	z	代号
三氯一氟甲烷	$CFCl_3$	1	0	1	3	0	R11
二氯二氟甲烷	CF_2Cl_2	1	0	2	2	0	R12
一氯二氟甲烷	CHF_2Cl	1	1	2	1	0	R22

注：代号前的 R 代表 Refrigerant（制冷剂）。

3）饱和烃制冷剂。R1 开头，后面的命名规则与卤代烃制冷剂的相同，如三氯乙烯（$CHCl=CCl_2$），代号为 R1120。

4）共沸制冷剂。R500 系列，其后的数字为该制冷剂获得命名后的序号，如最早命名的共沸制冷剂为 R500。

5）非共沸制冷剂。R400 系列，其后的数字为该制冷剂获得命名后的序号，最后的 ABC 表示其组成元素相同但质量百分比不同。例如，R404A，R125: R143a: R134a，质量百分比为 44: 52: 4；R407C，R32: R125: R134a，质量百分比为 23: 25: 52。

此外，对乙烷系的同分异构体都有相同的编号，但最对称的一种用编号后面不带任何字母来表示；随着同分异构体变得越来越不对称时，则附加 a、b、c 等字母，如 CHF_2—CHF_2 代号为 R134；CH_2F—CF_3 代号为：R134a。

（3）常用制冷剂

1）R12 制冷剂。过去使用的汽车空调制冷剂是 R12，化学名称为二氟二氯甲烷，分子式为 CF_2Cl_2，标准蒸发温度是 -29.8℃，凝固点为 -158℃。其压力适中，压缩终温较低，热力性能优良，相对分子质量量大，流动阻力大，传热性能差。R12 毒性小、不燃烧、不爆炸，是一种很安全的制冷剂，但不能接触明火；极易渗透，借助检漏仪检漏；溶水性差，需严格控制系统的含水量，膨胀阀前加设干燥器；溶于矿物油，应采取回油和起动时防大量失油的措施，注意排除渗入的不凝性气体。R12 曾广泛应用于中型空调装置和汽车空调、小型冷藏冷冻设备中。R12 制冷剂中使用的密封材料应该用耐腐蚀的丁腈橡胶或氯醇橡胶。采用 R12 制冷剂的压缩机中的绕组导线要用耐氟绝缘漆。其对铸件质量要求较高，机器的整体密封性也必须良好。它对大气臭氧层有严重的破坏作用，并产生较大的温室效应，属于首批受禁的工质，如图 2-9 所示。

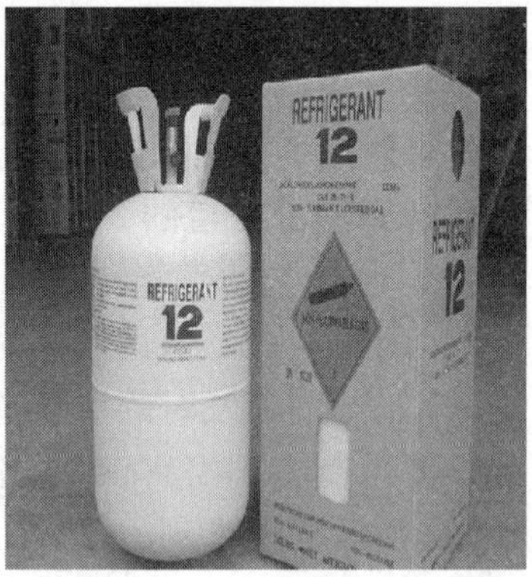

图 2-9　R12 制冷剂

2）R134a 制冷剂。1987 年国际上制定了控制破坏大气层的蒙特利尔协议，我国于 1991 年加入该协议，并决定从 1996 年起，汽车空调的制冷剂开始使用 R134a，到 2000 年全部使用 R134a。

图 2-10　R134a 制冷剂

R134a 的化学名称为四氟乙烷（见图 2-10），分子式为 CH_2FCF_3。其消耗臭氧潜能（ODP）值为零，但全球变暖潜能（GWP）值不小，仍有一定的温室效应。其在标准大气压下的沸点为 -26.5℃，凝固点是 -101℃。热力性质与 R12 接近。R134a 的稳定性高，然而其溶水性比 R12 要强得多，但少量水分存在会产生酸，腐蚀金属，产生"镀铜"现象，因此膨胀阀前需加设干燥器。其对合成橡胶影响较大，特别是氟橡胶。R134a 与矿物油不相溶，系统采用多元醇酯类合成润滑油。R134a 毒性非常低、不燃烧、不爆炸，是很安全的制冷剂，但不能接触明火；制造原料贵，工艺复杂，还要消耗大量的催化剂，价格高。

（4）使用注意事项

1）R12 空调系统与 R134a 空调系统的性质不同，R134a 空调系统的压缩机、润滑油、冷凝器软管结构及密封材料等与 R12 空调系统不相容，因此制冷剂及相应的操作设备不能混用。R134a 系统与 R12 系统的变化情况见表 2-2。

表 2-2　R134a 系统与 R12 系统的变化情况

项目	改变情况
制冷剂	R12→R134a
冷冻机油	矿物油→合成油
管道	O 形密封材料 NBR→RBR，改变管道接头形状
压缩机	封口材料 NBR→RBR

（续）

项目	改变情况
维修阀	改变螺孔尺寸，使用快速接头
软管	内衬加尼龙层，软管由 NBR→CL→HR
冷凝器	提高散热性能，调整冷凝器的高度和厚度，改进结构
干燥剂	硅胶→沸石
熔化螺栓	停止使用熔化螺栓
安全阀	3.14MPa→3.43MPa
压力开关	2.65MPa→3.14MPa
膨胀阀	改变膨胀阀的流动特性

2）装制冷剂的钢瓶，应储存在阴凉、干燥、通风的库房中，防止受潮而腐蚀钢瓶，在运输过程中要防震动和冲击。

3）制冷剂应避免接触皮肤，更不能触及眼睛。由于制冷剂在大气环境下会急剧蒸发，制冷剂一旦触及皮肤，会从皮肤上吸收大量的热，造成局部冻伤。如果进入眼球，会冻结眼球上的水分，可能造成失明。因此，在处理制冷剂时，要戴上手套和眼镜。

4）要注意通风良好。制冷剂排到大气中超过一定量时，会使大气中的氧气浓度下降，从而使人窒息。因此，在检查和添加制冷剂时，或打开制冷系统管路时，要在通风良好的地方进行。

5）要远离热源。不要把它存放在日光直射的场所或炉子附近。在充灌制冷剂时，对装制冷剂的容器加热，应在40℃以下的温水中进行，而不可以将其直接放在火上烘烤；否则会引起内储的制冷剂压力增大，导致容器发生爆炸。

4. 汽车空调冷冻机油

汽车空调制冷系统中的压缩机工作需要润滑油，也称为冷冻机油。冷冻机油通常随着压缩机的排气进入系统其他设备和管路，然后返回压缩机。

（1）冷冻机油的作用

1）起润滑作用。减小机器运动部件的摩擦和磨损，延长使用寿命。

2）降低温度。冷冻机油在制冷压缩机内不断循环，能够带走制冷压缩机工作过程中产生的许多热量，使机器保持较低的温度，从而提高制冷压缩机的效率和使用可靠性。

3）起密封作用。冷冻机油在轴封及气缸与活塞间起密封作用，防止制冷剂泄漏。

4）提供卸载机构的动力。带有卸载装置的制冷压缩机中，利用冷冻机油的油压作为卸载机构的动力。

（2）冷冻机油的性能指标

1）黏度。黏度是润滑油的一个主要性能指标，不同制冷剂对黏度有不同的要求，如R12与润滑油能相互溶解，会使润滑油黏度降低，故应选用黏度较高的润滑油。压缩机中润滑油的黏度过大和过小都不好。

2）浊点。润滑油的浊点表示当温度降低到某一数值时，润滑油中开始析出石蜡（即润滑油变得混浊）时的温度。制冷压缩机中所使用的润滑油，其浊点应低于制冷剂的蒸发温度。

（3）冷冻机油的使用性能要求

1）凝点低，具有良好的低温流动性。

2）黏度受温度的影响要小。

3）比制冷剂的溶解性能要好。

4）要有较高的热稳定性。

5）化学性质要稳定。

根据上述原则，适用于 R134a 的润滑油只有两大类，即聚烃基乙二醇（PAG）和聚酯油（ESTER）。

（4）冷冻机油使用注意事项

1）易吸水，用后马上拧紧盖。

2）不能使用变质浑浊的冷冻机油。

3）不允许添加过量的冷冻机油。

4）不同牌号的冷冻机油不能混用。

5）更换系统部件时应适当补充冷冻机油。

6）加注制冷剂时应先加冷冻机油。

（5）汽车更换空调补加油量标准　汽车更换空调补加油量标准见表 2-3。

表 2-3　汽车更换空调补加油量标准

<table>
<tr><td>更换部件名称</td><td colspan="2">需补加油量/mL</td></tr>
<tr><td>压缩机</td><td colspan="2">按换下旧压缩机倒出油量再加上 30</td></tr>
<tr><td>蒸发器</td><td colspan="2">40～60</td></tr>
<tr><td>储液干燥器</td><td colspan="2">10～30</td></tr>
<tr><td rowspan="2">冷凝器</td><td>无渗漏油迹</td><td>10～30</td></tr>
<tr><td>有渗漏油迹</td><td>40～60</td></tr>
<tr><td rowspan="2">软管</td><td>无渗漏油迹</td><td>可不加量</td></tr>
<tr><td>有渗漏油迹</td><td>60</td></tr>
<tr><td rowspan="2">系统漏气</td><td>无渗漏油迹</td><td>可不加量</td></tr>
<tr><td>有渗漏油迹</td><td>60</td></tr>
<tr><td colspan="2">更换全系统管部件</td><td>120～150</td></tr>
</table>

任务准备

制冷剂纯度鉴别仪（见图 2-11）、实训整车、手套、护目镜。

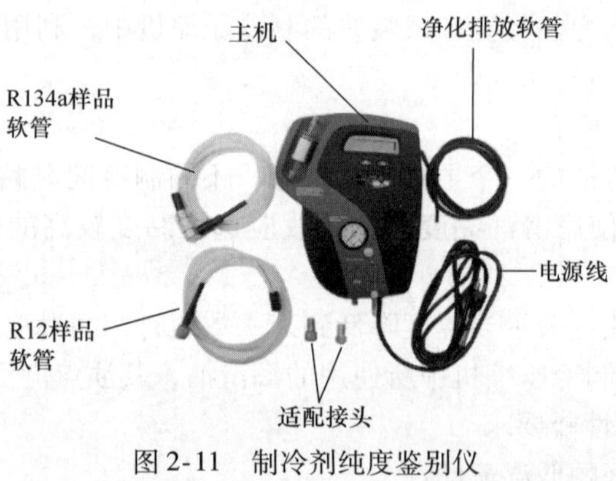

图 2-11　制冷剂纯度鉴别仪

任务实施

1. 仪器准备工作

1）检查采样管口，如图 2-12 所示。

2）检查采样管，如图 2-13 所示。

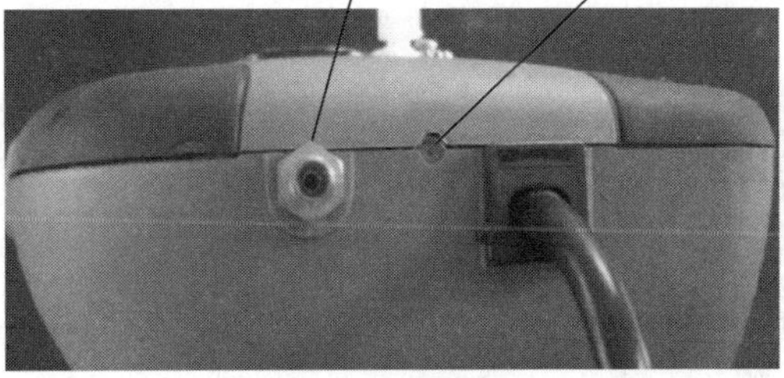

图 2-12　采样管口

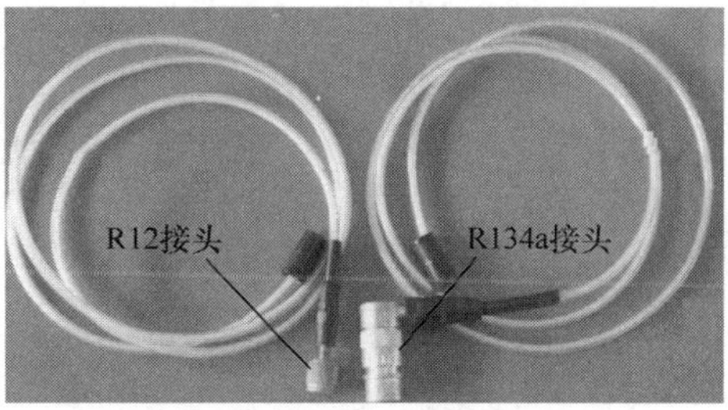

图 2-13　采样管

3）检查过滤器，如图 2-14 所示。过滤器不能有红点，若有红点，说明污染，必须进行更换。

4）检查进气口，如图 2-15 所示。在系统标定过程中，新鲜空气从进气口进入仪器中，用于对测量元件进行标定，同时排出多余的制冷剂。

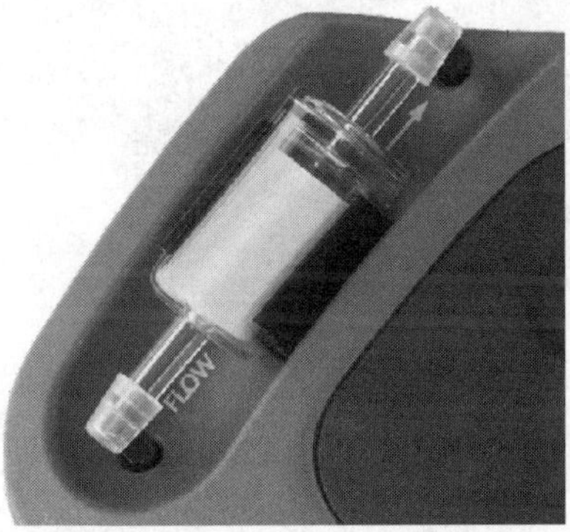

图 2-14　过滤器

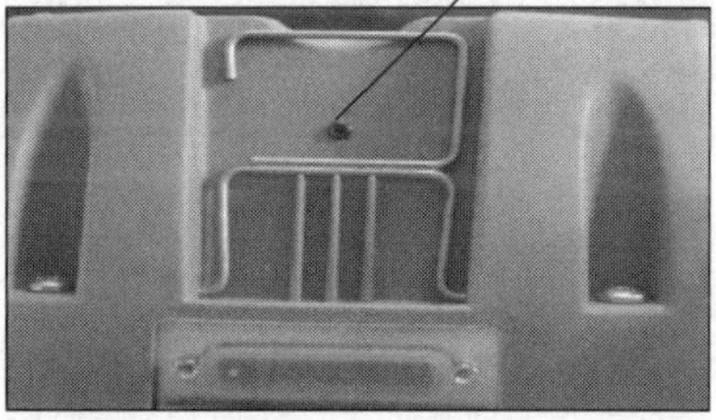

图 2-15　进气口

5）检查净化排放口，如图 2-16 所示。

2. 线路连接

线路连接如图 2-17 所示。

3. 操作流程

（1）开机、预热　连接电源后自动开机、预热（预热时间约为 2min）。注意：在预热过程中，如果不进行海拔设定，将自动跳到系统标定环节。

（2）海拔设定　在预热过程中，按住 A、B 键直到显示屏出现"USAGE ELEVATION，400FEET"（出厂设置，海拔 400ft，相当于 120m）。使用 A 键和 B 键，调节海拔如图 2-18 所示。A 表示升高 100ft（30m），B 表示降低 100ft（30m）。

设定完成后，静置 20s，自动切换到预热步骤。

（3）系统标定　预热完成后，系统标定自动进行，如图 2-19 所示，时间为 1min。

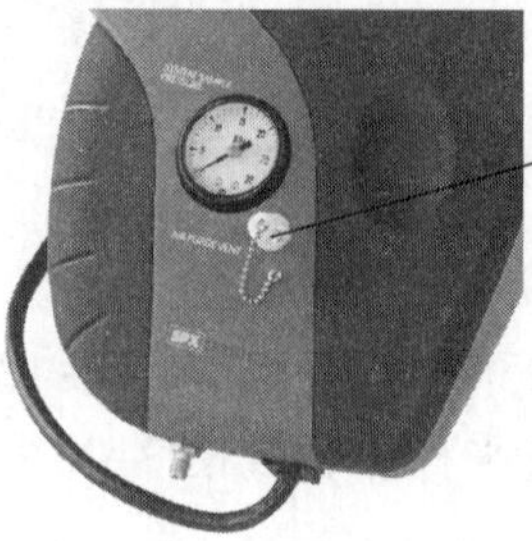

图 2-16　净化排放口

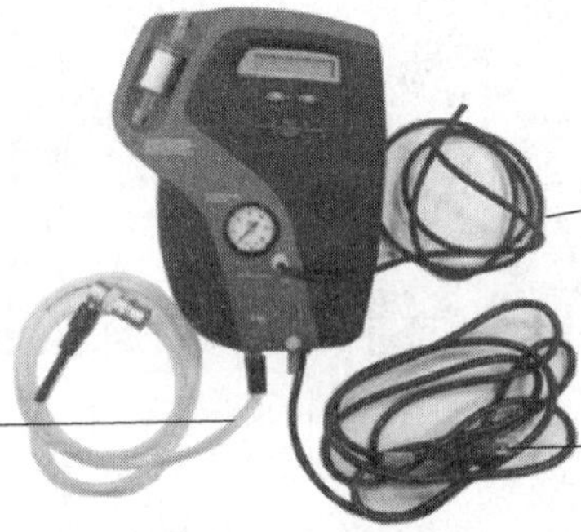

图 2-17　线路连接

图 2-18　海拔设定

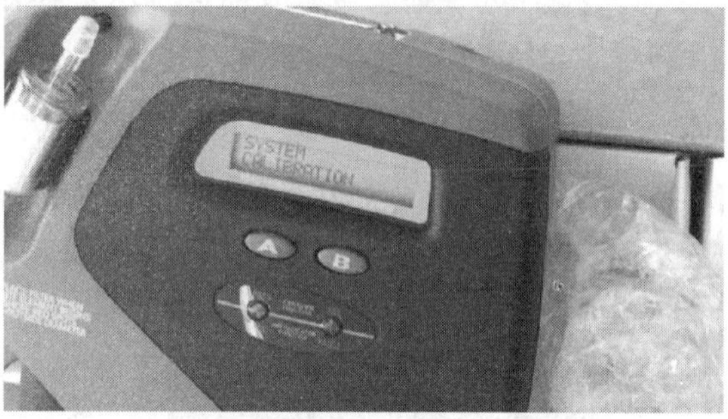

图 2-19　系统标定

（4）连接管路　连接管路步骤如图 2-20 所示。

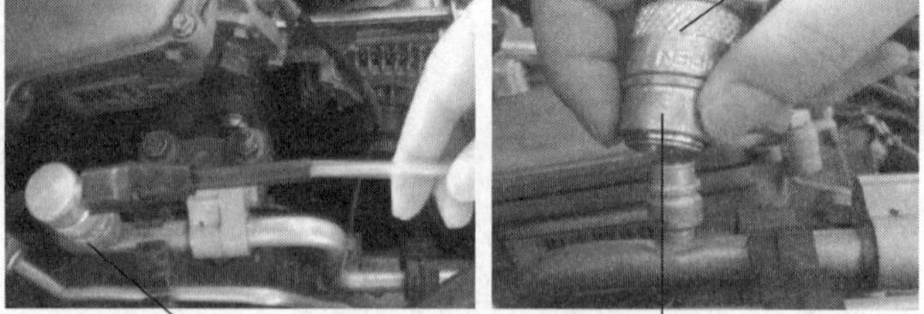

图 2-20　连接管路

（5）制冷剂检验　按 A 键，制冷剂样品立即流向仪器（检验过程约 1min），如图 2-21 所示。

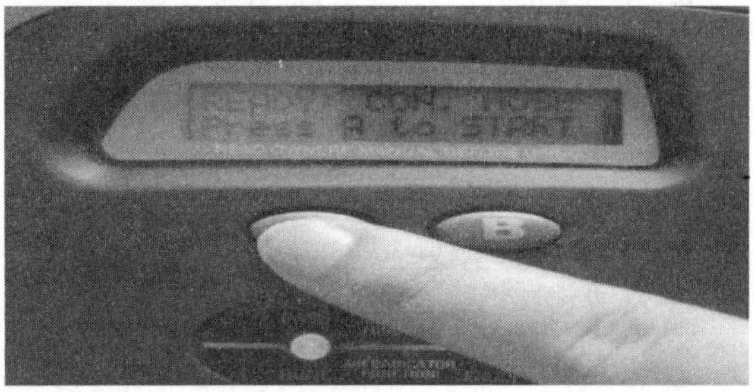

图 2-21　制冷剂检验

（6）显示结果　检验过程完成后，仪器自动显示结果。分析结果保留在显示屏上，直到再次按 A 键，如图 2-22 所示。

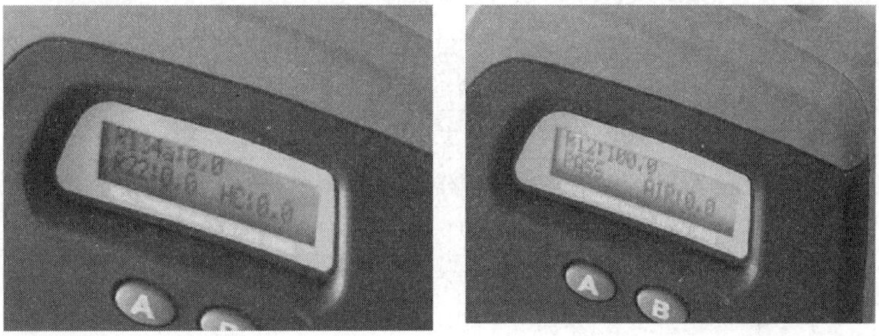

图 2-22　结果显示

（7）检验结果说明

1）PASS：制冷剂纯度达到 98% 或更高，通过检验，可以回收。

2）FAIL：R12 或 R134a 的混合物，任一种纯度达不到 98%，混合物太多。

3）FAIL CONTAMINATED：未知制冷剂，如 R22 或 HC 含量为 4% 或更多，不能显示含量。

4）NO REFRIGERANT－CHK HOSE CONN：空气含量达到 90% 或更高，没有制冷剂。

（8）鉴别仪检验结束操作　退出检验程序或打印界面，按 A 键打印，按 B 键退出。在汽车空调制冷系统的低压加注口上取下采样软管接头。

检查评议

评价表见表 2-4。

表 2-4　评价表

序号	检查项目	操作内容	配分	得分
1	仪器装备工作	检查采样管口	5 分	
		检查采样管	5 分	
		检查过滤器	5 分	
		检查进气口	5 分	
		检查净化排放口	5 分	
2	线路连接	连接管路	7 分	
3	操作流程	开机预热	5 分	
		海拔设定	7 分	
		系统标定	8 分	
		连接管路	5 分	
		制冷剂检验	8 分	
		显示结果	5 分	
		检验结果说明	10 分	
		鉴别仪检验结束操作	10 分	
4	职业素养	学习态度：积极主动参与学习	2 分	
		团队协作：善于合作，共同完成	2 分	
		责任意识：爱护仪器、作业单填写认真	2 分	
		安全规范：有安全意识，操作规范	2 分	
		现场管理：6S 执行认真，有环保意识	2 分	
合计			100 分	

问题及防治

1）根据检查情况，总结出完成任务过程中会遇到的问题。

2）小组内探讨如何预防这些问题的发生，也可以由组长汇总后咨询教师。

拓展知识

制冷剂发展历史

1）1834 年美国人珀金斯发明了世界上第一台制冷机，采用的制冷剂为乙醚（$CH_3CH_2OCH_2CH_3$）。

2）1866 年二氧化碳（CO_2）被用作制冷剂。

3）1872 年玻意耳发明以氨（NH_3）为制冷剂的压缩机。

4）1876 年使用二氧化硫（SO_2）为制冷剂。

5）氯甲烷（CH_3Cl）在 1878 年开始使用。到 20 世纪 30 年代，一系列的卤代烃（美国杜邦公司称其为卤代烃（Freon））的制冷剂相继问世。卤代烃 12（即 R12）于 1931 年、R11 于 1932 年、R114 于 1933 年、R113 于 1934 年、R22 于 1936 年、R13 于 1945 年、R14 于 1955 年陆续出现。

6）20 世纪 50 年代开始使用共沸制冷剂。

7）20 世纪 60 年代开始使用非共沸制冷剂。

8）20 世纪 80 年代 CFC 问题的出现及其替代技术的发展。

课后练习

1. 填空

1）自然界中的一切物质都具有________，能量不可能被________，也不可能被消灭，但能量可以从一种形态转变为另一种形态，且在转化过程中，________保持不变。

2）热不能________地从低温物体传到高温物体。

3）自然界的物体有三种稳定的存在状态，分别是________、________、________。

4）________气态物质中的热量，气态物质就会转变成________。

5）物质从________转变为________的现象称为汽化。汽化有________和________两种形式。

6）制冷剂在蒸发器内进行汽化的过程称为________，这种过程通常在蒸发器中以沸腾的方式进行。习惯上称制冷剂沸腾时所保持的温度为________，相应压力称为________。

7）制冷循环就是利用有限的制冷剂在封闭的制冷系统中，周而复始地将制冷剂________、________、________、________，在蒸发器中吸热汽化，对车内空气进行制冷降温。

2. 选择

1）压缩机将蒸发器低压侧的低温低压气态制冷剂压缩成高温（约________）高压（约________）的气态制冷剂，送往冷凝器冷却降温。（　　）

A. 110℃　1.5MPa　B. 0℃　0.15MPa　C. 60℃　1.2MPa　D. −50℃　0.15MPa

2）在膨胀过程同时进行（　　）控制，以便供给蒸发器所需的制冷剂，从而达到控制温度的目的。

A. 时间　B. 温度　C. 流量　D. 流速

3）压力越低，水沸腾的温度也就（　　）。

A. 越高　　B. 无变化　　C. 先高后低　　D. 越低

4）通过（　　）压力制冷剂会从液态转化为气态。

A. 升高　　B. 维持　　C. 降低　　D. 先高后低

3. 简答

1）简述能量守恒定律。

2）画出物体的3种存在状态转化图。

3）汽车空调的制冷原理是什么？

任务2　压缩机的检修

任务描述

王先生的宝来轿车最近的空调不制冷，到维修店检查，经检查后确定是空调压缩机故障。汽车空调压缩机该如何检修呢？

任务分析

为了完成本学习任务，应该做到以下几点。

1）掌握汽车空调压缩机的功用。

2）了解汽车空调压缩机的分类。

3）会描述常用汽车空调压缩机的结构及工作原理。

4）会从车上拆装汽车空调压缩机总成。

5）会拆装并调整汽车空调压缩机传动带。

6）会拆装汽车空调压缩机电磁离合器。

相关知识

空调压缩机是空调系统的核心部件。随着人们对汽车舒适性的要求越来越高，各种新式空调系统不断出现，这也推动了空调压缩机制造技术的不断进步。从目前空调压缩机的发展趋势来看，结构紧凑、高效节能以及微振低噪等特点是空调压缩机制造技术不断追求的目标。空调压缩机的功能是借助外力（如发动机动力）维持制冷剂在制冷系统内的循环，吸入来自蒸发器的低温、低压的制冷剂蒸气，压缩制冷剂蒸气使其温度和压力升高，并将制冷剂蒸气送往冷凝器，在热量吸收和释放的过程中就实现了热交换。

1. 汽车空调压缩机分类及特点

（1）按工作原理分类　根据工作原理的不同，空调压缩机可以分为定排量压缩机和变排量压缩机。

1）定排量压缩机。定排量压缩机的排气量是随着发动机转速的提高而成比例的提高，它不能根据制冷的需求而自动改变功率输出，而且对发动机油耗的影响比较大。它的控制一般通过采集蒸发器出风口的温度信号实现。当温度达到设定的温度时，压缩机电磁离合器松开，压缩机停止工作。当温度升高后，电磁离合器接合，压缩机开始工作。定排量压缩机也受空调系统压力的控制，当管路内压力过高时，压缩机停止工作，如图 2-23 所示。

2）变排量压缩机。变排量压缩机可以根据设定的温度自动调节功率输出，空调控制系统采集蒸发器出风口的温度信号，根据空调管路压力的变化信号控制压缩机的排量来自动调节出风口温度，从而改善离合器频繁工作所产生的力矩变化，提高驾驶舒适性，降低发动机功耗，如图 2-24 所示。

图 2-23　定排量压缩机

图 2-24　变排量压缩机

（2）按工作方式分类　根据工作方式，压缩机一般可以分为往复式和旋转式，常见的往复式压缩机有曲轴连杆式和轴向活塞式，常见的旋转式压缩机有旋转叶片式和涡旋式。下面介绍几种常用的空调压缩机。

1）曲轴连杆式压缩机。这种压缩机的工作过程可以分为 4 个，即压缩、排气、膨胀、吸气。曲轴旋转时，通过连杆带动活塞往复运动，由气缸内壁、气缸盖和活塞顶面构成的工作容积便会发生周期性变化，从而在制冷系统中起到压缩和输送制冷剂的作用，如图 2-25 所示。

曲轴连杆式压缩机是第 1 代压缩机，它应用比较广泛，制造技术成熟，结构简单，而且对加工材料和加工工艺要求较低，造价也较低，适应性强，能适应较广的压力范围和制冷量要求，可维修性强。

但是曲轴连杆式压缩机也有一些明显的缺点。例如，无法实现较高转速，机器大而重且不容易实现轻量化，排气不连续，气流容易出现波动，而且工作时有较大的振动。

由于曲轴连杆式压缩机的上述特点，已经很少有小排量压缩机采用这种结构形式，曲轴连杆式压缩机目前大多应用在客车和卡车的大排量空调系统中。

2）轴向活塞式压缩机。轴向活塞式压缩机可以称为第 2 代压缩机，常见的有摇板式或斜板式压缩机。斜板式压缩机是汽车空调压缩机中的主流产品，如图2-26所示。

图2-25　曲轴连杆式压缩机

图2-26　斜板式压缩机

斜板式压缩机的主要部件是主轴和斜板。各气缸以压缩机主轴为中心沿圆周布置，活塞运动方向与压缩机的主轴平行。大多数斜板式压缩机的活塞被制成双头活塞。例如，轴向6缸压缩机，则3缸在压缩机前部，另外3缸在压缩机后部。双头活塞在相对的气缸中一前一后地滑动，一端活塞在前缸中压缩制冷剂蒸气时，另一端活塞就在后缸中吸入制冷剂蒸气。各缸均配有高低压气阀，另有一根高压管，用于连接前后高压腔。斜板与压缩机主轴固定在一起，斜板的边缘装合在活塞中部的槽中，活塞槽与斜板边缘通过钢球轴承支承。当主轴旋转时，斜板也随着旋转，斜板边缘推动活塞做轴向往复运动。斜板转动一周，前后两个活塞各完成压缩、排气、膨胀、吸气一个循环，相当于两个气缸工作。如果是轴向6缸压缩机，缸体截面上均匀分布3个气缸和3个双头活塞，主轴旋转一周，相当于6个气缸的作用。斜板式压缩机比较容易实现小型化和轻量化，而且可以实现高转速工作。它的结构紧凑、效率高、性能可靠，在实现可变排量控制后，目前广泛应用于汽车空调。

3）旋转叶片式压缩机。旋转叶片式压缩机的气缸形状有圆形和椭圆形两种。在圆形气缸中，转子的主轴与气缸的圆心有一个偏心距，使转子紧贴在气缸内表面的吸、排气孔之间。在椭圆形气缸中，转子的主轴和椭圆中心重合，如图2-27所示。

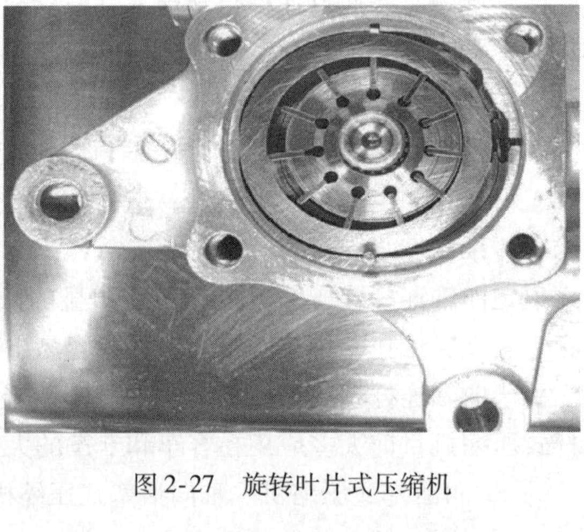

图2-27　旋转叶片式压缩机

转子上的叶片将气缸分成几个空间，当主轴带动转子旋转一周时，这些空间的容积不断发生变化，制冷剂蒸气在这些空间内也发生体积和温度的变化。旋转叶片式压缩机没有吸气阀，因为叶片能完成吸入和压缩制冷剂的任务。如果有两个叶片，则主轴旋转一周有两次排气过程。叶片越多，压缩机的排气波动就越小。

作为第3代压缩机，由于旋转叶片式压缩机的体积和重量可以做到很小，易于在狭小的发动机舱内进行布置，加之噪声和振动小以及容积效率高等优点，在汽车空调系统中也得到了一定的应用。但是旋转叶片式压缩机对加工精度要求很高，制造成本较高。

4）涡旋式压缩机。这种压缩机可以称为第4代压缩机。涡旋式压缩机结构主要分为动静式和双公转式两种。目前，动静式压缩机应用最为普遍，它的工作部件主要由动涡轮与静涡轮组成。动、静涡轮的结构十分相似，都由端板和由端板上伸出的渐开线型涡旋齿组成，两者偏心配置且相差180°，静涡轮静止不动，而动涡轮在专门的防转机构的约束下，由曲柄轴带动做偏心回转平动，即无自转，只有公转，如图2-28所示。

图2-28 涡旋式压缩机

涡旋式压缩机具有很多优点。例如，压缩机体积小、重量轻，驱动动涡轮运动的偏心轴可以高速旋转；因为没有吸气阀和排气阀，涡旋式压缩机运转可靠，而且容易实现变转速运动和变排量技术；多个压缩腔同时工作，相邻压缩腔之间的气体压差小，气体泄漏量少，容积效率高。涡旋式压缩机以其结构紧凑、高效节能、微振低噪以及工作可靠等优点，在小型制冷领域获得越来越广泛的应用，也因此成为压缩机技术发展的主要方向之一。

2. 空调压缩机的结构及工作原理

压缩机是制冷回路的“泵”，它由发动机并通过传动带和电磁离合器驱动。压缩机的制冷能力取决于其气缸的有效工作容积和传动比。压缩机集“吸入、压缩和压出”制冷剂等功能于一体。

目前常用的压缩机有两种类型，即固定排量压缩机（有效工作容积固定）和变排量压缩机（有效工作容积可变）。具体有以下几种压缩机。

（1）往复活塞式压缩机　目前，汽车空调一般都采用往复活塞式压缩机。往复活塞式压缩机分为曲轴连杆式、斜板式和辐射式3种，而斜板式又可以分为斜盘式和摆盘式。这几种压缩机都是靠活塞在气缸内的往复运动来实现功能的。

1）结构。图2-29所示为曲轴连杆式压缩机，主要由曲轴连杆机构、气缸体、气缸盖、进气阀、排气阀、润滑机构、轴封机构等几部分组成。曲轴上装有连杆，通过曲轴的旋转带动连杆，使活塞在气缸里进行往复运动，吸入和压缩制冷剂。活塞上部的气缸体上装有进、排气总成，在机体和曲轴之间装有防制冷剂泄漏的机械式轴封。为保证零件的正常运转，在曲轴箱内充有规定量的润滑油，并装有供油油泵。

2）工作原理。压缩机的工作包括压缩、排气、膨胀、吸气4个过程，在每个工作状态时活塞与进、排气阀动作的相互关系如图2-30所示。

压缩过程是活塞处于最下端位置Ⅰ－Ⅰ时，气缸内充满了从蒸发器吸入的低压制冷剂蒸

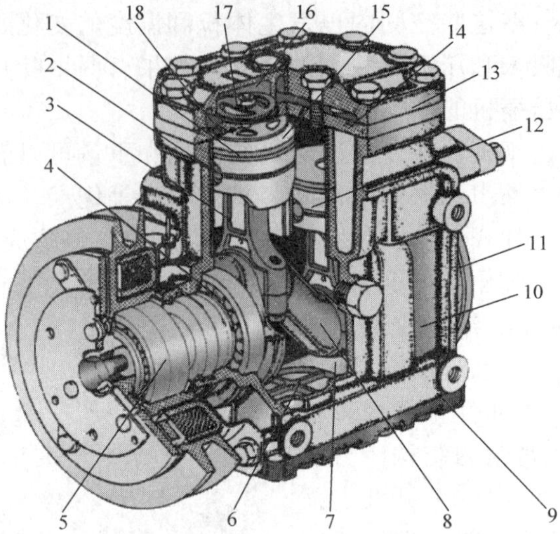

图 2-29　曲轴连杆式压缩机

1—活塞环　2—活塞销　3—连杆　4—轴承　5—轴封总成　6—飞轮　7—曲轴箱　8—曲轴　9—油底壳　10—外壳　11—端板　12—气缸　13—气缸盖　14—阀套　15—活塞　16—高压室　17—进、排气阀　18—低压室

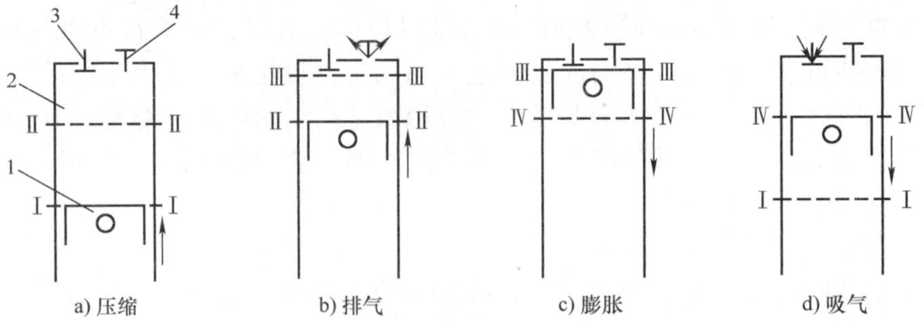

图 2-30　曲轴连杆式压缩机工作原理

1—活塞　2—气缸　3—进气阀　4—排气阀

气，吸气过程结束。活塞在曲轴连杆机构的带动下开始向上移动，进气阀门关闭，气缸的工作容积逐渐减小，密闭在气缸内的蒸气压力和温度逐步升高。当活塞向上移动到Ⅱ－Ⅱ位置时，气缸内的蒸气压力约等于排气阀的阻力与排气管路中的压力之和。

排气过程是活塞继续向上移动，气缸内的蒸气压力继续升高，排气阀便自动打开，开始排气。活塞继续向上移动，气缸内的压力将不再升高，高压气态制冷剂不断地经过排气阀向排气管输出，直到活塞运动到最高位置Ⅲ－Ⅲ时排气过程结束。蒸气从气缸向排气管输出。

膨胀过程是活塞由Ⅲ－Ⅲ位置移动到Ⅳ－Ⅳ位置的过程。当活塞运动到上止点位置时，由于压缩机的结构及制造工艺等原因，活塞顶部与气阀座之间存在一定的间隙。此间隙所形成的容积称为余隙容积。排气过程结束时，在气缸余隙容积内有一定数量的高压蒸气。当活塞开始向下移动时，排气阀关闭，但吸气管道内的低压蒸气不能立即进入气缸，而是首先将残留在气缸内的高压蒸气因容积的增大而膨胀，使其压力下降，直至气缸内的压力下降到等于吸气管道中的压力与进气阀的阻力之和时为止。

吸气过程是当活塞运动到Ⅳ－Ⅳ位置时，进气阀自动打开，活塞继续向下运动，低压蒸气便不断地由蒸发器经吸气管和吸气阀进入气缸，直到活塞到达下止点Ⅰ－Ⅰ的位置时为止。

完成吸气过程后，活塞又从下止点向上止点运动，重新开始压缩过程，如此又进入下一个工作循环。通过压缩、排气、膨胀和吸气 4 个过程，将蒸发器内的低压蒸气吸入使其压力升高后排入冷凝器，完成抽吸、压缩、泵送制冷剂的过程。

进、排气阀主要由进气阀片、排气阀片、阀门片、挡片等组成。当活塞下降时，气缸内压力降低，从蒸发器来的低温低压气体通过压力差的作用，推开进气阀片进入气缸；当活塞上升时，制冷剂被压缩，压力上升，排气阀片被制冷剂压向关闭位置，工作原理如图 2-31 所示。当制冷剂的压力达到一定值后，排气阀片被打开，高温高压气体被排出送往冷凝器。其他各种形式的进、排气阀工作原理基本与此相同。

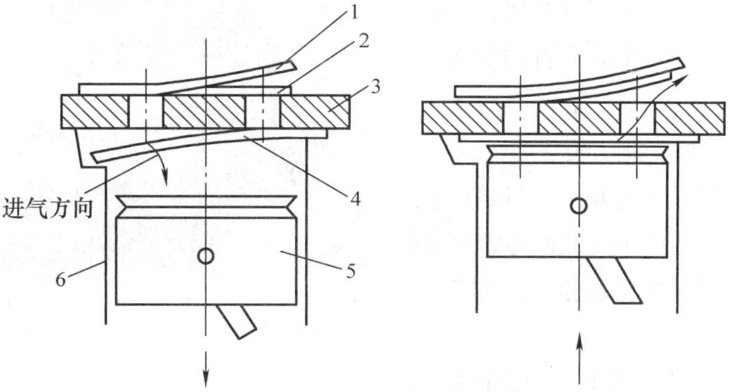

图 2-31　活塞压缩机吸、排气阀工作原理

1—限位板　2—排气阀片　3—阀板　4—进气阀片　5—活塞　6—气缸

（2）斜板式压缩机　斜板式压缩机又可以分为摇摆斜盘式和回转斜盘式。

1）摇摆斜盘式压缩机。

① 结构。摇摆斜盘式压缩机是往复式单向活塞结构，又称为单向斜盘式或摇板式。摇摆斜盘式压缩机将 5 个（或 7 个）气缸均匀分布在压缩机缸体内，如图 2-32 所示。当主轴旋转时，摇板做轴向往复摇摆，带动压缩机活塞做轴向往复运动，从而完成制冷剂蒸气的吸入、压缩和排出过程。

图 2-32　摇摆斜盘式压缩机

② 工作原理。摇摆斜盘式压缩机工作时，主轴带动传动板一起旋转。由于楔形传动板的转动，迫使摇板以钢球为中心，进行左、右摇摆移动。摇板和传动板之间的摩擦力，使摇板具有转动的趋势，但是这种趋势被一对锥齿轮所限制，使得摇板只能左右移动，并带动活塞在气缸内做往复运动，如图 2-33 所示。

2）回转斜盘式压缩机。

① 结构。回转斜盘式压缩机是往复式双向活塞结构，又称为双向斜盘式压缩机，如图 2-

34所示。它是以斜盘主轴为中心，在同一圆周上均布了3个（或5个）活塞。通过斜盘的回转，活塞在气缸内进行往复运动，活塞的两边都是气缸，因而一个活塞起到双缸的作用，整个压缩机则起到六缸（或十缸）的作用。缸体两端都装有吸排气阀及气缸盖，两个缸体接合后形成吸、排气两条通路。

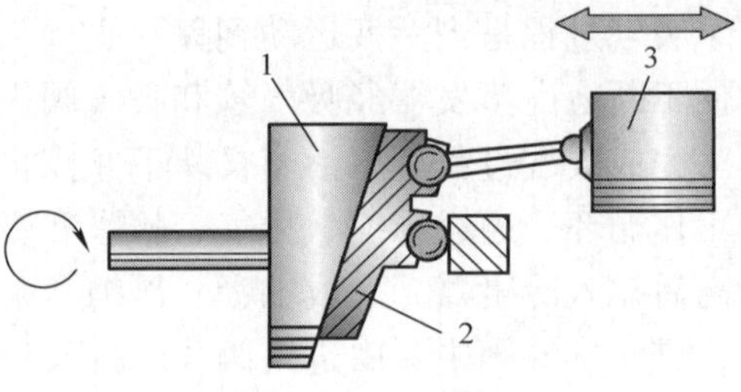

图2-33 摇摆斜盘式压缩机的工作原理

1—传动板 2—摇板 3—活塞

② 工作原理。回转斜盘式压缩机的工作原理如图2-35所示。处于图2-35a所示位置时，活塞向右移动至极限位置，前缸内压力降低，低压腔内的制冷剂从吸气口被吸入到前缸；当斜盘转至图2-35b所示位置时，活塞向左移动，前缸内压力升高，缸内气体被压缩；当斜盘转至图2-35c所示位置时，制冷剂被压缩成高温高压的气体从排气口排出，至此完成一个循环。由于此活塞为双向活塞，因此右端活塞（图中“后缸”）的工作原理与左端相同。

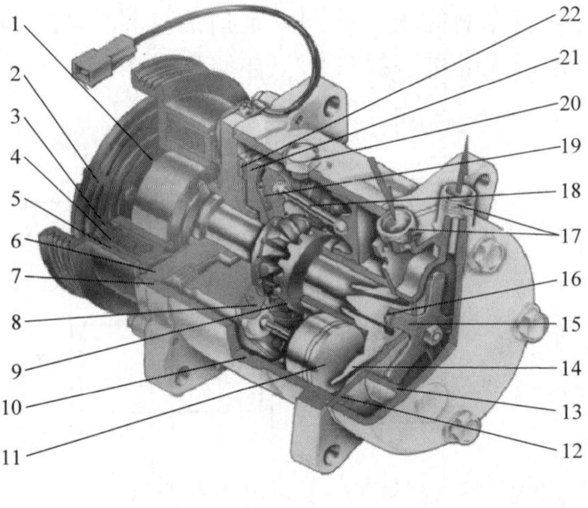

图2-34 回转斜盘式压缩机

1—轴承 2—吸盘 3—电磁离合器 4—线圈 5—多楔带带轮 6—前盖 7—密封圈 8—带锥齿轮的行星盘 9—固定锥齿轮 10—缸体 11—活塞 12—阀板 13—头盖 14—吸气阀片 15—阀片限位板 16—排气阀片 17—进出接口 18—连杆 19、22—推力轴承 20—注油塞 21—斜盘

(3) 旋叶式压缩机 旋叶式压缩机又称为滑片式压缩机，它具有更大的压缩能力，没有活塞，只有一个排气阀的阀门，用作止回阀，防止压缩机不运转期间，高压制冷剂气体通过排气装置进入压缩机。其结构紧凑、外形尺寸小，比较适合小型汽车。

1）结构。旋叶式压缩机主要由机体、转子、叶片三部分组成，如图2-36所示。转子外表面呈圆形，转子偏心地安装在气缸内，使二者在几何上相切，在气缸内壁与转子外表面间形成一个月牙形空间。转子上开有若干个纵向凹槽，在每个凹槽中都装有能沿径向自由活动的滑片。

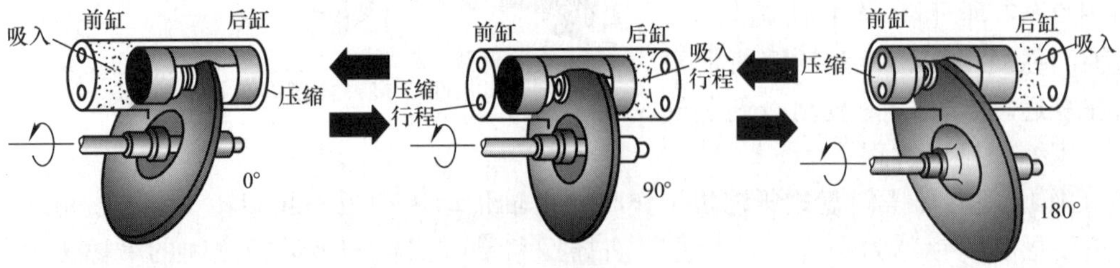

a) 前缸吸气到下止点　b) 前缸压缩行程　c) 前缸压缩至上止点

图2-35 回转斜盘式压缩机的工作原理

2）工作原理。当转子旋转时，转子上装有叶片，叶片在离心力的作用下从槽中甩出，其

端部伸向气缸体的内壁，如图 2-37 所示。第一阶段，叶片、气缸体与转子三者之间构成了一个压缩室（如果多于一个叶片，就有几个压缩室）；第二阶段，随着转子的逆时针旋转，压缩室的空间逐渐增大，叶片通过，叶片越过吸气孔后，制冷剂的压缩开始，因此制冷剂的压力和温度提高；第三阶段，高温的制冷剂经排气孔排出，并流向冷凝器。如此再重新开始吸气—压缩—排气—膨胀的工作过程。

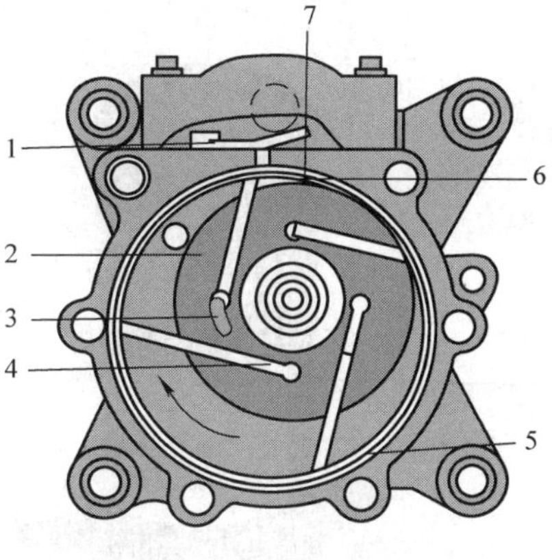

图 2-36　旋叶式压缩机

1—排气阀　2—转子　3—油孔　4—叶片　5—进气口　6—转子和气缸接触点　7—排气口

（4）涡旋式压缩机

1）结构。涡旋式压缩机主要由固定涡旋盘、旋转涡旋盘、机座、连接器、主轴等部分组成，如图 2-38 所示。

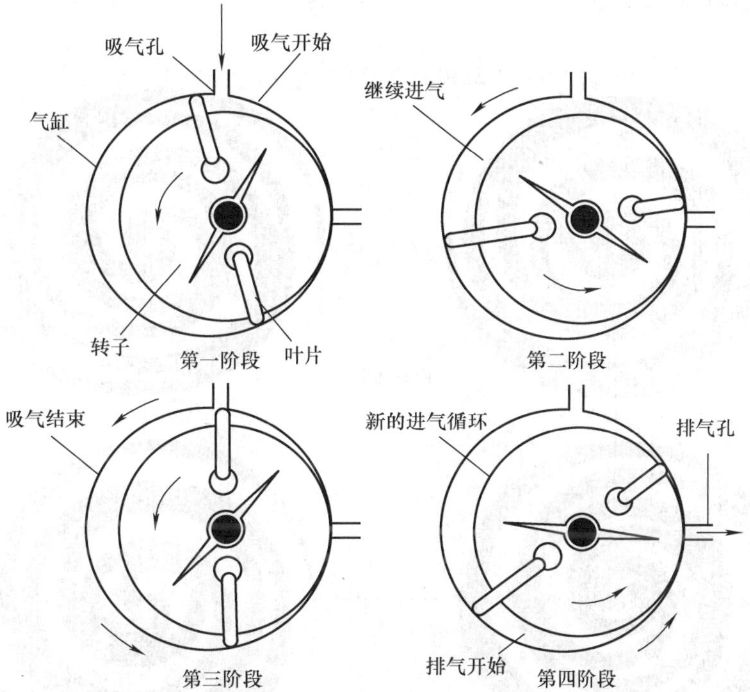

图 2-37　旋叶式压缩机的工作原理

2）工作原理。涡旋式压缩机的工作原理如图 2-39 所示。通过旋转涡旋盘与固定涡旋盘的相互接触可以实现制冷剂的压缩，制冷剂蒸气进入压缩机吸气孔和旋转涡旋盘的外端口，压缩腔增大，使得制冷剂被吸入，然后压缩腔被封闭起来，随着旋转涡旋盘的继续转动，压缩腔变小，制冷剂被压缩，当制冷剂蒸气从压缩机排气口排出时，制冷剂蒸气的温度和压力都已经升高。在整个工作期间，同一时刻的所有压缩腔的制冷剂蒸气均处于各自不同的压缩阶段。这样在所有时刻，吸气压力和排气压力几乎是连续作用的。

（5）螺杆式压缩机　螺杆式压缩机是一种旋转容积式压缩机，在大型制冷压缩机及空气

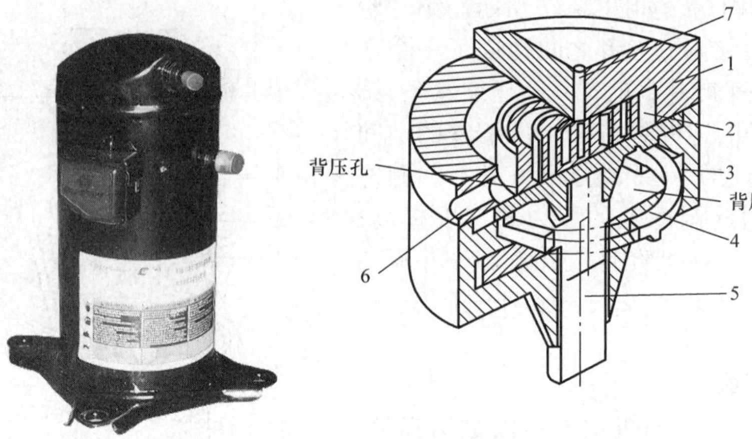

a) 实物　　b) 结构简图

图 2-38　涡旋式压缩机

1—固定涡旋盘　2—旋转涡旋盘　3—机座　4—防自转环　5—主轴　6—进气口　7—排气口

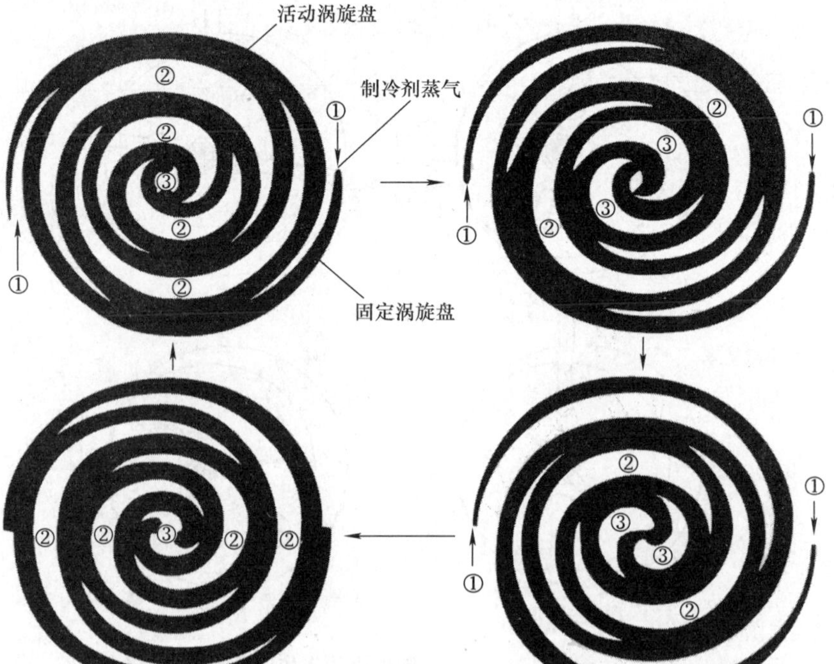

图 2-39　涡旋式压缩机的工作原理

压缩机上早有使用，近几年开始应用于汽车空调上。

1）结构。螺杆式压缩机主要由阴螺杆（阴转子）、阳螺杆（阳转子）、缸体、前后缸盖、油分离器、单向阀等组成，如图 2-40 所示。

2）工作原理。螺杆式压缩机运转时从吸气过程开始，然后气体在密封的基元容积中被压缩，最后由排气孔口排出。阴、阳转子和机体之间形成的呈 V 形的一对齿间容积的大小，随转子的旋转而变化，同时，其空间位置也不断移动。螺杆式压缩机的工作原理如图 2-41 所示。

吸气过程是转子旋转时，阳转子的一个齿连续地脱离阴转子的一个齿槽，齿间容积逐渐扩大，并和吸气孔口连通，气体经吸气孔口进入齿间容积，直到齿间容积达到最大值时，与吸气孔口断开，齿间容积封闭，吸气过程结束，如图 2-41a 所示。

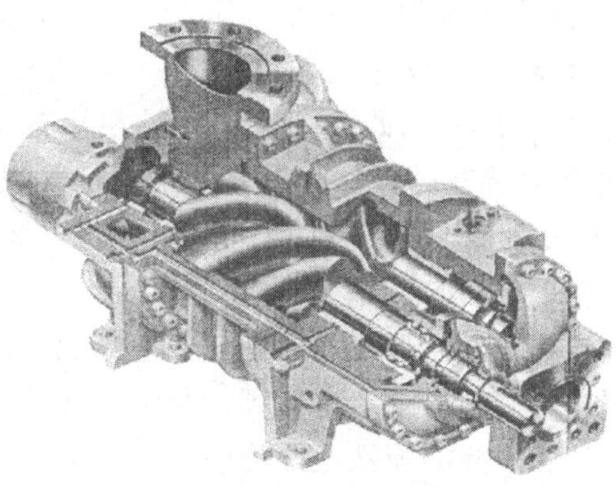

图 2-40　螺杆式压缩机

压缩过程是转子继续转动，在阴、阳转子齿间容积连通之前，阳转子齿间容积中的气体受阴转子齿的侵入先行压缩，经某一角度后，阴、阳转子齿间容积连通，形成 V 形的一对齿间容积，随着两转子齿的相互挤入，齿间容积被逐渐推移，容积也逐渐缩小，实现气体的压缩过程，如图 2-41b 所示。压缩过程直到齿间容积与排气孔口相连通时为止，如图 2-41c 所示，此刻排气过程开始。

排气过程是由于转子旋转时齿间容积不断缩小，将压缩后气体送到排气管，此过程一直延续到齿间容积最小为止，如图 2-41d 所示。随着转子的连续旋转，压缩机不断完成吸气、压缩、排气过程的工作循环。

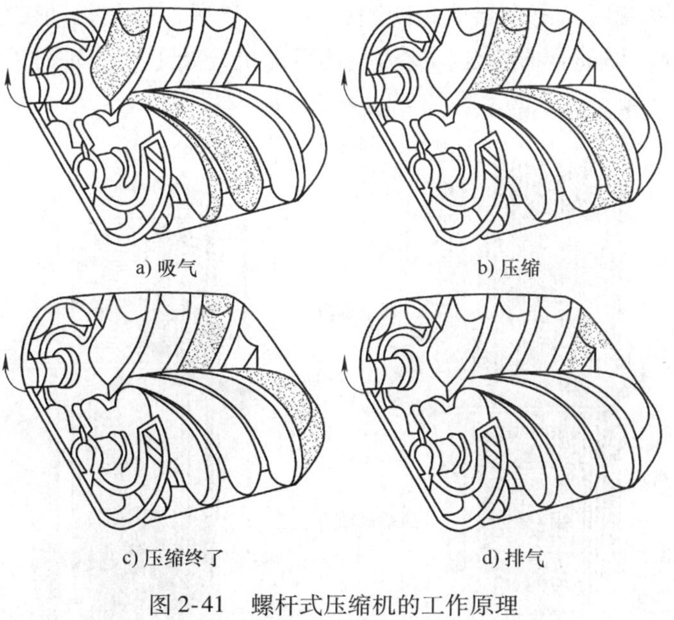

a) 吸气　　b) 压缩

c) 压缩终了　　d) 排气

图 2-41　螺杆式压缩机的工作原理

3. 压缩机的控制——电磁离合器

（1）电磁离合器的结构　电磁离合器的组成如图 2-42 所示。其主要组成部件有以下几个。

1）驱动带轮，又称为空转轮，是电磁离合器的主动元件。

2）离合器吸盘，又称为压盘、压板，是电磁离合器的从动元件。

3）电磁线圈。大众车空调压缩机电磁离合器线圈中装有熔丝，一旦电磁离合器过热（如压缩机运转不灵），熔丝就立即切断电源，起保护作用。

（2）电磁离合器工作原理　当空调离合器的线圈通电时，线圈产生磁场，与空调压缩机主轴连接在一起的衔铁被磁场吸合，动力由发动机通过传动带经过带轮、衔铁传到主轴，带动压缩机运转。

1）驱动带轮由发动机曲轴带轮通过传动带驱动，只要发动机运转，带轮就运转。

2）空调制冷系统不工作时，离合器吸盘与驱动带轮之间保持一个微小间隙 *A*，此时驱动带轮空转，而离合器吸盘不转，即离合器分离，与离合器吸盘固连在一起的空调压缩机轴也不转，空调压缩机不工作，如图 2-43a 所示。

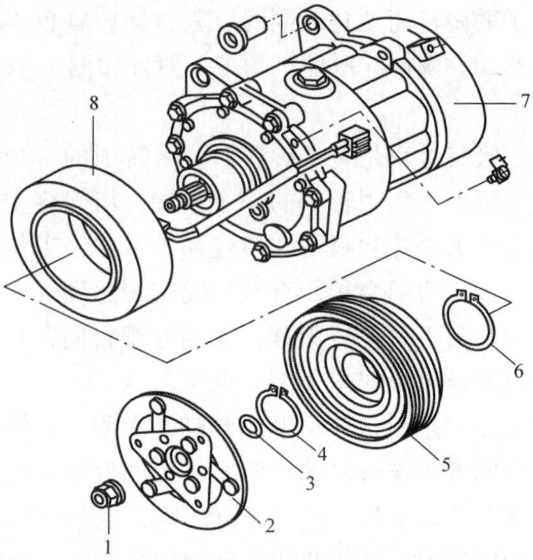

图 2-42　压缩机电磁离合器的组成

1—锁紧螺母　2—离合器吸盘　3—调整垫片　4、6—卡环　5—驱动带轮　7—空调压缩机　8—电磁线圈

3）当起动制冷系统时，离合器电磁线圈通电产生磁场，磁化驱动带轮产生吸力将吸盘与自身紧紧地吸在一起，即离合器接合，此时空调压缩机开始工作，如图 2-43b 所示。

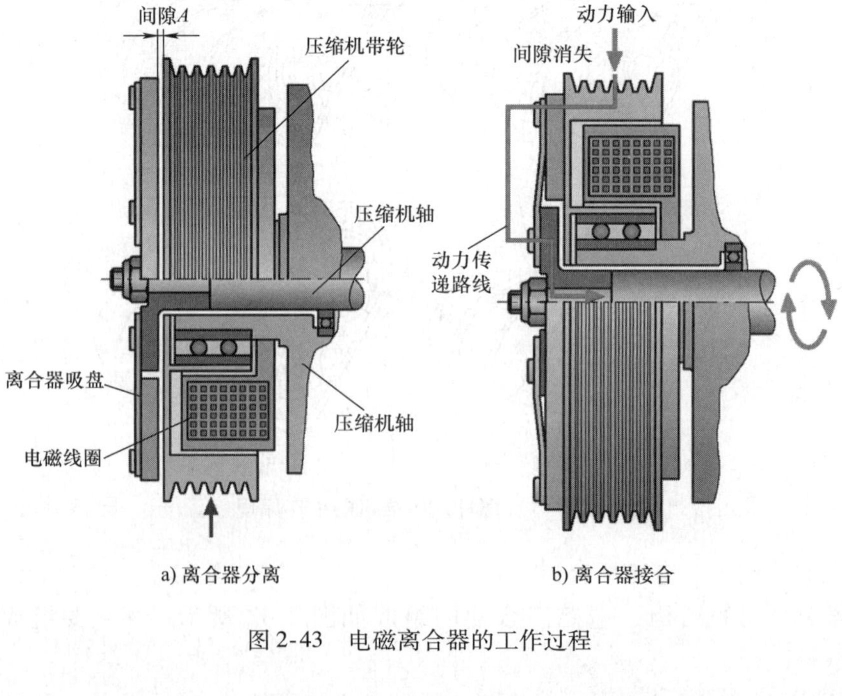

图 2-43　电磁离合器的工作过程

任务准备

威朗实训整车、世达工具套装、维修手册。

任务实施

1. 空调压缩机的更换

（1）预备程序

1）断开蓄电池负极电缆。

2）回收制冷剂，具体实施步骤详见制冷剂的回收与加注。

3）更换传动带。

4）拆下空调压缩机软管。

（2）更换程序

1）拆卸空调压缩机螺栓1（两颗），如图2-44所示。

2）拆卸空调压缩机螺母2。

3）松开压缩机双头螺柱3。注意：双头螺柱需要保持在孔内，以从发动机舱中拆下压缩机。

4）拆下空调压缩机，取下双头螺柱。

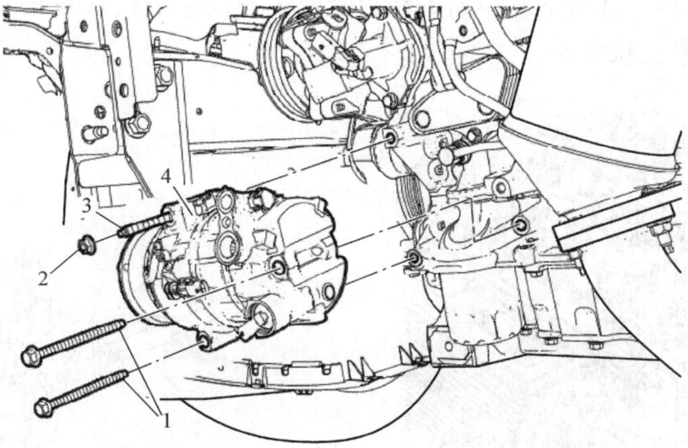

图2-44　空调压缩机的更换

1—螺栓　2—螺母　3—双头螺柱　4—压缩机

2. 压缩机减压阀的更换

（1）预备程序

1）断开蓄电池负极电缆。

2）制冷剂回收和重新加注，具体实施步骤详见制冷剂的回收与加注。

（2）更换程序　更换空调压缩机减压阀，紧固力矩为10N·m，如图2-45所示。

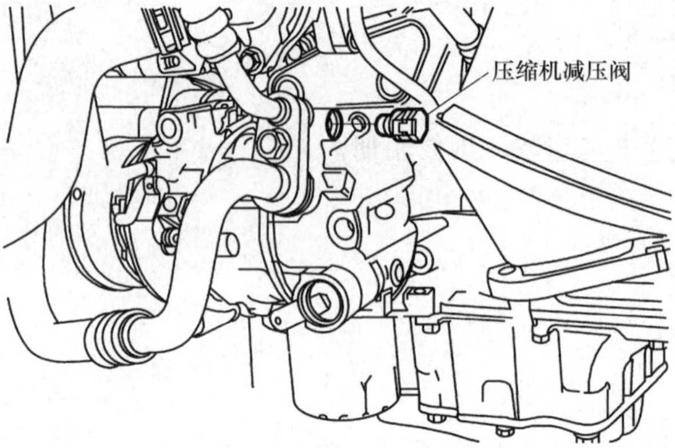

图 2-45　压缩机减压阀的更换

3. 空调压缩机软管的更换

（1）拆卸程序

1）断开蓄电池负极电缆。

2）回收制冷剂，具体实施步骤见制冷剂回收和重新加注。

3）更换前保险杠蒙皮。

4）拆卸“1.5L LFV”后进气管和“1.5L L3G”后进气管。

5）拆下空调压缩机软管螺母 1，如图 2-46 所示。

6）拆下空调压缩机软管螺母 3。

7）如图 2-47 所示，拆下空调压缩机软管螺栓 1 及压缩机软管 O 形密封圈 2。

8）拆下空调压缩机软管 3。

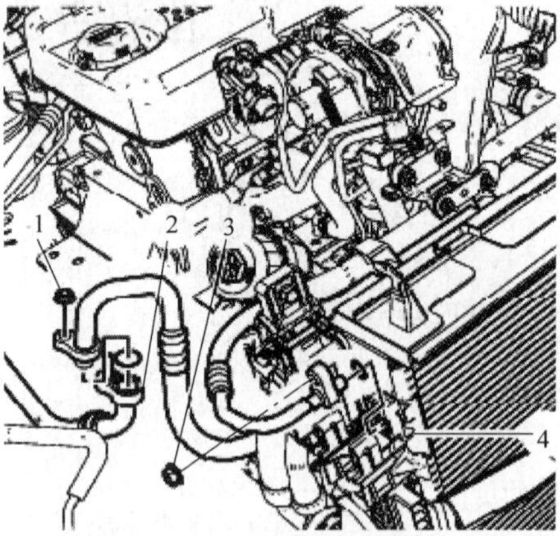

图 2-46　空调压缩机软管螺母

1、3—软管螺母　2—O 形密封圈　4—空调冷凝器

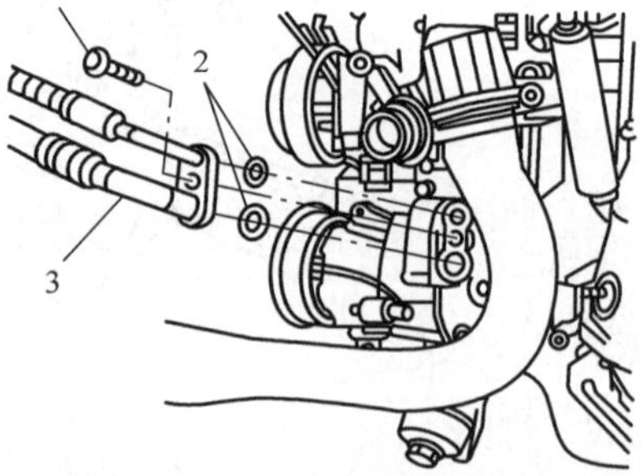

图 2-47　空调压缩机软管螺栓

1—螺栓　2—O 形密封圈　3—压缩机软管

（2）安装程序

1）更换 O 形密封圈。

2）安装空调压缩机软管 3，如图 2-47 所示。

3）安装空调压缩机软管螺栓 1 以及压缩机软管 O 形密封圈 2，并以 19N · m 紧固。
4）如图 2-46 所示，安装空调压缩机软管螺母 3，并以 20N · m 紧固。
5）安装空调压缩机软管螺母 1，并以 20N · m 紧固。
6）安装“1. 5L LFV”后进气管和“1. 5L L3G”后进气管。
7）安装前保险杠蒙皮。
8）排空并加注制冷剂系统，具体实施见制冷剂回收和重新加注。
9）连接蓄电池负极电缆。

检查评议

评价表见表 2-5。

表 2-5　评价表

序号	检查项目	操作内容	配分	得分
1	压缩机更换预备程序	回收及加注制冷剂	15 分	
		蓄电池负极电缆的断开	5 分	
		传动带的更换	5 分	
2	压缩机的更换	压缩机螺栓的拆卸	5 分	
		压缩机螺母的拆卸	5 分	
		松开压缩机双头螺柱	4 分	
		压缩机的拆卸	6 分	
3	减压阀的更换	更换空调压缩机减压阀	10 分	
4	压缩机软管的更换	压缩机软管螺栓及螺母的拆卸	10 分	
		压缩机软管密封圈的更换	10 分	
		压缩机软管螺栓及螺母的安装	10 分	
5	职业素养	学习态度：积极主动参与学习	3 分	
		团队协作：善于合作，共同完成	3 分	
		责任意识：爱护仪器，作业单填写认真	3 分	
		安全规范：有安全意识，操作规范	3 分	
		现场管理：6S 执行认真，有环保意识	3 分	
合计			100 分	

问题及防治

1）根据检查情况，总结出完成任务过程中会遇到的问题。

2）小组内探讨如何预防这些问题的发生，也可以由组长汇总后咨询教师。

拓展知识

空调压缩机常见故障

空调压缩机作为高速旋转的工作部件，出现故障的概率比较高。常见的故障有异响、泄漏及不工作等。

（1）异响　引起压缩机异响的原因很多。例如，压缩机电磁离合器损坏，或压缩机内部磨损严重等均可产生异响。

1）压缩机电磁离合器是出现异响的常见部位。压缩机经常在高负荷下从低速到高速变速运转，所以对电磁离合器的要求很高，而且电磁离合器的安装位置一般离地面较近，经常会接触到雨水和泥土，当电磁离合器内的轴承损坏时就会产生异响。

2）除了电磁离合器自身的问题外，压缩机传动带的松紧度也直接影响着电磁离合器的寿命。传动带过松，电磁离合器就容易出现打滑；传动带过紧，电磁离合器上的负荷就会增加。传动带松紧度不当时，轻则会引起压缩机不工作，重则会引起压缩机损坏。当传动带工作时，如果压缩机带轮以及发电机带轮不在同一个平面内，就会降低传动带或压缩机的寿命。

3）电磁离合器的反复吸合也会造成压缩机出现异响。例如，发电机的发电量不足，空调系统压力过高，或者发动机负荷过大，这些都会造成电磁离合器反复吸合。

4）电磁离合器与压缩机安装面之间应该有一定的间隙，如果间隙过大，那么冲击也会增大，如果间隙过小，电磁离合器工作时就会与压缩机安装面之间产生运动干涉，这也是产生异响的一个常见原因。

5）压缩机工作时需要可靠的润滑。当压缩机缺少润滑油或者润滑油使用不当时，压缩机内部就会产生严重异响，甚至造成压缩机的磨损报废。

（2）泄漏　制冷剂泄漏是空调系统的最常见问题。压缩机泄漏的部位通常在压缩机与高低压管的接合处，此处通常因为安装位置的原因，检查起来比较麻烦。空调系统内部压力很高，当制冷剂泄漏时，压缩机润滑油会随之损失，这会导致空调系统不工作或压缩机润滑不良。空调压缩机上都有泄压保护阀，泄压保护阀通常是一次性使用的，在系统压力过高进行泄压后，应该及时更换泄压保护阀。

（3）不工作　空调压缩机不工作的原因有很多，通常是因为相关电路的问题。可以通过给压缩机电磁离合器直接供电的方式初步检查压缩机是否损坏。

空调维修注意事项如下。

1）不要在密闭的空间或靠近明火处处理制冷剂。

2）必须戴防护眼镜。

3）避免液体的制冷剂进入眼睛或溅到皮肤上。

4）不要将制冷剂的罐底对着人，有些制冷剂罐底有紧急放气装置。

5）不要将制冷剂罐直接放在温度高于40℃的热水中。

6）如果液体制冷剂进入眼睛或碰到皮肤，不要揉，要立即用大量的冷水冲洗，要立即到医院找医生进行专业处理，不要试图自己处理。

课后练习

1. 填空题

1）常用的空调压缩机的类型有________、________、________。

2）斜盘式压缩机的结构有________、________、________。

3）汽车空调压缩机和电磁离合器的常见故障有________、________、________。

4）电磁离合器主要由________及________组成。

2. 选择题

1）压力开关动作时，切断的电路是（　　），以防止制冷系统不受损坏。

A. 鼓风机电路　　B. 电磁离合器电路　　C. 温控器电路　　D. 冷凝器风机电路

2）担任压缩机动力分离与接合的组件为（　　）。

A. 电磁容电器　　B. 电磁离合器　　C. 液力变矩器　　D. 单向离合器

3）电磁离合器励磁线圈的电阻为（　　），温度为20℃（68℉）。

A. 4～5kΩ　　B. 4～50Ω　　C. 4～5Ω　　D. 0.4～0.5Ω

4）从空调压缩机出来的是（　　）制冷剂。

A. 高温高压液态　　B. 高温高压气态　　C. 低温低压气态　　D. 低温低压液态

5）用手触摸空调系统管路（　　）段应是冰凉的。

A. 压缩机进口　　B. 压缩机出口　　C. 冷凝器进口　　D. 冷凝器出口

3. 简答题

1）简述斜盘式压缩机的结构。

2）空调压缩机的常见故障有哪些？

3）空调压缩机有哪些检查项目？

任务3　汽车空调冷凝器的检修

任务描述

一辆威朗15S自动进取型轿车，行驶里程8万km。据车主反映，该车空调制冷效果不佳，经检查发现冷凝器堵塞。汽车空调冷凝器该如何检修呢？

任务分析

为了完成本学习任务，应该做到以下几点。

1）掌握冷凝器的作用与工作原理。

2）知道冷凝器的种类。

3）结合维修手册正确拆、装冷凝器。

相关知识

1. 冷凝器的作用

冷凝器是一个用于将制冷剂所含热量释放，并将制冷剂由气态转变成液态的热交换器。它的作用是把来自压缩机的高温高压气态制冷剂通过管壁和翅片将其中的热量传递给冷凝器周围的空气，从而使气态制冷剂冷凝成高温高压的液体，使其通过节流元件（如膨胀阀或节流管）后吸收大量热量而汽化。

1）冷凝器安装在车辆的前部，风扇将风吹过散热装置，以利于排出热量。

2）来自压缩机的制冷剂以高温高压的气态形式从顶部进入冷凝器。经过冷凝器时，制冷剂丢失它所含的大量热量并凝集在底部。

3）在冷凝器出口，制冷剂处于高压低温液态。

2. 冷凝器的工作原理

当制冷系统工作时，由冷却风扇（见图2-48）形成的空气流经冷凝器，带走冷凝器管内

图 2-48　冷却风扇

制冷剂热量，从而使制冷剂由气态变为液态。冷凝器中制冷剂的放热过程有 3 个阶段，即降低过热、冷凝和过冷 3 个阶段。进入冷凝器的制冷剂是高压的过热气体，向外放出热量后，首先是降温至冷凝压力下的饱和温度，仍然是气态工质。然后在冷凝压力下，因放出热量而逐渐冷凝成液体，温度保持不变。最后继续放出热量，液态制冷剂温度下降，成为过冷液体。冷凝器工作原理如图 2-49 所示。冷凝器的过冷度对提高制冷量和制冷系数，保证膨胀阀有效而安全地工作是很有作用的。

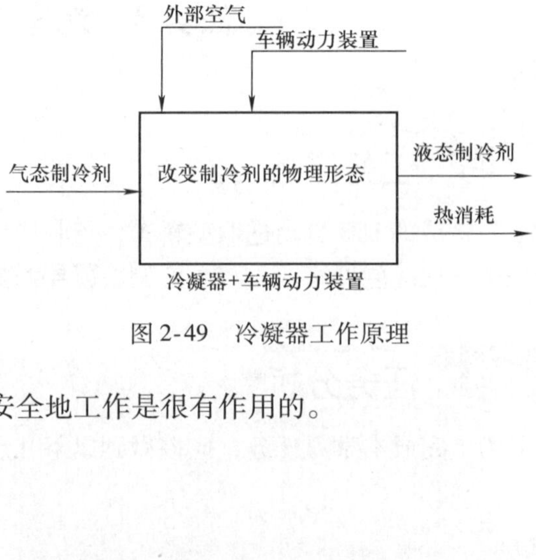

图 2-49　冷凝器工作原理

3. 冷凝器的种类

冷凝器的结构形式有很多，而在汽车空调制冷系统中，经常采用的有管片式、管带式、鳍片式和平行流动式等类型。

（1）管片式　管片式是传统的冷凝器形式，也是最早的一种冷凝器。图 2-50 所示为管片式冷凝器，由厚度为 0.1 ~0.2mm 的铝散热片套在圆管（铜管或铝管）上，用机械或液压的方法进行胀管，使散热片固定在管子上，并与管壁紧贴，使热量能通过紧贴的管片进行传递。它的特点是体积比较大，热交换效率差，结构简单，加工成本比较低，目前仍有应用。

（2）管带式　管带式冷凝器是由盘成蛇形的多孔扁管和波浪形散热片焊接而成的，扁管的孔数为 3 ~4 孔不等。其结构形状如图 2-51 所示。

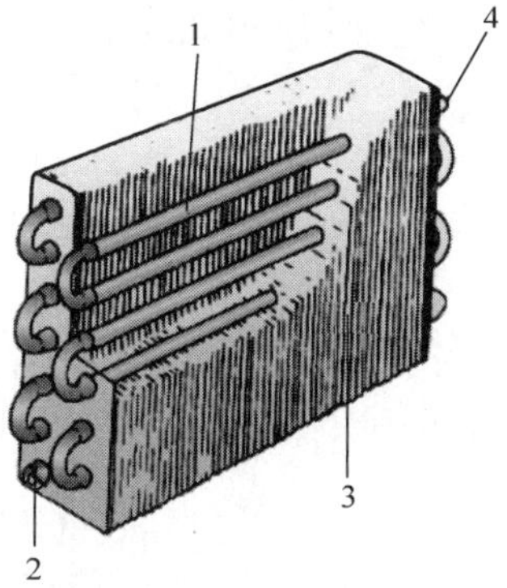

图 2-50　管片式冷凝器

1—制冷剂管路　2—出口　3—散热片　4—进口

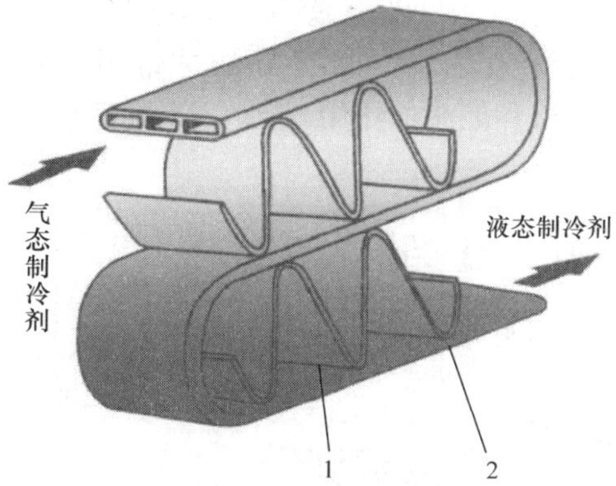

图 2-51　管带式冷凝器

1—散热片　2—扁管

（3）鳍片式　一般换热器的管子和散热片是两个独立构件，需用镶嵌、胀管、焊接等办法将它们连接在一起。若两者接触面贴合不紧，不仅影响传热效果，而且整体强度和抗震性能也要降低，为此，出现了鳍片式结构，如图 2-52 所示。这种形式由于片、管是一体的，抗震性特别好，散热性能可提高 5%，节省材料 25%，管片之间无须焊接，可在常温下加工，所需加工的能耗少，所以它曾一度被认为是最先进的车用冷凝器。但由于需要专用的铣削设备，弯管也需专用夹具，一时难以大量推广。

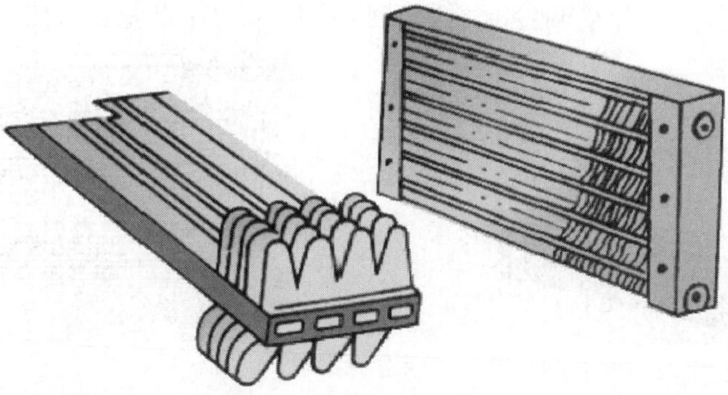

图 2-52　鳍片式冷凝器

（4）平行流动式　平行流动式冷凝器由管带式冷凝器演变而成，也是由扁管和波浪形散热片组成，散热片（带）上同样开有百叶窗式条缝，但扁管不是弯成盘带式，而是每根截断的，每端各有一根集流，如图 2-53 所示。平行流动式冷凝器又分为两种：一种是集流管不分段，制冷剂流动方向一致，取名为单元平流式冷凝器；另一种取名为多元平流式冷凝器，它的集流管是分段的，中间有分隔片隔开，起到分流和汇流的作用。

图 2-53　平行流动式冷凝器

任务准备

威朗实训整车、世达工具套装。

任务实施

1. 空调冷凝器的更换

（1）拆卸程序

1）回收制冷剂。

2）蓄电池负极电缆的断开和连接，断开蓄电池负极。

3）拆下散热器上的空气导流板和导流器。

4）拆下散热器右侧阻风板。

5）拆下散热器左侧阻风板。

6）拆下空调压缩机和冷凝器软管 1 和空调蒸发器软管总成 2，如图 2-54 所示。

7）拆下空调压缩机和冷凝器软管螺母。

8）如图 2-55 所示，松开空调冷凝器固定凸舌 1 时，沿箭头方向按压 4 个固定凸舌。

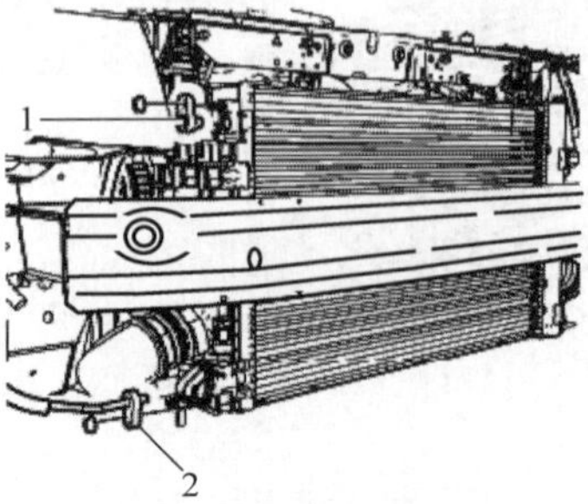

图 2-54　空调压缩机和冷凝器

1—软管　2—软管总成

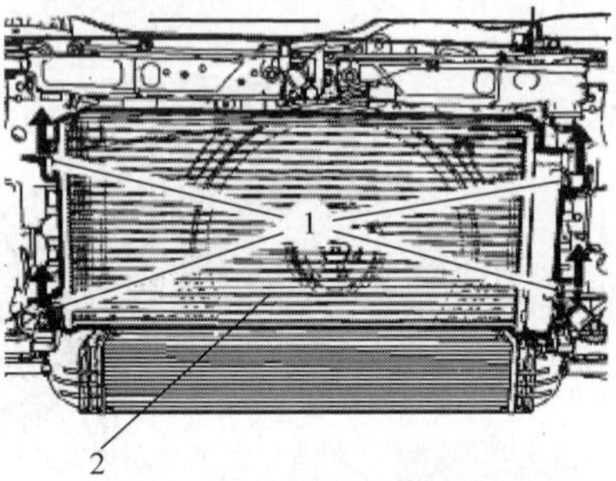

图 2-55　空调冷凝器

1—固定凸舌　2—冷凝器

9）拆下空调冷凝器 2。

（2）安装程序

1）安装空调冷凝器 2。

2）紧固空调冷凝器 2，锁止 4 个固定凸舌 1，如图 2-55 所示。

3）安装空调压缩机和冷凝器软管 1 和空调蒸发器软管总成 2，如图 2-54 所示。

4）安装空调压缩机和冷凝器软管螺母，并以 20N · m 紧固。

5）安装散热器左侧阻风板。

6）安装散热器右侧阻风板。

7）安装散热器上的空气导流板和导流器。

8）连接蓄电池负极电缆。

9）排空并加注制冷剂。

检查评议

评价表见表 2-6。

表 2-6　评价表

序号	检查项目	操作内容	配分	得分
1	空调冷凝器拆卸	回收制冷剂	10 分	
		蓄电池负极电缆的断开和连接	4 分	
		拆下散热器上“1.5L L3G”空气导流板和导流器和“1.5L LFV”空气导流板和导流器	4 分	
		拆下散热器右侧阻风板	4 分	
		拆下散热器左侧阻风板	4 分	
		拆下空调压缩机和冷凝器软管及空调蒸发器软管总成	4 分	
		拆下空调压缩机和冷凝器软管螺母	5 分	
		松开空调冷凝器时，沿箭头方向按压 4 个固定凸舌	5 分	
		拆下空调冷凝器	5 分	
2	空调冷凝器拆卸	安装空调冷凝器	5 分	
		紧固空调冷凝器，锁止 4 个固定凸舌	5 分	
		安装空调压缩机和冷凝器软管及空调蒸发器软管总成	5 分	
		以 20N · m（15lbf · in）紧固空调压缩机和冷凝器软管螺母	4 分	
		安装散热器左侧阻风板	4 分	
		安装散热器右侧阻风板	4 分	
		安装散热器上的“1.5L L3G”空气导流板和导流器和“1.5L LFV”空气导流板和导流器	4 分	
		断开和连接蓄电池负极电缆	4 分	
		排空并加注制冷剂系统	10 分	

（续）

序号	检查项目	操作内容	配分	得分
3	职业素养	学习态度：积极主动参与学习	2 分	
		团队协作：善于合作，共同完成	2 分	
		责任意识：爱护仪器，作业单填写认真	2 分	
		安全规范：有安全意识，操作规范	2 分	
		现场管理：6S 执行认真，有环保意识	2 分	
合计			100 分	

问题及防治

1）根据检查情况，总结出完成任务过程中会遇到的问题。

2）小组内探讨如何预防这些问题的发生，也可以由组长汇总后咨询教师。

拓展知识

清洗空调冷凝器

汽车空调使用久了，冷凝器会有尘土、柳絮、树叶和小昆虫附着在上面，这样会引起散热不良，使发动机温度升高。冷凝器是空调外循环部分，用来传递车内吸收的热量，如果温度过高，会造成系统内的压力升高，当压力高到一定程度时空调就会自我保护停机，压缩机不工作，也就是常说的过压保护（也叫高压保护）。所以，对冷凝器进行清洗是很有必要的。

1. 汽车冷凝器清洗工具

牙刷或毛刷、水枪、水管及水管接口、螺钉旋具。

2. 清洗汽车冷凝器的方法

1）将洗涤剂兑水。冷凝网的洗涤产品为碱性，对冷凝器略有腐蚀性，所以兑水降低浓度很重要，因为过高的浓度尽管会洗得很干净，但是腐蚀性不可不考虑。

2）发动汽车，打开空调，使电子风扇旋转工作。先用清水冲洗，并利用风扇的旋转使清水遍布整个冷凝器，一定要冲到位、冲彻底，其间可能会因为冷凝器温度过低而使电子风扇停转，这时就要停止冲水，让冷凝器的温度上升，使电子风扇重新运转。

3）待整个冷凝器都湿透后，用喷水的工具（如浇花的水壶等）将兑好水的洗涤产品喷到冷凝器表面，此时电子风扇也应该是运转的，利用它的运转吸入并分布到各个角落，估计都喷到就够了。此时关闭空调和发动机，观察冷凝器表面，几分钟后就会看到表面的脏物会慢慢“浮”起，并伴有小小的泡沫，等几分钟（一般会等10～15min，具体视浓度而定）。

4）再次起动空调使电子风扇旋转，此时要用大量的清水冲洗，冲洗得越彻底越好，这步不可偷懒，直至将冷凝器表面冲洗干净，一般能把冷凝器洗得像新的一样。

课后练习

1）汽车空调冷凝器的类型有哪些？各类型冷凝器的特点是什么？

2）汽车空调冷凝器的作用是什么？在汽车空调制冷系统中制冷剂进入冷凝器时是什么状态，离开冷凝器时又是什么状态？

3）为什么汽车空调冷凝器过脏会造成汽车空调间歇制冷？

任务4　汽车空调蒸发器的检修

任务描述

王女士的威朗15S自动进取型轿车，空调使用3年未经任何维护，近期使用发现制冷效果不好后，开至4S店维护。维修技师接车后进行检查，起动车辆，打开空调，发现电磁离合器断开，几十秒后又重新吸合，这种状况在提速时反复出现。电磁离合器断开一般是驾驶室内温度已达到设定温度或是蒸发器表面温度已接近0℃，为防止结霜及高低压力异常所致。面对这样的问题该如何解决呢？

任务分析

为了完成本学习任务，应该做到以下几点。

1）掌握蒸发器的作用和工作原理。

2）知道蒸发器的种类。

3）结合维修手册正确拆、装蒸发器。

相关知识

1. 蒸发器的作用

汽车空调蒸发器置于车内，它利用低温低压的液态制冷剂蒸发时吸收周围空气中的大量热量，从而达到车内降温的目的。在汽车上总是把蒸发器、鼓风机、温度控制器甚至还有许多相关的零部件组装在一起，称为蒸发器总成，如图2-56所示。采用这种结构方式便于整体安装和拆卸，避免零件散失，对维修也十分方便。

2. 蒸发器的工作原理

蒸发器的作用原理与冷凝器正好相反，从膨胀阀或节流孔管流出，直接进入蒸发器的制

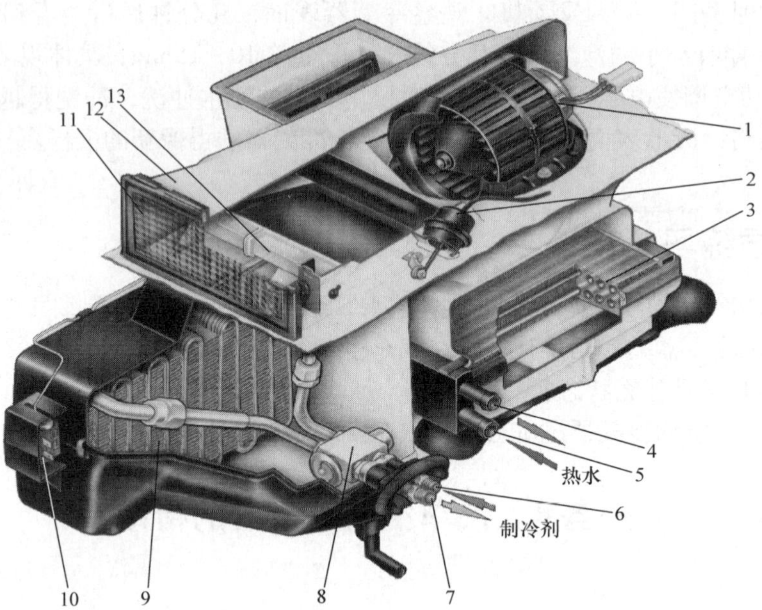

图 2-56　蒸发器总成

1—鼓风机　2—真空阀　3—加热器芯　4—出水口　5—进水口　6—制冷剂进口　7—制冷剂出口
8—膨胀阀　9—蒸发器芯　10—温控器　11—进风罩滤网　12—进风罩　13—车厢温度开关

冷剂由于体积突然膨胀而变成低温低压雾状物（微粒液体），这种状态的制冷剂很容易汽化，汽化时将吸收周围大量的热量，空调风机强制使进入车内的空气从蒸发器表面流过，通过管片将热量传给蒸发器内的制冷剂，通过吸收热量使液态的制冷剂汽化，而车内空气则因为热量被带走而变冷，如图 2-57 所示。

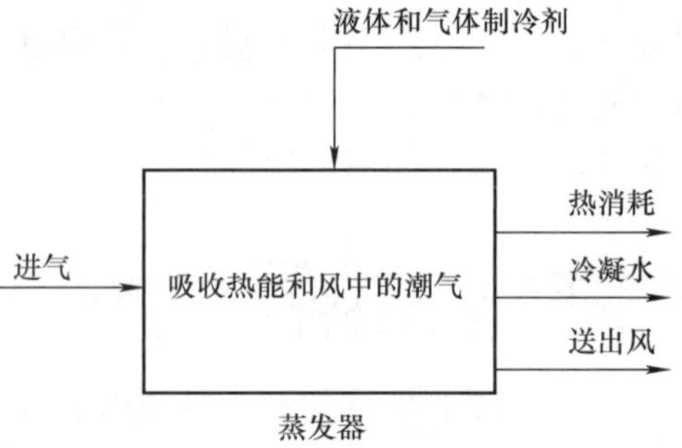

图 2-57　蒸发器工作原理

3. 蒸发器的种类

汽车空调蒸发器有管片式、管带式和层叠式 3 种基本结构。

管片式结构与冷凝器基本相同，如图 2-58 所示。管带式结构与冷凝器主要有两点不同，如图 2-59 所示，一是扁管宽度一般比冷凝器更宽一些，二是扁管是竖向弯曲的，目的是便于蒸发器表面的冷凝水排走。

层叠式蒸发器也叫板翅式蒸发器，是在管带式以后发展起来的新型结构形式，由两片冲成复杂形状的铝板叠在一起组成制冷剂通道，每两组通道之间夹有波浪形散热带，如图 2-60 所示。这种形式的蒸发器加工难度最大，但换热效率很高，结构很紧凑。它的换热效率比管带式提高 10% 左右，是最有应用前景的蒸发器形式。

为了提高换热效果，常在翅片的结构上采取一些强化换热的措施，如图 2-61 所示。层叠式蒸发器的传热面是由隔板和翅片组成的，热传递基本是依靠翅片来完成的，隔板只传递一小部分。翅片除承担传热任务外，还起到两隔板间的加强作用。因此，如翅片不能完全与隔板焊接在一起，不但会影响传热效果，同时还会影响到隔板的强度。

图 2-58　管片式蒸发器

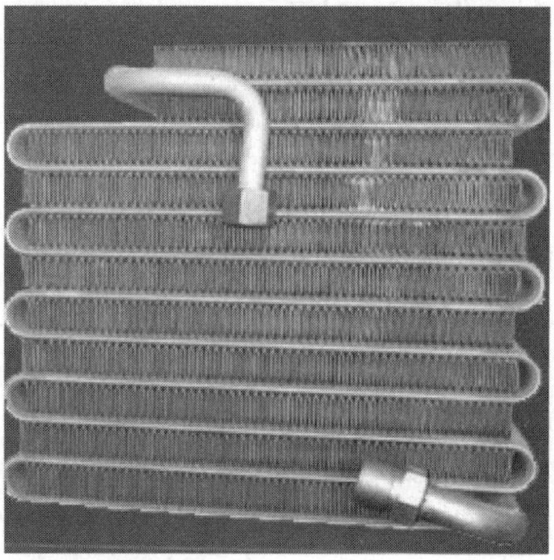

图 2-59　管带式蒸发器

图 2-60　层叠式蒸发器

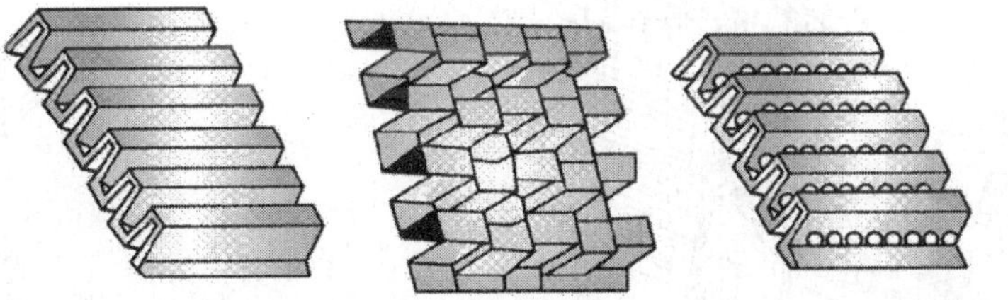

a) 光直形翅片　　b) 锯齿形翅片　　c) 多孔形翅片

图 2-61　翅片的结构

任务准备

威朗实训整车、世达工具套装、专用工具、GE39400 – A 卤素检漏器。

任务实施

1. 空调蒸发器软管总成的更换

（1）预备程序

1）蓄电池负极电缆的断开和连接。

2）制冷剂回收和重新加注。

3）卤素前照灯的更换、氙气前照灯的更换。

4）“1.5L L3G”空气滤清器总成的更换、“1.5L LFV”空气滤清器总成的更换。

5）前保险杠蒙皮的更换。

（2）拆卸程序

1）拆下空调蒸发器软管总成及空调蒸发器热膨胀阀螺母1（见图2-62），以19N·m紧固。

2）拆下空调蒸发器软管总成及空调冷凝器螺母2，用19N·m紧固。

3）拆下空调蒸发器软管总成及空调压缩机和冷凝器软管螺母3，用19N·m紧固。

4）拆下空调蒸发器软管总成。

2. 空调蒸发器热膨胀阀的更换

（1）拆卸程序

1）回收制冷剂。

2）拆下仪表板上加长板开口盖。

3）拆下空调蒸发器软管总成1及空调蒸发器热膨胀阀（见图2-63）。

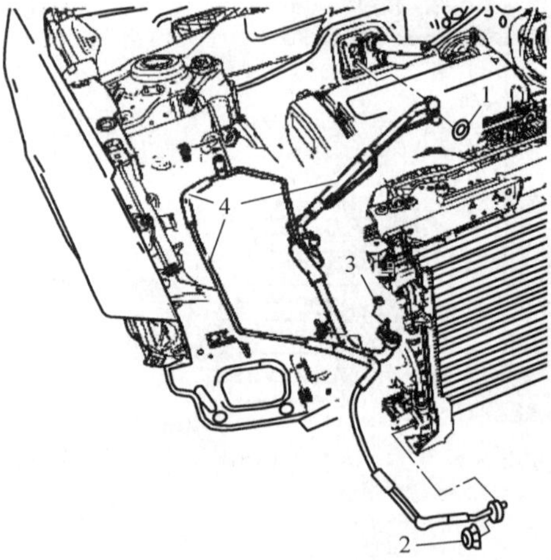

图2-62 蒸发器软管总成的更换

1—膨胀阀螺母 2—冷凝器螺母

3—冷凝器软管螺母 4—软管

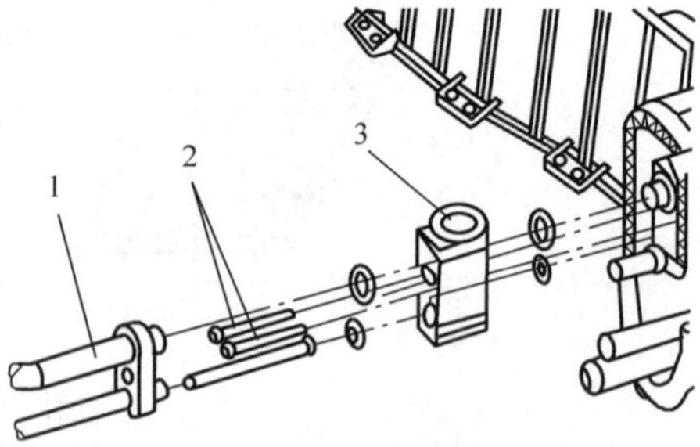

图2-63 空调蒸发器热膨胀阀的更换

1—蒸发器软管总成

2—热膨胀阀螺栓 3—热膨胀阀

4）拆下两个空调蒸发器热膨胀阀螺栓2。

5）拆下空调蒸发器热膨胀阀3。

（2）安装程序

1）将新的密封件安装到空调蒸发器热膨胀阀上。

2）安装空调蒸发器热膨胀阀 3。

3）安装两个空调蒸发器热膨胀阀螺栓 2 并紧固至 15N · m。

注意：使用新的 O 形密封圈（参见空调 O 形密封圈的更换）。

4）安装空调蒸发器软管总成 1 与空调蒸发器热膨胀阀，并紧固至 19N · m。

5）安装仪表板上加长板开口盖。

6）排空并加注制冷剂。

7）使用 GE－39400－A 检漏器测试接头是否泄漏。

检查评议

评价表见表 2-7。

表 2-7　评价表

序号	检查项目	操作内容	配分	得分
1	拆卸程序	回收制冷剂	10 分	
		拆下仪表板上加长板开口盖	6 分	
		拆下空调蒸发器软管总成及空调蒸发器热膨胀阀	8 分	
		拆下两个空调蒸发器热膨胀阀螺栓	6 分	
		将空调蒸发器热膨胀阀拆下	8 分	
2	安装程序	将新的密封件安装到空调蒸发器热膨胀阀上	8 分	
		安装空调蒸发器热膨胀阀	8 分	
		安装两个空调蒸发器热膨胀阀螺栓并紧固至 15N · m	6 分	
		安装空调蒸发器软管总成及空调蒸发器热膨胀阀，并紧固至 19N · m	6 分	
		安装仪表板上加长板开口盖	6 分	
		排空并加注制冷剂系统	10 分	
		使用 GE－39400－A 检漏器测试接头是否泄漏	8 分	
3	职业素养	学习态度：积极主动参与学习	2 分	
		团队协作：善于合作，共同完成	2 分	
		责任意识：爱护仪器，作业单填写认真	2 分	
		安全规范：有安全意识，操作规范	2 分	
		现场管理：6S 执行认真，有环保意识	2 分	
合计			100 分	

问题及防治

1）根据检查情况，总结出完成任务过程中会遇到的问题。

2）小组内探讨如何预防这些问题的发生，也可以由组长汇总后咨询教师。

拓展知识

汽车空调蒸发器清洗操作过程

（1）清洗前的准备

1）应排除通风管各接口封闭不良或脱落的情况。

2）部分高档车在风机与蒸发器间装有空气滤清器，须将其卸下。

（2）选择操作方式

1）开放式蒸发器。将泡沫直接喷在蒸发器表面，用软刷清除表面堵塞物。

2）密封式蒸发器。

① 拆下蒸发器外壳上的风机调速开关或温控元件，从其座孔分多次喷入。

② 拆下蒸发器旁的鼓风机，直接喷入蒸发器。

③ 有部分高档车，拆下其空气滤清器，开空调，将风量调至2档，打开外循环，从其进风口分多次慢慢喷入。

④ 如确没有可利用的位置，可在蒸发器外壳靠出风口处（便于泡沫吹过或吸过蒸发器进入通风管），用尖头电笔刺清洗孔（不能过深，以免钻伤蒸发器）。从清洗孔分多次直接喷入蒸发器，封孔可以用胶堵或用胶布粘上。

（3）清洗过程

1）关上音响等电气设备，打开车窗，以将异味带走，待车开空调5min（让蒸发器表面带有冷凝水），按外循环键，将风量调至2档，关闭空调，摇匀清洗剂，以不同角度直接喷在蒸发器上。开空调1min后（以利于泡沫吹过蒸发器进入通风管），关闭空调，10～20min后再开空调，观察其清洗效果（用杯子接下排水管的出水，可发现混浊不清），等通风管内泡沫完全从空调排水管排出才能封口，装回卸下的部件（无须水洗）。

2）泡沫与污垢发生乳化清洗作用，其反应过程为两天，在这段时间，一开启空调污物自动从排水管排出，最后在蒸发器表面形成一层保护膜。

工作流程：开窗→开空调 5min→关闭空调→喷空调清洗剂→开空调 1min（外循环）风机将泡沫吹过（吸进）蒸发器，进入通风管（填充其空间）→关闭空调→静置 10 ~ 15min→再喷至喷完→连续开空调 10 ~ 15min，污垢从排水管排出→封口（无须水洗）。

（4）注意事项

1）做好隔绝电气设备措施，防止泡沫外溢。

2）有些高档车可卸下风机与蒸发器之间的空气滤清器，从其进风口喷入（如奔驰、宝马、奥迪及部分英国车型）。

3）有些高档车须卸下风机与蒸发器之间的空气滤清器（如雷克萨斯、福特天霸、日产公爵王、日产风度等）。

4）对极少数在蒸发器下装有音响设备或电脑板的车型，需在电器表面用干厚毛巾隔挡（如雷克萨斯、风度等），防止泡沫外溢而使其受潮短路。

（5）补充说明

1）清洗时，应打开车门或窗保持车内流通一段时间，这样可将由于清洗的污物、病毒而产生的一些异味带走，一些嗅觉敏感的人士可能闻到出风口有些刺激气味，这是由于清洗液与污垢发生反应所致，为正常现象。

2）对于多年没有清洗的车辆，其蒸发器可能有部分堵塞，可加大用量，每次喷后静置 10min 让其溶解污垢。如严重堵塞，请拆下用毛刷反复刷洗。

课后练习

1）汽车空调制冷系统中的蒸发器的作用是什么？汽车空调制冷系统对蒸发器的要求有哪些？

2）汽车空调制冷系统中的蒸发器有哪几种类型？每种类型的蒸发器有什么特点？

3）汽车空调制冷系统制冷剂不足的检测方法有哪些？

任务 5　膨胀阀与储液干燥器的检修

任务描述

一辆威朗 15S 自动领先型车，打开空调后，发现冷气出风口温度偏高，系统制冷量不足，到 4S 店检查后发现膨胀阀开度过大，调整后故障排除。汽车空调膨胀阀应该如何维修呢？

任务分析

为了完成本学习任务，应该做到以下几点。

1）掌握汽车空调膨胀阀与储液干燥器的作用、分类、结构和工作原理。

2）知道汽车空调膨胀阀与储液干燥器常见故障的分析及排除方法。

3）完成汽车空调膨胀阀的拆卸、检查与更换。

4）完成汽车空调储液干燥器的拆卸、检查与更换。

相关知识

1. 膨胀阀

膨胀阀是汽车空调制冷系统的节流装置。如果膨胀阀出现阻塞或节流作用失效，会造成系统不制冷或制冷不足，导致汽车空调系统不能正常工作，此时应当及时检修或更换膨胀阀。汽车膨胀阀也称节流阀，是组成汽车空调制冷装置的主要部件，通常安装在蒸发器入口处，安装位置如图 2-64 所示。

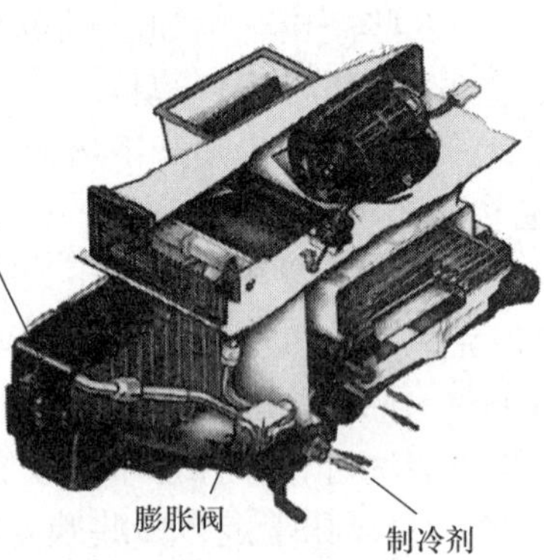

图 2-64　汽车膨胀阀的安装位置

储液干燥器通常置于冷凝器出口处的高压系统中，储液干燥器一旦出现堵塞、泄漏等故障，将严重影响汽车空调系统的正常工作，应当及时检修或更换储液干燥器。

（1）膨胀阀的作用

1）节流降压。使从冷凝器出来的高温、高压液态制冷剂节流降压成为容易蒸发的低温、低压雾状物进入蒸发器，即作为汽车空调制冷剂高压侧与低压侧的分界点。

2）调节流量。随着制冷负荷的改变或压缩机转速的改变，要求对制冷剂的流量做相应调整，以保持车内温度稳定，制冷系统正常工作。膨胀阀能把进入蒸发器的液态制冷剂流量自动调节到制冷循环所要求的程度。

3）防止“液击”及过热。膨胀阀以感温包作为感温元件控制流量大小，避免液态制冷剂进入压缩机而造成“液击”现象，同时又能将过热度控制在一定范围内，从而防止异常过热现象发生。

在实际工作中，要求进入蒸发器的低温、低压液态制冷剂量不能过多或过少，进入蒸发器的液态制冷剂沸腾汽化后，只要足以吸收车厢内的热量，使车厢内的温度降低到调定温度即可。若进入蒸发器中的制冷剂量过多，则不仅易使液态制冷剂不能完全汽化而进到压缩机气缸内产生“液击”现象损坏压缩机，而且还会导致蒸发器过度冷却，造成蒸发器表面结霜、挂冰，阻止空气通过蒸发器，反而会使整个制冷系统的制冷能力下降；若进入蒸发器的制冷剂量过少，则液态制冷剂在蒸发器管内流动途中就已蒸发成气体，而在这之后的蒸发器中就没有液态制冷剂可供蒸发，从而使车厢内得不到足够的冷气。而膨胀阀可自动地控制进入蒸发器的制冷剂量，保证制冷系统正常工作。

常见膨胀阀的外形结构如图 2-65 所示。

（2）常见膨胀阀的分类　根据膨胀阀调节的原理及结构分类，可分为热力膨胀阀、电子膨胀阀等类型。目前在汽车空调系统中最常见的节流装置是热力膨胀阀，也叫感温式膨胀阀。热力膨胀阀按照结构及工作原理，又可分为内平衡式热力膨胀阀与外平衡式热力膨胀阀，外平衡式热力膨胀阀又有 F 型热力膨胀阀和 H 型热力膨胀阀两种结构。常见热力膨胀阀的分类

图 2-65　常见膨胀阀的外形结构

如图 2-66 所示。

- 热力膨胀阀
  - 内平衡式
  - 外平衡式
    - F型
    - H型

图 2-66　常见热力膨胀阀的分类

（3）热力膨胀阀的工作原理　热力膨胀阀是利用装在蒸发器出口处的感温包来感知制冷剂蒸气的过热度（过热度是指吸气温度高于蒸发温度的数值），由此来调节膨胀阀的开度，从而控制进入蒸发器的液态制冷剂流量。

一般来说，蒸发器尾部温度高，意味着蒸发器内缺少制冷剂，制冷剂的过热度增加，蒸发压力下降。此时感温包内的压力因感受到的温度升高而升高，作用到膜片上产生一个向下的推力，把阀门打开，让更多的制冷剂进入蒸发器，这样就完成了一次调节作用。

1）内平衡式热力膨胀阀。内平衡式热力膨胀阀的外形与结构分别如图 2-67 和图 2-68 所示。

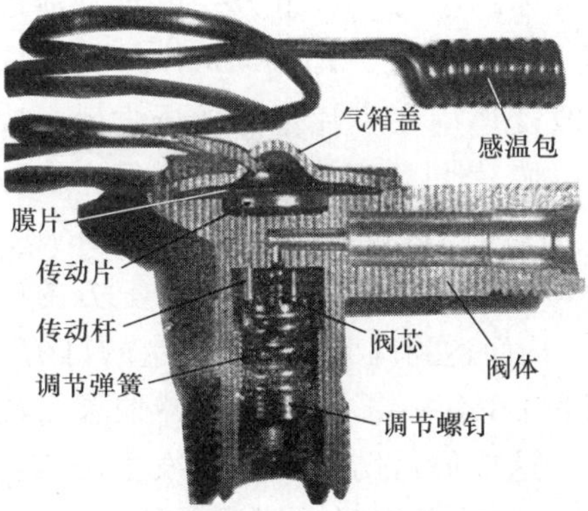

图 2-67　内平衡式热力膨胀阀外形图

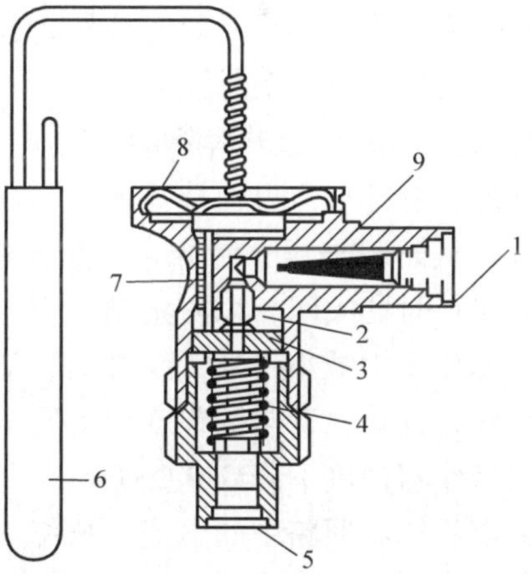

图 2-68　内平衡式热力膨胀阀结构图

1—进口　2—孔口　3—阀座　4—弹簧　5—出口
6—感温包　7—内平衡通道（管）　8—膜片　9—滤网

当空调负荷增加时，液体制冷剂在蒸发器中提前蒸发完毕，蒸发器出口制冷剂温度将升高，膜片上压力增大，推动阀杆，通过针阀控制计量孔使膨胀阀开度增大，进入蒸发器中的制冷剂流量增加，制冷量增大。当空调负荷减小时，蒸发器出口制冷剂温度减小，以同样的作用原理使阀开度减小，从而控制制冷剂的流量。

内平衡式膨胀阀多用于蒸发器管路压力损失小、制冷量小的制冷系统。

内平衡式热力膨胀阀具有计量、调节和控制三大功能，其工作原理如图 2-69 所示。膨胀阀的计量孔可以释放制冷剂的压力（由针阀控制），使之由高压变为低压，是制冷系统内低压侧的始点。膨胀阀自动调节制冷剂流量的功能是依靠结扎在蒸发器出口管子上的感温包来实现的。

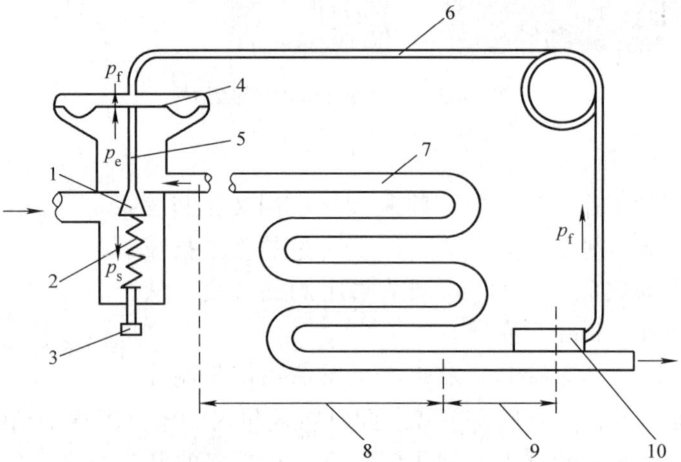

图 2-69　内平衡式热力膨胀阀工作原理图

1—针阀　2—过热弹簧　3—调节螺钉　4—膜片　5—推杆　6—毛细管

7—蒸发器　8—湿蒸气部分　9—过热蒸气部分　10—感温包

阀的开度取决于膜片所处的位置，膜片所处的位置取决于膜片的受力情况。膨胀阀在工作时膜片所受的力有 3 个：膜片上方受感温包内饱和气体的压力 p_f、下方受由蒸发器进口导入的制冷剂压力 p_e 和过热弹簧的压力 p_s。当 3 个力处于平衡状态，即 $p_f = p_e + p_s$ 时，阀门处于某一开度，制冷剂流量保持一定。不同的温度可以改变作用在膜片上方的压力 p_f，改变阀门的开度，从而调节制冷剂流量。当压缩机不转动时，膜片上下两侧的压力相等，在弹簧作用下阀体将计量孔关闭，以防止制冷剂向压缩机倒流。在压缩机运转后，在制冷剂的压力下，膜片下方的作用力减小，计量孔开启，制冷剂开始循环。当温度变化时，膜片上方的压力 p_f 也随之变化，计量孔开启的程度也就发生相应的变化，从而达到调节制冷剂流量的目的。

但在蒸发器温度下降到 0℃以下，吹出的冷风温度也在 0～4℃时，恒温器便会自动切断离合器的电磁线圈回路中的电流，压缩机就停止运行，这样便可防止蒸发器发生冻结。结果就会导致蒸发器温度回升，但当温度升高到恒温开关设定的温度时，恒温器便会自动接合。此时离合器的电磁线圈又通电，压缩机又开始运行，蒸发器又进行供冷。内平衡膨胀阀系统便这样通过恒温器和内平衡膨胀阀的开度变化来控制蒸发器的温度，保证制冷系统的正常工作。

膨胀阀的压力弹簧也可以人工调整。当膨胀阀的出液量少，车厢内温度降不下来时，可通过调节螺钉将压力弹簧调软些；相反，则可将压力弹簧调硬些。由于节流后的压力是通过内平衡孔进入膜片下表面的，这个压力其实不是蒸发器出口压力，而是节流后的压力，它比蒸发器出口的压力略大。因此，相对外平衡阀来说，这种阀被称为内平衡膨胀阀。

当汽车空调不工作时，由于感温包的压力比蒸发器的压力增加得快，故阀芯开始时是打开孔口的。但是，随着时间的延长，蒸发器内温度增加，两者压力平衡，弹簧力使阀口关闭。所以，内平衡膨胀阀的阀口，在空调器不工作时，是保持关闭状态的，这样有利于保护压缩机在重新工作时不发生液击现象。

需说明的是，内平衡式制冷系统是目前应用最广泛的一种离合器制冷循环控制系统。丰田、日产等经济型轿车和由此改装的轻型货车，都应用这一系统。国内装配的汽车和后来装上的空调制冷系统，也都采用这一系统。

2）外平衡式热力膨胀阀（F 型）。外平衡式热力膨胀阀（F 型）的外形与结构分别如图 2-70 和图 2-71 所示。

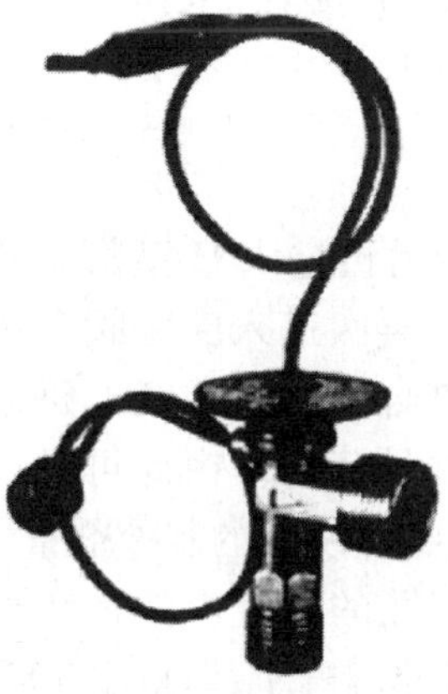

图 2-70　外平衡式热力膨胀阀外形图

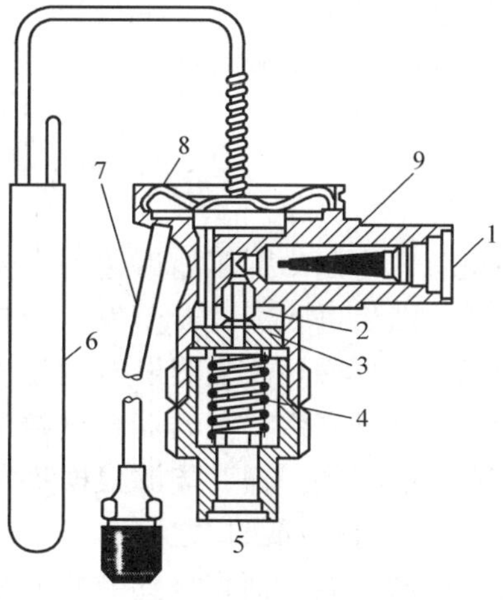

图 2-71　外平衡式热力膨胀阀结构示意图

1—进口　2—孔口　3—阀座　4—弹簧　5—出口
6—感温包　7—外平衡管　8—膜片　9—滤网

外平衡式膨胀阀与内平衡式膨胀阀工作原理基本相同，内平衡式膨胀阀膜片下方的蒸气压力是蒸发器入口压力，而外平衡式膨胀阀膜片下方的外平衡管与蒸发器的出口相通，是蒸发器出口处的蒸气压力。蒸发器入口处与出口处的蒸气压力之差，取决于蒸发器管路中的压力损失。

感温包和蒸发器出口管接触。蒸发器出口温度降低时，感温包、毛细管和薄膜上腔内的液体体积收缩，膨胀阀阀口将闭合，借以限制制冷剂进入蒸发器；相反，如果蒸发器出口温度升高，膨胀阀阀口将开启，借以增加制冷剂流量。

感温包和蒸发器必须紧密接触，完全不能和大气相通。如果接触不良，感温包就不能正确地感应蒸发器出口温度；如果密封不严，感应的温度是大气温度。所以，要用一种特殊的空调胶带捆扎和密封感温包。

3）H 型热力膨胀阀。H 型热力膨胀阀的外形与结构分别如图 2-72 和图 2-73 所示。H 型热力膨胀阀是因其内部通路像字母 H 而得名，整个阀体在蒸发器上固定。它有 4 个接口通往汽车空调系统，其中两个接口和标准膨胀阀的一样，一个接储液干燥器出口，另一个接蒸发器进口。它还有两个接口，一个接蒸发器出口，另一个接压缩机进口。

图 2-72　H 型热力膨胀阀外形图

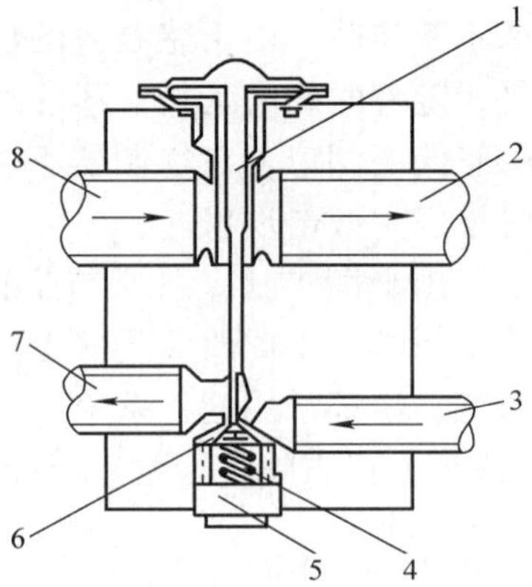

图 2-73　H 型热力膨胀阀结构图

1—顶杆（兼感温包）　2—至压缩机　3—自储液干燥器来　4—弹簧
5—调整螺栓　6—球阀　7—至蒸发器进口　8—自蒸发器来

压缩机首先将制冷剂压缩后送到冷凝器冷却液化，经干燥器后再进入 H 型膨胀阀，先进行节流减压，然后进入蒸发器蒸发、吸热。制冷剂蒸发成气体后再次进入膨胀阀，从阀中出来后回到压缩机再循环。当蒸发器的温度过低时，恒温器切断离合器的电磁线电路，压缩机停止运行。温度升高后，恒温器自动接通离合器电路，压缩机开始运行。由此可见，H 型膨胀阀同内平衡膨胀阀一样，能够根据蒸发气体的温度自动调节供给蒸发器的制冷剂量。

在高压液体进口和出口之间有一个球阀控制的节流孔，节流孔的开度由弹簧和感温器控制。感温包内部的制冷剂直接感受从蒸发器出来的蒸气温度，以控制杆下部球阀的上下运动，并与弹簧一起控制流量的大小。当蒸发器的温度升高时，感温包内制冷剂压力增大，克服弹簧压力，球阀开度增大，制冷剂流量增加，制冷量增大；反之亦然。

H 型热力膨胀阀因结构紧凑、性能可靠而适合汽车空调的需要，常用于循环离合器系统。它采用恒温器和 H 型膨胀阀共同完成制冷系统的循环通断运行。

H 型膨胀阀由于取消了感温包、毛细管和外平衡管，结构紧凑，提高了抗震性能。

4）电子膨胀阀。电子膨胀阀采用蒸发器出口的温度或压力信号，经过控制器，实现多功能的流量控制和调节，其制冷剂流量调节范围大，蒸发器出口过热度偏差小，允许系统负荷波动范围大，很适合用于具有能量调节的系统，而且还可以通过指定的调节程序，扩展电子膨胀阀的很多控制功能。

汽车空调系统采用电子膨胀阀后，可以通过蒸发器出口的温度、压力等参数，由电控单元控制器控制制冷系统的运行，使汽车空调系统高效运行。

电子膨胀阀由检测、控制和执行三部分构成。按驱动方式分，有电磁式和电动式两类，而电动式又分为直动型和减速型。

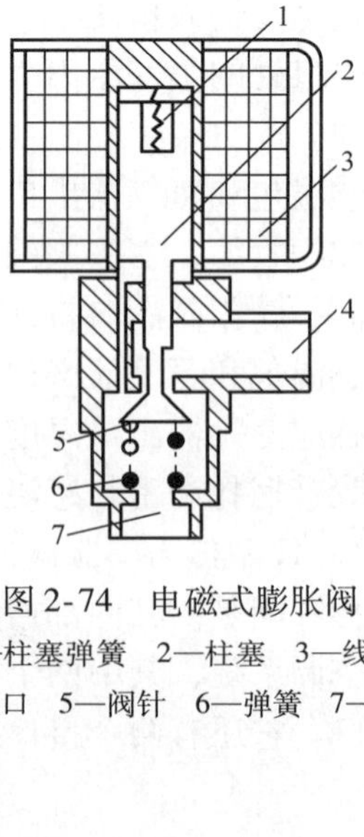

图 2-74　电磁式膨胀阀

1—柱塞弹簧　2—柱塞　3—线圈
4—入口　5—阀针　6—弹簧　7—出口

电磁式膨胀阀如图 2-74 所示。电磁线圈通电前，针阀处在全开位置；通电后，由于电磁力的作用，由磁性材料制成的柱塞被吸引上升，与柱塞连成一体的针阀开度变小。针阀的位置取决于施加在线圈上的控制电压（线圈电流），因此可以通过改变控制电压来调节膨胀阀的流量。

电动式膨胀阀用电动机驱动，电动机直接带动阀针做上下移动的为直动型。直动型膨胀阀电动机转子的转动，主要是依靠电磁线圈间产生的磁力进行的，转矩由导向螺纹变换成阀针直线移动，从而改变阀口的流通面积。转子的旋转角度及阀针的位移量与输入脉冲数成正比。

减速型膨胀阀的工作原理：电动机通电后，高速旋转的转子通过齿轮组减速，再带动阀针做直线移动。由于齿轮的减速作用大大增加了输出转矩，使得较小的电磁力可以获得足够大的输出转矩，所以减速型膨胀阀的容量范围大。减速型膨胀阀的另一特点是电动机组合部分与阀体部分可以分离。这样，只要更换不同口径的阀体，就可以改变阀的容量。

2. 汽车空调储液干燥器

（1）储液干燥器的作用

1）储液干燥器可以临时储存从冷凝器流出的液态制冷剂，根据制冷负荷的需要，及时补充和调整供给膨胀阀的液态制冷剂量，以保证制冷剂流动的连续性和稳定性。

2）储液干燥器可防止过多的液态制冷剂储存在冷凝器里。

3）能对制冷系统中的水分和杂质进行干燥和过滤，防止制冷系统管路脏堵和冰塞，保护设备部件不受侵蚀，以保证制冷系统的工作正常。

（2）储液干燥器的结构及工作原理　储液干燥器主要由储液器（罐体）、干燥器、过滤器、视液镜和安全装置等部分构成，一般安装在冷凝器出口与膨胀阀入口之间。储液干燥器的结构及工作原理分别如图 2-75 和图 2-76 所示。

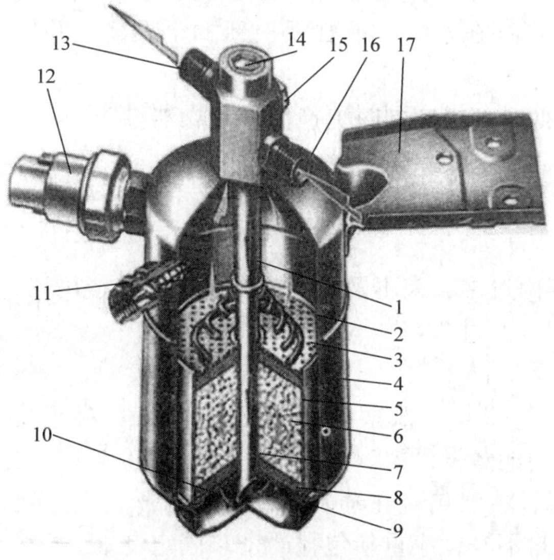

图 2-75　储液干燥器结构图

1—引出管　2—弹簧　3—多孔盖板　4—罐体　5—杯壳　6—干燥剂　7—连接管　8—过滤布　9—胶垫　10—滤网　11—制冷剂充注阀　12—高低压开关　13—出口　14—视液镜　15—易熔塞　16—进口　17—支架

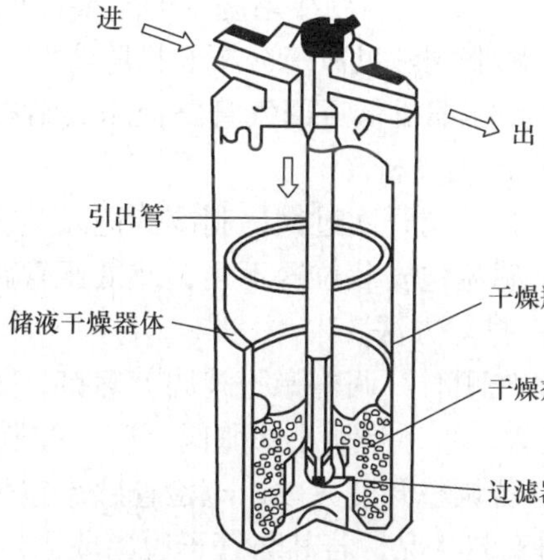

图 2-76　储液干燥器工作原理图

1）储液干燥器的罐体材料有钢制和铝制两种，其内部装有中心吸管、干燥剂和过滤网，它能以一定的流量向膨胀阀输送液态制冷剂。

2）干燥剂是一些能从气体、液体或固体中去掉水分的固体物质，如硅胶、沸石等。当储液干燥器有过多杂质或引出管被堵时，会出现储液干燥器进出口两端有明显的温差、制冷效果下降等现象，则应调换储液干燥器。

3）视液镜由玻璃、壳体及连接管嘴三部分组成。视液镜安置在液管通路中或储液干燥器的出口处，用于观察制冷剂工作时的流动状态，以指示系统中是否有足够的制冷剂及系统运行是否正常。

4）对直立式储液器而言，安装时一定要垂直，倾斜度不得超过15°。在安装新的储液干燥器之前，不得过早将其进出管口的包装打开，以免湿空气侵入储液器和系统内部，使之失去除湿的作用。安装前一定要先弄清储液器的进、出口端，在储液器的进、出口端一般都打有记号，如进口端用IN表示，出口端用OUT表示，或直接打上箭头以表示进、出口端。如果进、出口相互接反，会使制冷剂量不足。

5）储液器出口端旁边装有一只安全熔塞，也称易熔螺塞，它是制冷系统的一种安全保护装置。其中心有轴向通孔，孔内装有焊锡之类的易熔材料，易熔塞是一种安全设施，一般装在储液干燥器的头部，用螺塞拧入。螺塞中间是一种铜铝合金，当制冷工质温度上升到95～100℃时，易熔合金熔化，制冷剂逸出，避免系统中其他部件损坏。

如图2-75所示，从冷凝器过来的液态制冷剂，从进口16处进入，经滤网和干燥剂除去水分和杂质后，从出口13进入膨胀阀。在储液干燥器上方的视液镜14，可以用来观察制冷剂的流动情形，从而判断系统中制冷剂量是否正常。

系统中出现水分的原因可能是，在安装与保养工作进程中不小心混进了空气，也可能是由于抽真空工序不正确所致。一旦系统中发现存在水分，就必须换新的干燥器，并尽可能长时间的抽真空。

任何时候，当制冷系统中的主要部件更换时，也应同时更换储液干燥器。

3. 膨胀阀常见故障分析及排除方法

（1）压缩机低压回气管路挂霜或结有露滴　冷气出风口温度偏高，系统制冷量不足。

1）原因分析。

① 膨胀阀开度过大，制冷剂进入蒸发器内过多，来不及蒸发就被吸入压缩机内。

② 感温包安装位置不当，使低压管路制冷剂过多。

2）排除方法。

① 先顺时针调整膨胀阀调节螺钉，关小1～2圈，观察出风口温度，若有渐冷变化，则为开度过大，可适当调小膨胀阀开度，控制适当的蒸发压力。

② 若调整开度无效，应检查感温包位置，感温包应在蒸发器出口端低压管上。再检查感温包的安装状况，若其与管子脱离或固定密封不好，应重新包扎严密和固定良好。

（2）当压缩机运转时，低压侧的压力急剧下降　膨胀阀体不冷。

1）原因分析：膨胀阀关闭。

2）排除方法。

① 拆下膨胀阀检查，若膨胀阀不通，用手指压力可按动其膜片，则可判断为膨胀阀感温器损坏或膜片破裂，造成膨胀阀关闭不通。

② 更换新的膨胀阀总成。

③ 更换破裂的膜片或其他损坏件后重新向感温包充注规定量的感温物质。

（3）空调制冷程度不够

1）原因分析：膨胀阀开度过小或失灵。

2）排除方法。

① 逆时针方向调整膨胀调节螺钉，开大 1 ~ 2 圈，观察出风口温度，若有渐冷变化则为原开度过小，可适当调大。

② 若逆调无效时，即为失灵，可拆下膨胀阀检修或更换。

（4）进口小滤网部发生结霜现象，同时听到持续不均匀的气流声　手摸膨胀阀进、出口无温差；车内冷气出风口温度偏高或不冷，高压侧压力偏高，低压侧呈负值。

1）原因分析。

① 膨胀阀脏堵，即维修操作不当，系统内混入尘土，或焊接后残留有焊渣、氧化物等污物。

② 膨胀阀坏堵，即部件中橡胶类制品、密封圈受制冷剂腐蚀后产生的杂质堵塞了管道。

③ 膨胀阀感温包损坏。

2）排除方法。

① 轻轻敲击进口小滤网部位，若听到气流声有变化，可将小滤网拆出清洗。

② 更换膨胀阀。

（5）空调制冷程度不够或不制冷　空调系统低压一侧的压力很低；系统断续制冷。

1）原因分析。膨胀阀冰堵，即制冷剂中含有水分，当液态制冷剂经膨胀阀的接流小孔时，温度骤然下降，小冰粒凝结在节流部位产生堵塞。

2）排除方法。

① 把制冷剂全部排除并清除水分及杂质。

② 严格按照操作规程装复，同时换上新的干燥剂或过滤器。

③ 将原来失去效能的干燥剂加热再生处理后重复使用。

4. 储液干燥器常见故障分析及排除方法

故障现象：储液干燥器进、出口两端有明显的温差，制冷能力下降。

1）原因分析。储液干燥器的滤芯被脏物堵塞或吸水饱和，从而造成制冷剂流通不畅。

2）排除方法。更换储液干燥器。

任务准备

1）设备：汽车空调、冷媒回收与充注机、真空泵、膨胀阀、储液干燥器。

2）量具：歧管压力表组件、温度计。

3）工具：常规钳工和电工工具、相应车型的专用工具。

4）耗材：制冷剂、冷冻机油、空调密封圈。

5）保护用具：护目镜、橡胶手套、劳保服。

回收、充注制冷剂前要准备好工具，在进行回收、充注制冷剂操作时，必须佩戴护目镜、橡胶手套等护具，做好安全防护，并有人可靠地监护。

任务实施

1. 膨胀阀的更换

（1）拆卸程序

1）回收制冷剂。

2）拆下仪表板上加长板开口盖。

3）拆下空调蒸发器软管总成 1（见图 2-77）。

4）拆下两个空调蒸发器热膨胀阀螺栓 2。

5）拆下空调蒸发器热膨胀阀 3。

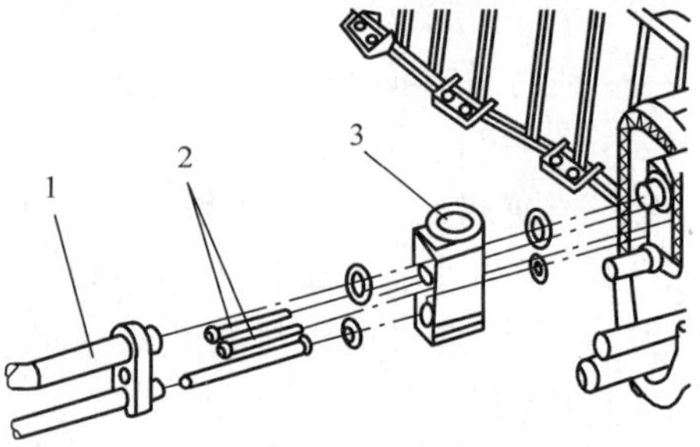

图 2-77　膨胀阀的拆卸

1—蒸发器软管总成　2—热膨胀阀螺栓　3—热膨胀阀

（2）安装程序

1）将新的密封件安装到空调蒸发器热膨胀阀上。

2）安装空调蒸发器热膨胀阀 3（见图 2-77）。

3）安装两个空调蒸发器热膨胀阀螺栓 2，并紧固至 15N · m。注意：使用新的 O 形密封圈（参见空调 O 形密封圈的更换）。

4）安装空调蒸发器软管总成 1，并紧固至 19N · m。

5）安装仪表板上加长板开口盖的更换。

6）排空并加注制冷剂系统。

7）使用 GE－39400－A 检漏器测试接头是否泄漏。

2. 储液干燥器的检修

（1）储液干燥器检修前的准备工作　储液干燥器检修前的准备工作，与膨胀阀检修前的准备工作相同。

（2）储液干燥器的检查　用手触摸储液干燥器进、出管路，并观察视液镜。如果进口很烫，而且出气管接近大气温度，从视液玻璃中看不到或很少有制冷剂流过，或者制冷剂很浑浊，可能是储液干燥器中的滤网堵塞或干燥剂分散并堵住储液干燥器出口。

（3）储液干燥器的拆卸

1）先拆下冷凝器。

2）拆卸储液干燥器上面的固定螺栓。

3）从冷凝器上卸下储液干燥器支架。

4）向上推动储液干燥器，然后将储液干燥器取下。

（4）储液干燥器的安装　储液干燥器的安装顺序与拆卸顺序相反。

1）储液干燥器一般安装在冷凝器旁或者其他通风好、冷却好、远离热源的地方。

2）安装时要尽量立直安装。如果倾斜度过大，液态与气态制冷剂不能完全分离。

3）安装前一定要先确定储液干燥器的进口端和出口端；否则容易装错。一般在其进、出口端打有记号，如进口端用“IN”表示（这端应与冷凝器出口相接），出口端用“OUT”表示，或者直接打上箭头。

4）更换安装完毕后要确认前后接口无泄漏。

5）检查易熔塞是否熔化，各接头处是否有油污。

6）检查视液玻璃是否有裂纹，周围是否有油污。

3. 质量评估

（1）压力试漏　汽车空调膨胀阀或储液干燥器检修（更换）后，给制冷系统充入0.60～0.65MPa的氮气后，用肥皂水（或洗涤灵）涂抹管路（容器）接头等相关部位，仔细查看是否有起泡现象，若有泄漏则有起泡现象出现。

（2）工作性能检测　如果能通过气密性试验，可抽真空并补加冻机油，充注制冷剂，运行空调系统以评估膨胀阀或储液干燥器检修的质量。空调系统至少要正常工作15min后才能进行测试工作，记录数据。在环境温度为30～35℃时，制冷系统正常运行时，应达到以下的要求。

1）膨胀阀的进、出口有明显的压力差。其中，进口部分的压力应为1.37～1.57MPa，出口部分的压力应为0.15～0.25MPa。

2）膨胀阀的进、出口有明显的温度差。其中，进口部分的温度应为50℃，出口部分的温度应为1～3℃。

3）储液干燥器进、出口两端无明显的温度差。

检查评议

评价表见表2-8。

表2-8　评价表

序号	考核内容	考核要求	配分	得分
1	总体认识汽车空调膨胀阀与储液干燥器的检修	正确指出膨胀阀与储液干燥器常见故障的分析及排除方法	10分	
2	汽车空调膨胀阀的检修	正确使用各种工具和设备	35分	
		选择正确的方法进行膨胀阀的检修		
		按要求完成汽车空调膨胀阀的拆卸、检查与更换		
3	汽车空调储液干燥器的检修	正确使用各种工具和设备	35分	
		选择正确的方法进行储液干燥器的检修		
		按要求完成汽车空调储液干燥器的拆卸、检查与更换		
4	质量评估	正确评估膨胀阀与储液干燥器检修的效果	10分	
5	职业素养	学习态度：积极主动参与学习	10分	
		团队协作：善于合作，共同完成		
		责任意识：爱护仪器，作业单填写认真		
		安全规范：有安全意识，操作规范		
		现场管理：6S执行认真，有环保意识		
合计			100分	

问题及防治

1）根据检查情况，总结出完成任务过程中会遇到的问题。

2）小组内探讨如何预防这些问题的发生，也可以由组长汇总后咨询教师。

扩展知识

1. 节流管

对于采用 CCOT 系统的空调装置，所使用的是节流管而不是膨胀阀。孔管是固定孔口的节流装置，两端都装有滤网，以防止系统堵塞。和膨胀阀一样，孔管也装在系统高压侧，但是取消了干燥器，因为孔管直接连通冷凝器出口和蒸发器进口。孔管的构造很简单，在一根工程塑料管的中间装置了一条节流用的铜管，铜管的内孔孔径为 4mm，塑料管两端装有金属过滤网。塑料管外表面有密封用的 O 形橡胶密封圈，一端插进蒸发器，另一端插进从冷凝器来的橡胶管，其结构如图 2-78 所示。由于孔管没有运动件，所以结构简单，不易损坏，唯有滤网会发生堵塞，这时只需拆下来换上一个新的孔管即可。

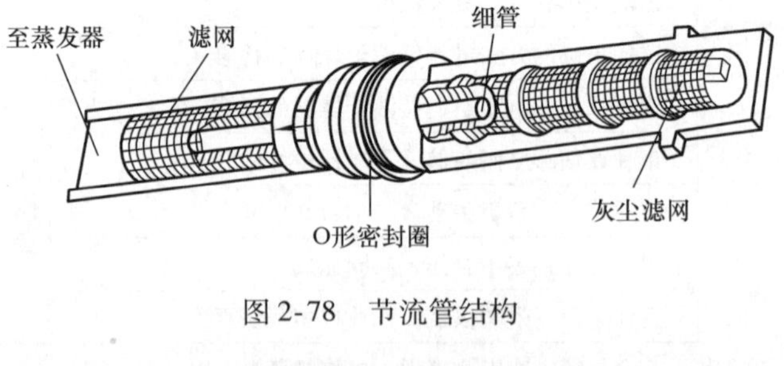

图 2-78　节流管结构

孔管不能改变制冷剂流量，液态制冷剂有可能流出蒸发器出口。因此，装有孔管的系统，必须同时在蒸发器出口和压缩机进口之间安装一个积累器，实行气液分离，以防液击压缩机。中、低档汽车空调系统多采用孔管，叫作循环离合器系统，成本低廉，且利于节油。孔管制冷系统用恒温器来控制离合器的电路，达到控制压缩机的运行，控制蒸发器的温度，防止其发生冰堵现象。

2. 集液器

汽车空调制冷剂从顶部进入容器，其中液态制冷剂沉入容器底部，液态制冷剂在低压区慢慢地自然蒸发，离开集液器（见图2-79）的只是气态制冷剂，因而起到气液分离的作用。在顶部的气态制冷剂则被吸出管引向压缩机。由于在到达压缩机之前，少量的液态制冷剂必将在管路中被汽化，所以不会引起“液击”现象。

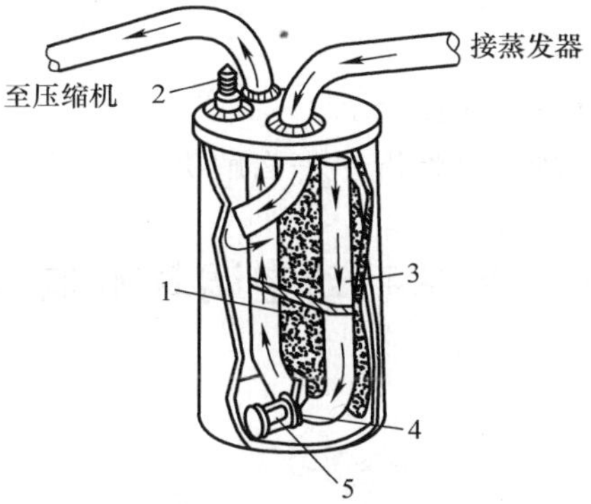

图2-79 集液器

1—干燥剂 2—测试孔口 3—出气管 4—泄油口 5—滤网

课后习题

1. 填空题

1）________是一种保护装置，一般装在储液干燥器的头部，用螺塞拧入。

2）膨胀阀根据平衡方式分为________和________两种。

3）外平衡膨胀阀适用于________的空调系统。

2. 判断题

1）如果汽车空调系统膨胀阀的感温包暴露在空气中，将使低压管表面结霜。（ ）

2）储液干燥器一定要垂直安装。（ ）

3）储液干燥器安装在蒸发器出口处。（ ）

4）集液器是一种特殊形式的储液干燥器，用于回气管路中的气液分离器。（ ）

3. 选择题

1）安装在干燥器与蒸发器之间的是（ ）。

A. 膨胀阀 B. 冷凝器 C. 压缩机 D. 鼓风机

2）汽车空调制冷原理是利用制冷剂液体在（ ）设备内蒸发或沸腾变为气态制冷剂，吸热来降低车内温度的。

A. 冷凝器 B. 蒸发器 C. 压缩机 D. 膨胀阀

3）空调器运行后，储液干燥器外壳有一层白霜，说明（ ）。

A. 制冷剂过量 B. 干燥器脏堵 C. 制冷剂泄漏 D. 干燥器老化

4）甲说：“用手握住膨胀阀的感温包会导致系统的压力变化。”乙说：“冷却膨胀阀的感温包会使系统压力发生变化。”正确的是（ ）。

A. 甲正确　　B. 乙正确　　C. 两人均正确　　D. 两人均不正确

5）某空调系统高压侧和低压侧压力均偏高，可能原因有（　　）。

A. 冷凝器外表脏污　B. 系统内有空气　C. 膨胀阀开度过小　D. 制冷剂过量

6）需要更换储液干燥器的是（　　）。

A. 储液干燥器泄漏　　B. 储液干燥器吸足了水分

C. 空调系统与大气相通 2h 以上　　D. 储液干燥器凹陷

4. 简答题

1）带检视窗的储液干燥器的作用是什么？

2）当系统发生冰堵时会出现什么情况？怎么解决？

任务6　汽车手动空调基本电路分析

任务描述

一辆威朗 15S 自动领先型车，行驶 2×10^5km，客户反映起动该车发动机，按下空调控制面板的 A/C 开关时，空调出风口吹出自然风，同时，发动机的散热风扇只能高速转动。这是什么原因造成的？故障又该如何排除呢？

任务分析

为了完成本次任务，应该做到以下几点。

1）能识读汽车手动空调电路图。

2）掌握汽车空调电路组成装置的组成部分、作用和工作过程。

3）学会对手动空调系统电路进行检测及诊断。

相关知识

1. 汽车空调控制及执行元件

为了使汽车空调系统能正常工作，车内能维持所需的舒适性条件，汽车空调系统中设有一系列控制元件和执行机构。控制对象可按参数划分，如温度、压力和转速等；也可按部件划分，如蒸发器、压缩机离合器、风门以及风机等。

控制汽车空调制冷温度的方法有两种。一种方法是控制蒸发器表面温度，它依靠压缩机电磁离合器的通、断控制压缩机是否工作，从而达到控制蒸发器温度的目的。它的特点是压缩机间断运行。这种系统称作循环离合器系统（CC 系统）。根据所用部件不同，这种系统又分为循环离合器膨胀阀（CCTXV）系统和循环离合器孔管（CCOT）系统。另一种方法是控制蒸发器压力，这种系统称为蒸发器压力控制系统，又称为传统空调系统，它根据制冷剂的饱和温度和压力相对应的性质，用控制蒸发器出口压力的方法来控制其表面温度。它的特点是压缩机持续不间断运行。

为保证汽车正常工作，还需要对压缩机的运行及发动机供油系统采取相应的控制措施，如怠速继电器、怠速提升装置、超车停转继电器等。

压缩机的通断，一般是通过电磁离合器的控制来实现的。风门的控制依靠电气系统、真空系统的控制作用来实现。

现在很多高级车辆上采用了微型计算机控制，真正实现了空调的自动控制。全自动空调实现制冷采暖、通风统一控制，使温度调节的内容和方法变得更多了。由于人们对空调的要求越来越高，有些高级车辆还装备了空气净化、烟度控制等高质量空气调节装置。

汽车空调控制系统的控制元件有温度控制组件、压力控制组件和车速调节装置等。

（1）温度控制组件　温度控制组件又称为恒温器、温度开关，它是汽车空调系统中温度控制部件，感受的温度有蒸发器表面温度、车内温度、大气温度等。一般所指的恒温器是感受蒸发器表面温度从而控制 CC 系统中压缩机的开与停，调节车内温度及防止蒸发器结霜的开关装置。检测大气温度和车厢内温度时，一般用空气混合调节风门控制，由风门开度的大小调节车厢内的温度。恒温器更多地用于 CC 系统中控制电磁离合器的通、断。此时，恒温器被放置在蒸发器内或靠近蒸发器的冷气控制板上。当蒸发器表面温度或车厢内温度低于设置温度时，恒温器断开，电磁离合器分离，压缩机停止工作；反之电磁离合器吸合，压缩机开始工作，由此而防止蒸发器表面结霜，也调节了车厢内的温度。

恒温器有 3 种形式，即波纹管式、双金属片式和热敏电阻式。

（2）压力控制组件　压力控制组件可分为两类：一类是通断型，也称为压力开关，即对于所设定的压力执行通或断的指令，如高、低压开关等；另一类是调节型，也称为压力调节器，对于所设定的压力执行的是一个调节过程。在蒸发器压力控制系统中，常常用到压力调节装置调节蒸发器压力，以防止其表面结冰。同时，调节装置中都有一个旁通管路，可以保证少量制冷剂及冷冻润滑油的不断循环。用于汽车空调系统的压力调节器有蒸发压力调节器（EPR）导阀控制吸气节流阀（POA）、组合阀（VIR）等。

压力开关属于保护元件，是一种随压力变化而断开或闭合触点的元件，又称为压力继电器。它由压力引入装置、动力器件和触点等组成，在系统中感受着制冷剂压力的变化。当系统中压力过高或过低时，压力开关起作用，防止系统在异常压力情况下工作，起到保护作用。

（3）车速调节装置　对于非独立式空调系统，由于发动机的功率一定，这样空调系统的工作对发动机功率输出的分配有一定影响；反过来，发动机转速的变化同样影响空调系统的工作性能。因此，为达到汽车在不同运行情况下既保证车速的要求，又保证空调系统的正常工作就出现了车速调节装置。

2. 汽车空调制冷系统基本电路

图 2-80 所示为汽车空调制冷系统基本电路，该电路由电源（蓄电池）、点火开关、熔丝、空调主继电器、鼓风机、鼓风机调速电阻、鼓风机风量开关、空调 AC 开关、电磁离合器继电器、空调高低压保护开关、空调怠速及温度控制器、电磁离合器、冷凝风机等组成。现在很多轿车空调制冷系统控制电路基本上都是在该电路的基础上进行了改进。掌握了汽车空调制冷系统基本控制电路的工作原理，对以后学习更为先进的空调控制电路有很好的铺垫作用。

电路分析如下。

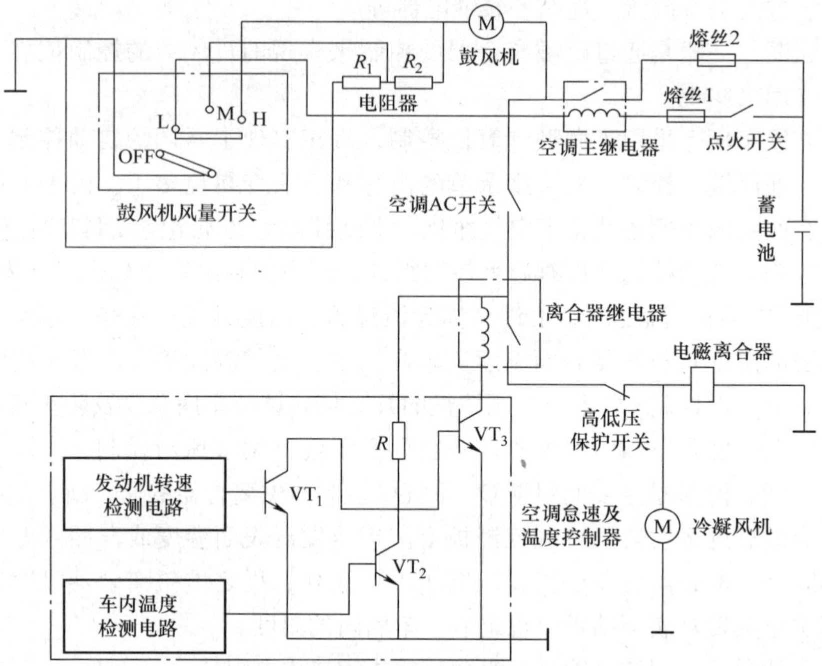

图 2-80　汽车空调制冷系统基本电路

该电路中，压缩机电磁离合器线圈通电工作的前提条件是：鼓风机风量开关打开、发动机转速在规定转速内、车内温度高于设定温度、空调制冷系统中压力在规定范围内、空调 AC 开关打开、点火开关打开。

1）鼓风机风量开关打开的作用是使空调主继电器工作，让继电器触点闭合。具体的工作过程（以电流路径进行分析）：蓄电池正极→点火开关→熔丝 1→空调主继电器线圈→鼓风机风量开关→搭铁→蓄电池负极。空调主继电器线圈得电产生磁力使触点闭合。

2）发动机转速在规定转速内、车内温度高于设定温度的作用是使离合器继电器工作，让继电器触点闭合。具体的工作过程（以电流路径进行分析）：蓄电池正极→熔丝 2→空调主继电器触点→空调 AC 开关→离合器继电器线圈→空调怠速及温度控制器中 VT_3→搭铁→蓄电池负极。离合器继电器线圈得电产生磁力使触点闭合。

3）在点火开关打开、空调主继电器触点闭合、空调 AC 开关闭合、离合器继电器触点闭合、高低压力开关接通后，电磁离合器才开始工作。具体的工作过程（以电流路径进行分析）：蓄电池正极→熔丝 2→空调主继电器触点→空调 AC 开关→离合器继电器触点→高低压保护开关→电磁离合器线圈→搭铁→蓄电池负极。

3. 2016 款别克威朗手动空调送风和温度控制装置电路（见图 2-81）

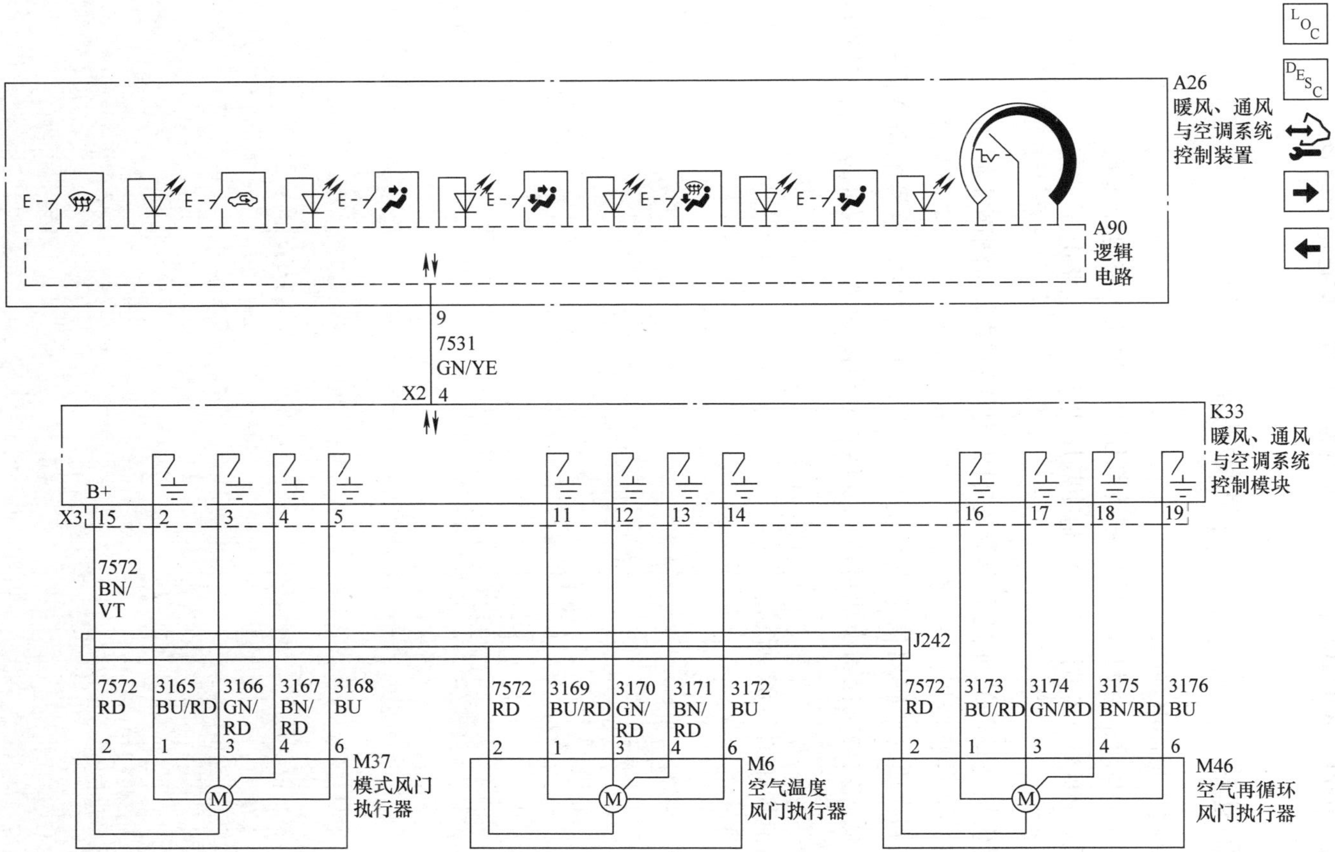

图 2-81　2016 款别克威朗手动空调送风和温度控制电路

任务准备（实施任务所需的工器具等）

故障诊断仪 KT600、博世 208 接线盒、万用表、试灯、世达电子维修工具。

任务实施（完成任务的具体步骤）

1. 制冷剂温度传感器电路故障

故障码　DTC P0532：空调（A/C）制冷剂压力传感器电路电压过低。

DTC P0533：空调（A/C）制冷剂压力传感器电路电压过高。

2. 电路/系统说明

发动机控制模块（ECM）通过空调制冷剂压力传感器来监测高压侧制冷剂压力。发动机控制模块（ECM）向传感器提供 5V 参考电压和低电平参考电压。空调制冷剂压力的变化将使传送至发动机控制模块的传感器信号发生变化。当压力变高时，信号电压变高；当压力变低时，信号电压变低。发动机控制模块可使用该信息开启冷却风扇以及监控离合器的接合。

3. 诊断流程

发动机诊断流程如图 2-82 所示。

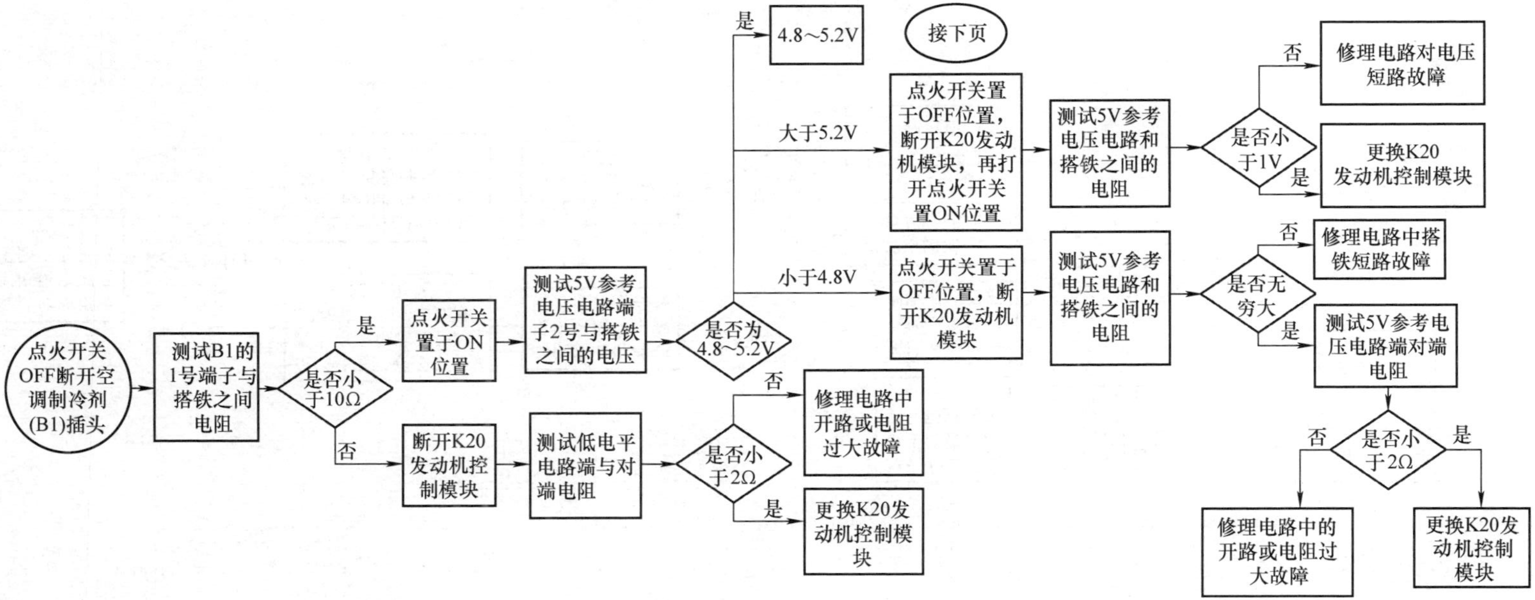

图 2-82　发动机诊断流程

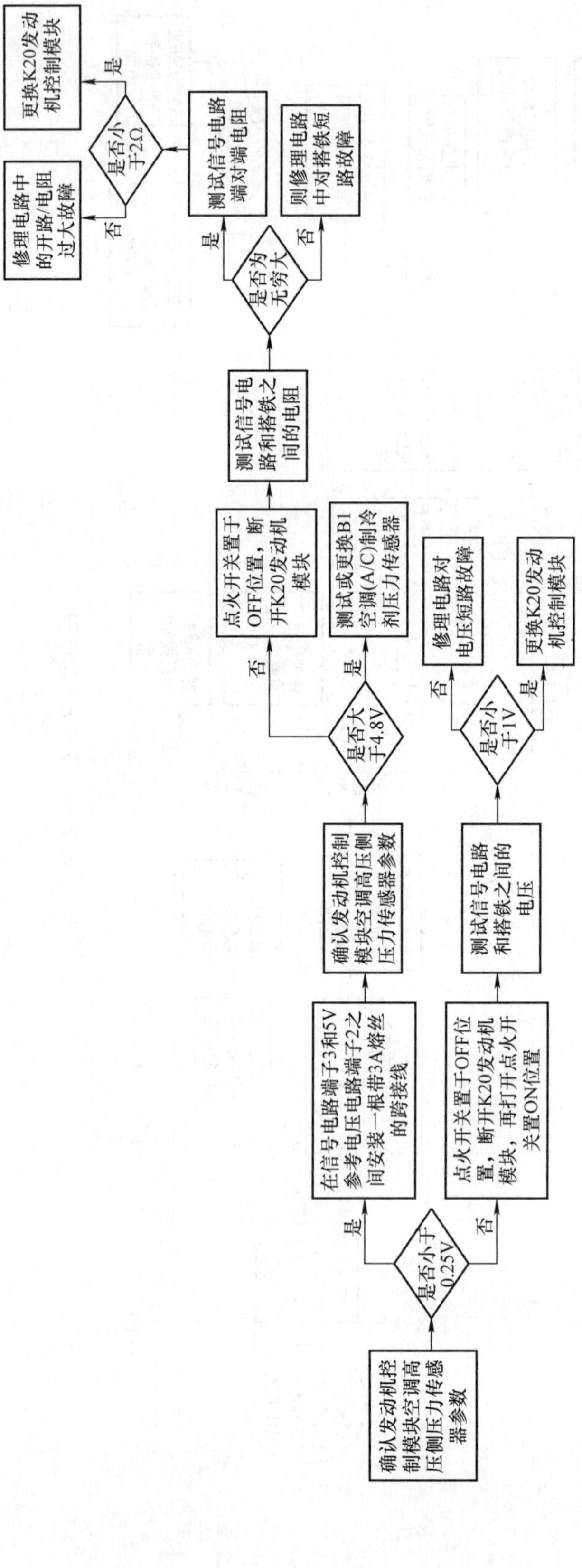

图 2-82　发动机诊断流程（续）

检查评议

评价表见表2-9。

表2-9 评价表

故障描述				
项目	作业记录内容	配分	备注	扣分
一、前期准备	检查相关设施设备、工具	5分		
二、安全检查	车辆停放位置和场地是否安全	5分		
三、仪器连接	点火开关关闭 正确连接诊断仪器	4分		
四、故障现象确认	确认故障症状并记录症状现象（根据不同故障范围，进行功能检测，并填写检测结果） □正常□不正常	2分	□少做一项扣2分 □工单填写判断错误每项扣2分	
五、故障码检查	正确读取并记录故障码	2分	□未检查或未记录，扣2分 □记录不正确，扣2分	
六、正确读取数据和清除故障码	清除故障码； 再次确认故障码	10分	□未清除扣5分 □未再次确认故障码，扣5分	
七、确定故障范围	根据上述检查进行判断并填写可能故障范围 （ ）□可能 □不可能 （ ）□可能 □不可能 （ ）□可能 □不可能 （ ）□可能 □不可能 （ ）□可能 □不可能	12分	□判断错误，每项扣3分	
八、基本检查	线路/插接器外观及连接情况 □正常□不正常 零件安装等 □正常□不正常	2分	□无任何检查动作扣1分 □检查未记录扣0.5分 *共2项，每缺一项扣1分	
九、电路测量	对被怀疑的线路进行测量： 1）注明插件代码和编号，控制单元引脚代号以及测量结果 线路范围 | 检查或测试后的判断结果 （ ）□正常 □不正常 （ ）□正常 □不正常 （ ）□正常 □不正常 （ ）□正常 □不正常 □正常 □不正常 2）相关波形（记录波形）	20分	□未使用维修手册，扣1分 □万用表未校零，扣1分 □未使用208接线盒接线，扣1分 □未关闭点火开关就拆控制单元插头，扣1分 □工单填写2分，填写错误、漏项或者判断不正确，一项扣1分，扣完为止 □操作步骤每项1分，共6分，每缺一项扣2分	

（续）

<table>
<tr><td>故障描述</td><td colspan="4"></td></tr>
<tr><th>项目</th><th>作业记录内容</th><th>配分</th><th>备注</th><th>扣分</th></tr>
<tr><td>十、部件测试</td><td>对被怀疑的部件进行测试<table><tr><th>部件</th><th colspan="2">检查或测试后的判断结果</th></tr><tr><td></td><td>□正常</td><td>□不正常</td></tr><tr><td></td><td>□正常</td><td>□不正常</td></tr><tr><td></td><td>□正常</td><td>□不正常</td></tr><tr><td></td><td>□正常</td><td>□不正常</td></tr><tr><td></td><td>□正常</td><td>□不正常</td></tr></table></td><td>16 分</td><td>□未使用维修手册，扣 1 分
□万用表未校零，扣 1 分
□未使用 208 接线盒接线，扣 1 分
□工单填写 2 分，填写错误、漏项或者判断不正确，一项扣 1 分，扣完为止
□作业步骤，共 9 分，扣完为止</td><td></td></tr>
<tr><td>十一、故障部位确认和排除</td><td>根据上述的所有检测结果，确定故障内容并注明
1）确定的故障是<table><tr><td>□元件损坏</td><td>请写明元件名称：</td></tr><tr><td>□线路故障</td><td>请写明线路区间：</td></tr><tr><td>□其他</td><td></td></tr></table>2）故障点的排除处理说明<table><tr><td>□更换元件</td><td>□维修线束</td><td>□调整</td></tr></table></td><td>2 分</td><td>□故障点 1 分
□故障排除方法 1 分</td><td></td></tr>
<tr><td>十二、维修结果确认</td><td>□排除□ 未排除</td><td>10 分</td><td></td><td></td></tr>
<tr><td>十三、现场恢复</td><td>将工具、万用表、检测仪、连接线、车辆防护用品恢复到位</td><td>5 分</td><td>□车辆一项或多项未恢复到位，扣 2 分
□工具、万用表、检测仪一项或多项未恢复到位，扣 1 分
□车辆防护用品未恢复，扣 1 分</td><td></td></tr>
<tr><td>工作安全操作规范 5S</td><td>其他相关操作规范</td><td>5 分</td><td></td><td></td></tr>
<tr><td>总分</td><td colspan="3">100 分</td><td></td></tr>
<tr><td>得分</td><td colspan="4"></td></tr>
</table>

问题及防治

1）根据检查情况，总结出完成任务过程中会遇到的问题。

2）小组内探讨如何预防这些问题的发生，也可以由组长汇总后咨询教师。

扩展知识

1. 暖风和空调系统的操作

车辆装置暖风和空调（HVAC）系统的目的是向车内提供加热和冷却的空气。空调系统还会进行车内除湿和防止风窗玻璃结雾。不管温度设置如何，以下情况会影响HVAC系统达到期望温度的速度。再循环执行器设置；车内温度与期望温度的差别；鼓风机电动机转速设置；模式设置。

当打开空调开关时，HVAC系统控制装置通过LIN总线向HVAC控制模块发送信号。HVAC控制模块评估该信号并且通过CAN总线向发动机控制模块发送一个空调请求信号。发动机控制模块在释放之前先检查所有的预设条件，如果所有的预设条件都符合，则将一个释放信号发回给HVAC控制模块。空调压缩机由HVAC控制模块起动。HVAC控制模块向空调压缩机提供蓄电池电压。按下空调开关时，HVAC控制模块提供一个脉宽调制（PWM）信号给空调压缩机以指令空调压缩机的性能。空调压缩机的性能根据特性曲线上可调的车内温度来调节。因此，HVAC控制模块用脉宽调制信号来向空调压缩机提供搭铁。

（1）起动空调压缩机必备条件

1）蓄电池电压为9～18V。

2）发动机冷却液温度低于124℃（255℉）。

3）发动机转速大于600r/min。

4）发动机转速小于5 500r/min。

5）空调高压侧压力为269～2 929kPa（39～425lbf/in^2）。

6）节气门位置小于100%。

7）蒸发器温度高于3℃（38℉）。

8）发动机控制模块没有检测到转矩负载过大。

9）发动机控制模块没有检测到怠速不良。

10）环境温度高于1℃（34℉）。

(2) 发动机控制模块使用传感器信息确定以下情况

1) 过大的空调系统高压侧压力。

2) 发动机空调系统负载。

3) 空调冷凝器热负载。

气流通过加热器芯和蒸发器芯进入车厢。空气温度执行器驱动混合空气风门，以引导气流。如果车内温度需要升高，则将混合空气风门置于允许更多气流通过加热器芯的位置。如果车内温度需要降低，则将混合空气风门置于允许更多气流通过蒸发器芯的位置。

2. 再循环操作

内循环开关是 HVAC 控制装置的一部分。所选的内循环开关位置通过 LIN 总线发送到 HVAC 控制模块。HVAC 控制模块通过内循环执行器控制进风。内循环开关关闭内循环风门以循环车内空气。通过重新选择内循环开关，再次打开内循环风门以使车外空气进入车辆。

只有在除霜模式未激活时，才能启用再循环。激活除霜模式时，内循环执行器打开内循环风门，车外空气循环至风窗玻璃以防止结雾。

课后习题

1. 判断题

1) 温度控制开关起调节车内温度，防止蒸发器因温度过低而结霜的作用。 (　　)

2) 触点常开型高压开关控制的是冷凝器冷却风扇的高速档电路。 (　　)

2. 选择题

1) 空调系统的高压开关（　　）。

A. 常开、在 2965 kPa 时关闭　　B. 常开、在 2344 kPa 时关闭

C. 常闭、在 2965 kPa 时打开　　D. 常闭、在 2344 kPa 时打开

2) 空调与暖风系统延时继电器的作用是（　　）。

A. 在发动机冷却液达到预定温度之前防止加热循环

B. 在发动机冷却液达到预定温度之前防止制冷循环

C. 在关闭点火钥匙后将各风门回复到原位

D. 在发动机起动后转速稳定之前延迟空调系统的起动

3. 简答题

简述汽车空调制冷的方法。

单元3 汽车空调通风、供暖和配气系统

知识目标

1）知道汽车空调通风系统、供暖系统、配气系统的工作原理。

2）认识汽车空调通风系统、供暖系统、配气系统的结构。

3）知道汽车空调通风系统、供暖系统、配气系统的拆装步骤。

技能目标

1）会描述汽车空调通风系统、供暖系统、配气系统的工作原理。

2）会拆装及检修汽车空调通风系统、供暖系统、配气系统等主要零部件。

任务1　认识通风与空气净化系统

任务描述

一辆威朗15S自动领先型车，行驶3×10^4km，客户反映后排风口无风，且开启空调后有异味。经检查发现，后排风口异物堵塞，以及空气滤清器已经失效，排除故障后，车辆空调系统恢复正常。汽车空调的通风系统该如何检查呢？

任务分析

为了完成本次任务，应该做到以下几点。

1）掌握汽车空调通风系统以及空气净化系统的作用。

2）理解汽车空调通风系统以及空气净化系统的结构原理。

3）学会拆装汽车空调通风管道、空调出风口、空调鼓风机、空气滤清器的操作步骤。

相关知识

汽车在行驶过程中，如果经常打开车窗，不仅影响车内的温度，而且会带进大量灰尘及传

入车外噪声。因此，现代汽车基本都是关闭车窗行驶。当汽车车窗关闭时，如果没有新鲜空气的补充，在拥挤的车厢内，空气中 CO_2 含量不断增大，氧含量不断下降；车内有人抽烟以及呼吸、食物、货物等更容易使空气质量下降，影响乘人身体健康；在天气比较冷时，车窗容易结霜，导致驾驶人的能见度降低，影响驾驶的安全性，所以汽车内应该配有通风与空气净化系统。

根据我国对轿车、客车的空调新鲜空气要求，换气量按人体卫生标准最低不少于 $20m^3/(h·人)$，且车内 CO_2 的体积分数一般应控制在 0.03% 以下，风速为 0.2m/s。

1. 通风系统的作用

通风与净化系统的作用是在汽车运行中从车外引入一定量的新鲜空气，并将车内污浊空气排出车外，使空气的清洁度达到一定的要求，调节车内温度使车内乘员具有舒适的环境；同时还可以防止风窗玻璃结霜，提高驾驶的安全性。常见的通风方式一般有 3 种：一是开风窗或者在车身内外壁上开设进出风口进行自然通风；二是利用装于车顶的换气扇或汽车车顶的抽风机，进行强制通风；三是综合利用自然通风和强制通风。

2. 通风系统的结构原理

（1）自然通风　自然通风也称为动压通风。它是利用汽车行驶时对车身外部所产生的风压动力（动压），在适当的地方开设进风口和排风口，以实现车内的通风换气。图 3-1 所示为普通轿车车身的模型进行风洞试验的表面压力分布。车身外部大多受到负压，只有在车前及前风窗玻璃周围为正压区。轿车的进风口设在车窗的下部正风压区，而且此处都设有进气阀门和内循环空气阀门，用来控制新鲜空气的流量。一般在空调系统刚起动，而且车内外温差较大时关闭外循环气道，采用内循环方式工作，这样可以尽快降低车内温度。排风口设置在轿车尾部负压区。

自然通风时，车内空气通风流动如图 3-2 所示，空气流动示意图如图 3-3 所示。这种通风方式不消耗动力且结构简单，通风效果比较好。

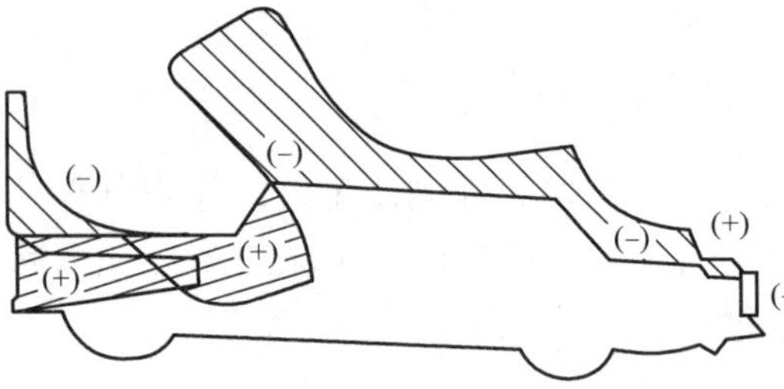

图 3-1　轿车车身表面风压动力分布

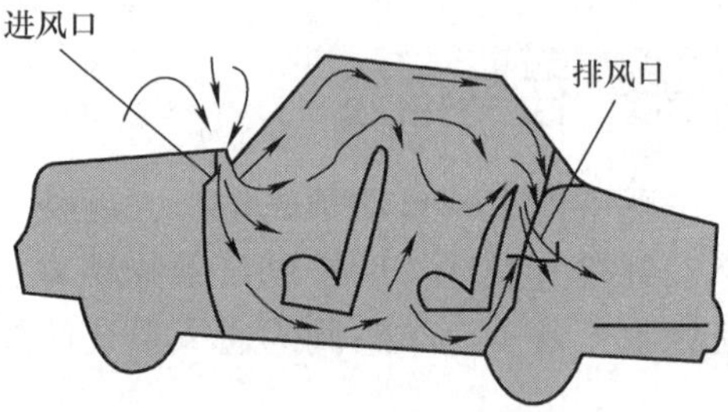

图 3-2　车内空气通风流动

（2）强制通风　强制通风是指利用鼓风机或风扇，强制将车外空气送入车室内进行通风换气。这种方式需要能源和设备，在备有冷暖气装置的车身上大多采用通风、供暖和制冷的联合装置，将车外空气与空调冷暖空气混合后送入车内。此种通风装置常见于高级轿车和豪华旅行车上。

常见的鼓风机如图 3-4 所示。鼓风机电动机通常由鼓风机继电器控制。图 3-5 所示为一种典型的鼓风机控制电路。

（3）综合通风　综合通风是指一辆汽车上同时采用自然通风和强制通风。采用综合通风系统的汽车比单独采用强制通风或自然通风的汽车结构要复杂得多。最简单的综合通风系统

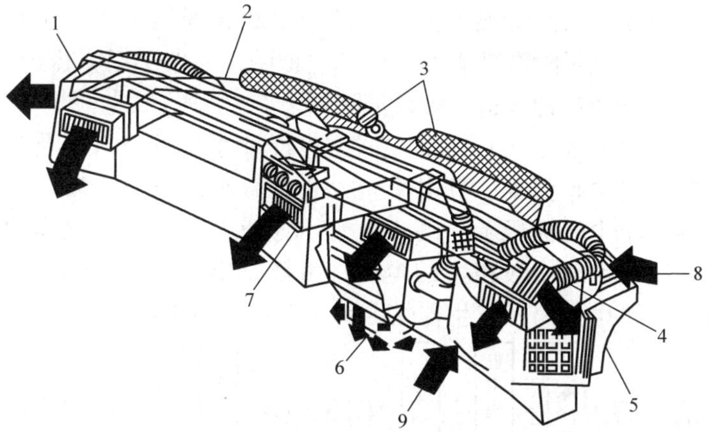

图 3-3　空气流动示意图

1—空调侧窗内的除霜器和软管　2—蒸发器　3—风窗玻璃除霜器软管喷嘴　4—空气循环导管器　5—空调侧板　6—加热器出口导管　7—手动控制　8—外界空气进口　9—循环空气进口

是在自然通风的车身基础上，安装强制通风扇，根据需要可分别使用和同时使用。这样，基本上能满足各种气候条件的通风换气要求。

图 3-4　鼓风机

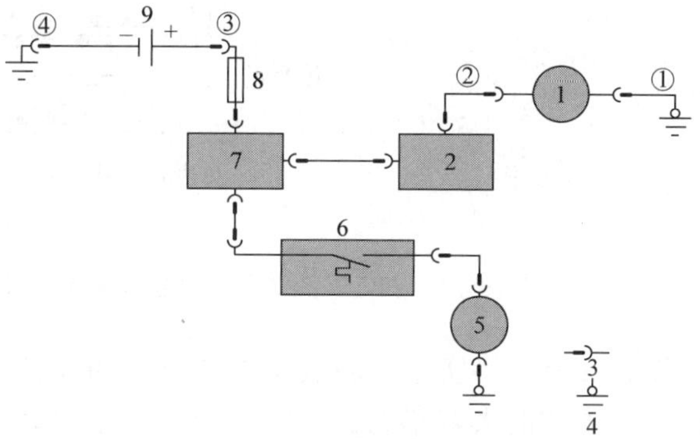

图 3-5　典型的鼓风机控制电路

1—鼓风机电动机　2—鼓风机控制器　3—插接器　4—接地　5—电磁离合器　6—温度控制器　7—主控制器　8—熔丝　9—蓄电池

综合通风系统虽然结构复杂，但节省电能、经济性好，运行成本也比较低。特别是在春秋季节，用自然通风导入凉爽的车外空气，以取代制冷系统工作，同样可以满足舒适性要求。这种通风方式近年来在汽车上的应用逐渐增多。

3. 空气净化系统的作用

汽车空气净化是指采取措施排除车内的烟味、微小粉尘、臭味及有毒气体成分。汽车上的空气净化主要有两种方式：一种是过滤除尘式；另一种是静电除尘式。

4. 空气净化系统的结构原理

（1）过滤除尘　主要采用由无纺布、过滤纤维等组成的干式纤维滤清器对空气进行过滤除尘。对于较大的尘埃，可利用其惯性作用，使其来不及随气流转弯而碰在纤维孔壁上；对于微小颗粒，在围绕纵横交错的纤维表面做布朗运动时和纤维接触而沉积下来，并且与纤维摩擦产生静电作用，被纤维吸附在其表面。汽车空调中，一般选用直径约为10μm的中孔聚氨酯泡沫塑料、化纤无纺布和各种人造纤维做滤清器。

（2）静电除尘　图3-6所示为静电除尘式空气净化系统的空气净化过程。滤清器用于过滤大颗粒的杂质。静电除尘装置则以静电集尘方式把微小的颗粒尘埃、烟灰及汽车排出的气体中含有的微粒吸附在集尘电极板上。图3-7所示为静电除尘式空气净化器的动作原理。其工作过程：由粗滤器除去空气中较粗大的尘粒；由静电集尘器吸附细微尘埃；通过活性炭滤清器除去烟气和臭气；再由负离子发生器供给负离子；最后由风机将净化后的空气送入车内。

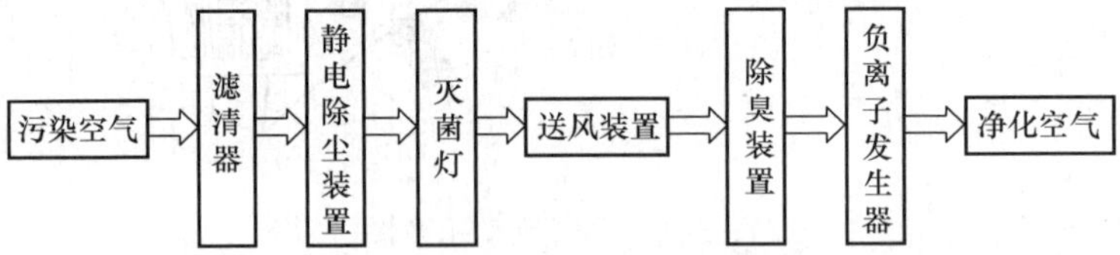

图3-6　静电除尘式空气净化系统的空气净化过程

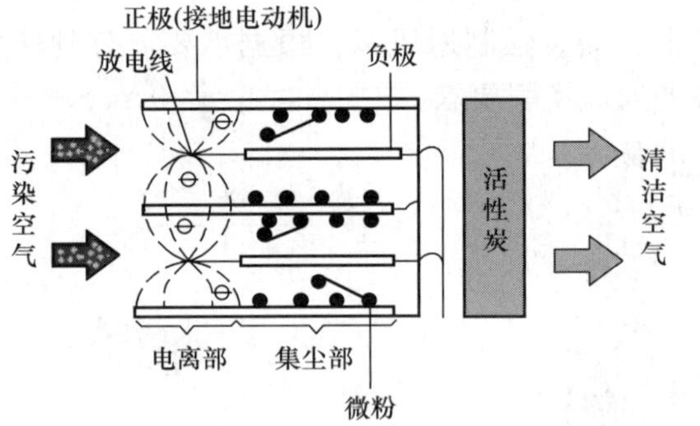

图3-7　静电除尘式空气净化器的动作原理

图3-8所示为实用的静电除尘式空气净化器的结构示意图。它通常安装在制冷、供暖采用内循环方式的大客车上，采用这种装置净化后的空气清洁度很高，可以充分满足汽车对舒适性的要求。

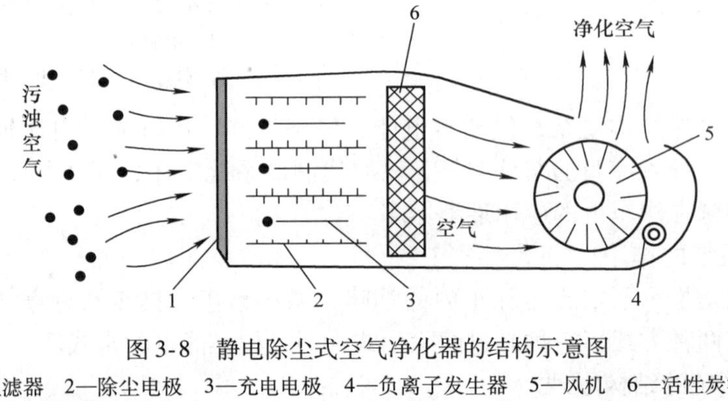

图3-8　静电除尘式空气净化器的结构示意图

1—粗滤器　2—除尘电极　3—充电电极　4—负离子发生器　5—风机　6—活性炭滤清器

任务准备

世达工具套装、内饰拆装撬棒和实训整车。

任务实施

1. 进风口壳体的更换

（1）拆卸程序

1）拆下加热器与空调蒸发器壳体（见图3-9）。

2）拆下进风口壳体螺栓（见图3-10）。

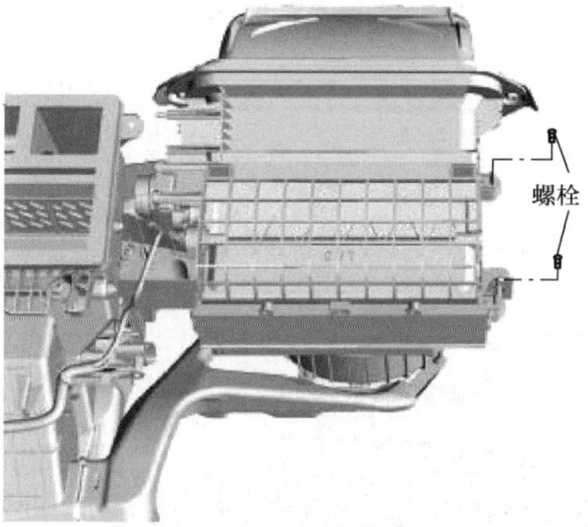

图3-9　加热器与空调蒸发器壳体

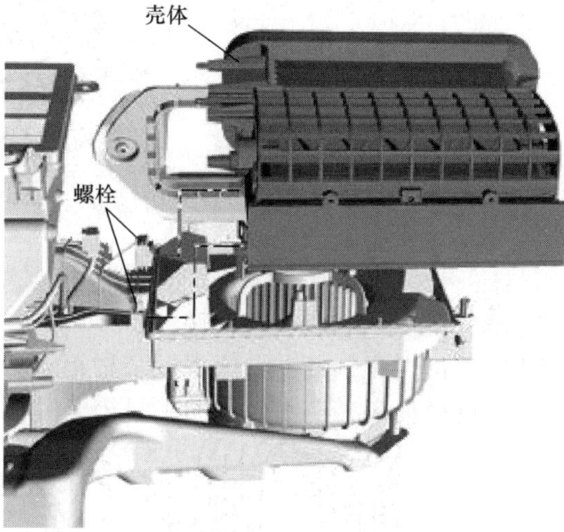

图3-10　进风口壳体

3）拆下进风口壳体与加热器和空调蒸发器壳体。

① 断开所有插接器。

② 从固定件上分离进风口壳体。

4）拆下进气阀杆（后）。

5）拆下进气阀杆（前）。

（2）安装程序

1）安装进气阀杆（后）。

2）安装进气阀杆（前）。

3）安装进风口壳体、加热器和空调蒸发器壳体

① 连接插接器。

② 将进风口壳体导入固定件。

注意：参见有关紧固件的紧固要求。

4）安装进风口壳体两颗螺栓，并紧固至2.5N·m。

5）安装加热器与空调蒸发器壳体。

2. 鼓风机电动机的更换

（1）预备程序　完成仪表板杂物箱的更换；完成地板前出风管的更换（右侧）。

（2）更换程序　鼓风机电动机螺栓（共3颗）安装时紧固至2.5N·m（见图3-11），更换鼓风机。

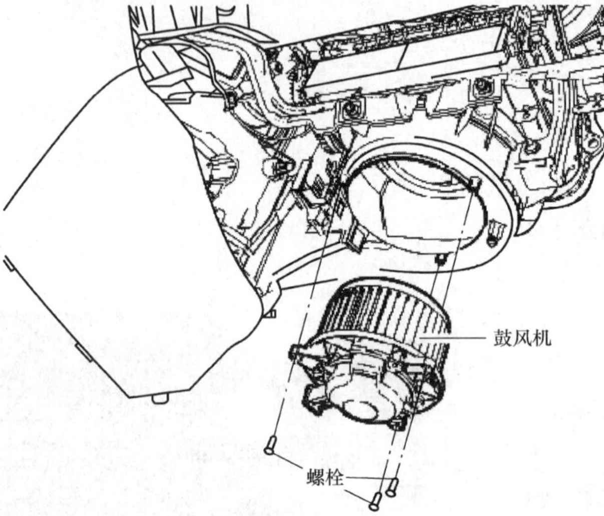

图3-11　鼓风机电动机

3. 乘客厢空气滤清器的更换

（1）预备程序　已拆下仪表板杂物箱灯。

（2）更换程序　使用合适的工具松开并拆下进风口壳体盖（见图3-12）。

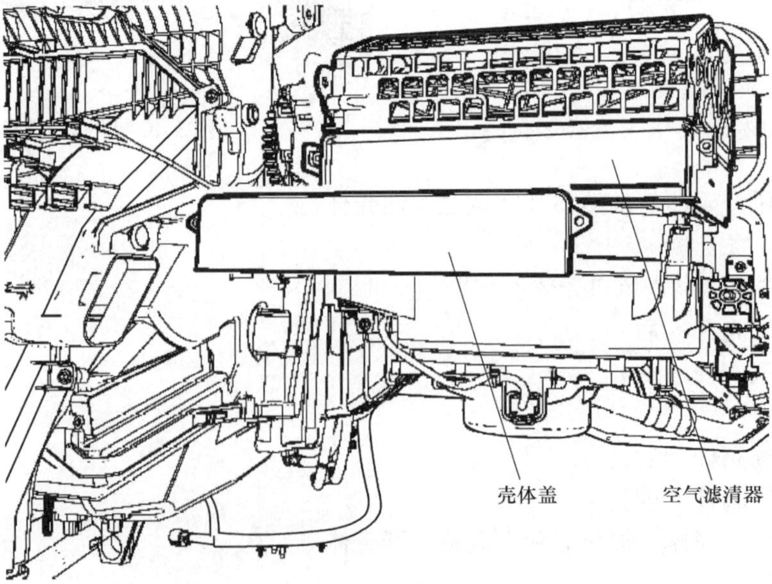

图3-12　空气滤清器

（3）完成更换　取下乘客厢空气滤清器。

4. 侧窗除雾器出风口格栅的更换

更换程序　使用平刃塑料工具拆卸侧窗除雾器出风口格栅（见图 3-13）

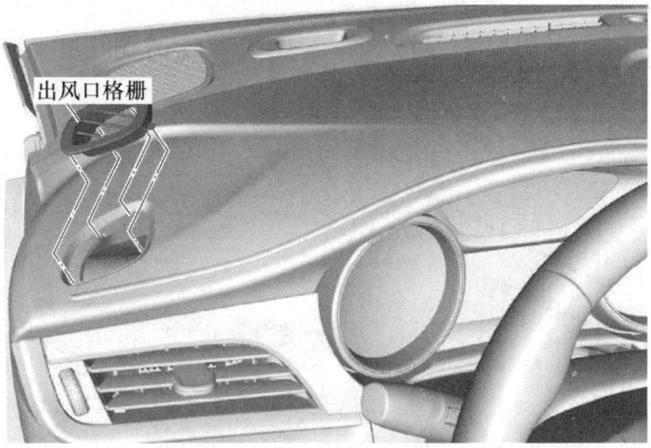

图 3-13　出风口格栅

5. 仪表板外出风口的更换（左侧）

（1）预备程序　参见仪表板装饰板饰件的更换（左侧）。

（2）更换程序　使用适合的工具释放卡夹，更换仪表板左侧外出风口（见图 3-14）。

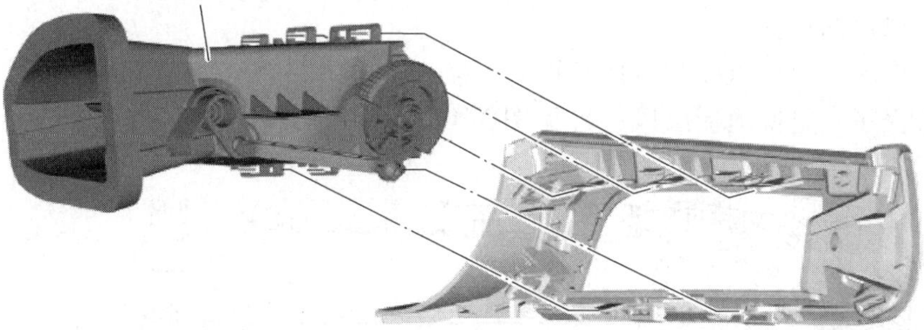

图 3-14　仪表板左侧外出风口

6. 仪表板外出风口的更换（右侧）

（1）预备程序　参见仪表板装饰板饰件的更换（右侧）。

（2）更换程序　使用适合的工具释放卡夹，更换仪表板右侧外出风口（见图 3-15）。

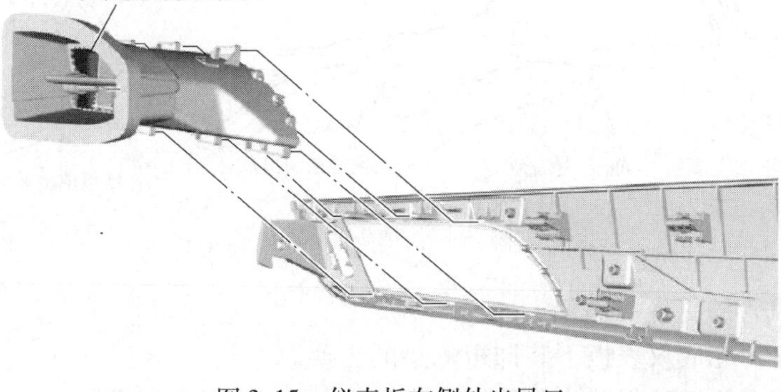

图 3-15　仪表板右侧外出风口

7. 车身出风口导流器的更换

（1）预备程序　完成后保险杠蒙皮的拆卸。

（2）更换程序　使用平刃塑料工具拆卸车身出风口导流器（见图3-16）。

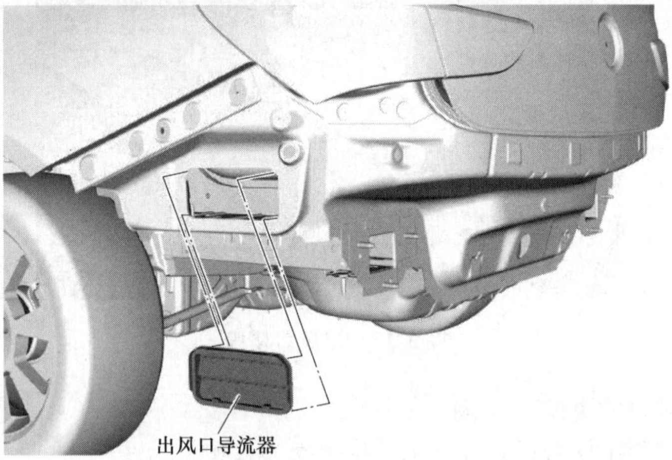

图3-16　车身出风口导流器

8. 地板出风口的更换

（1）预备程序　前地板控制台加长板的更换（左侧）。

（2）更换程序　更换地板出风口（见图3-17）。

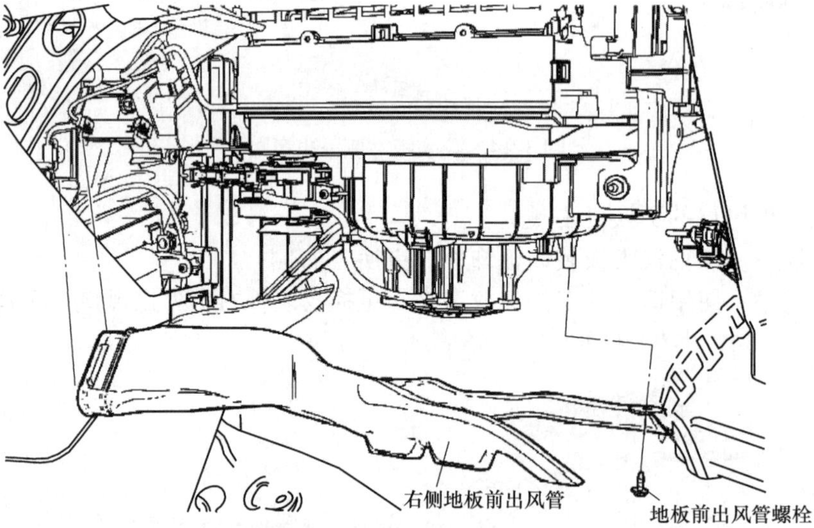

图3-17　地板出风口

9. 地板前出风管的更换（右侧）

（1）预备程序　完成仪表板下装饰板隔垫的更换。

（2）更换程序　拆卸地板前出风管螺栓（注意：以2.5N·m紧固）。

（3）完成更换　拆卸右侧地板前出风管（见图3-18）。

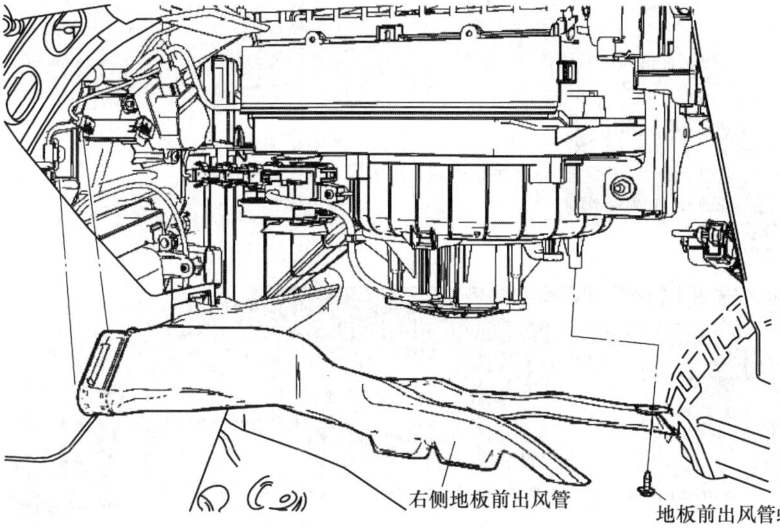

图3-18　右侧地板前出风管

10. 地板前出风管的更换（左侧）

（1）预备程序　拆卸地板前出风管固定件。

（2）更换程序　更换左侧地板前出风管（见图3-19）。

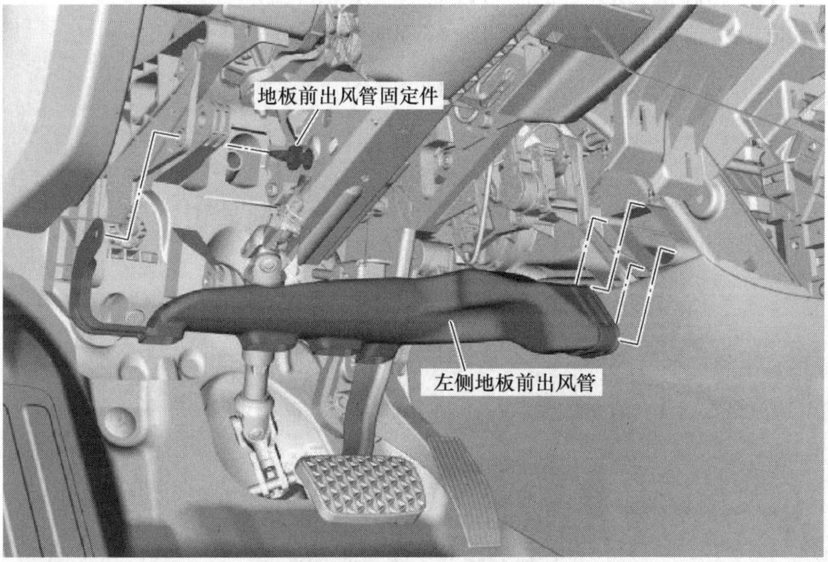

图3-19　左侧地板前出风管

11. 前地板控制台前风管的更换

（1）预备程序　完成前地板控制台的拆卸（高级）、前地板控制台的拆卸（基本）。

（2）更换程序　拆卸前地板控制台前风管紧固件（紧固件为两颗螺栓）（注意：安装时以2.5N·m紧固）。

（3）完成更换　拆卸前地板控制台前风管（见图 3-20）。

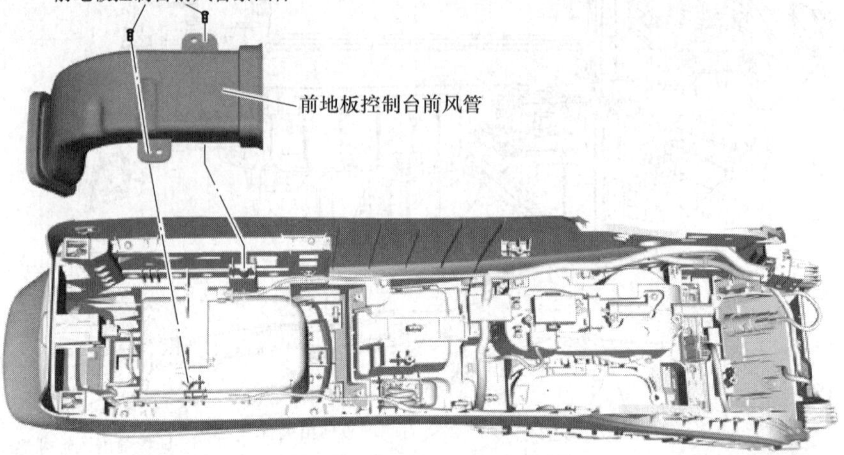

图 3-20　前地板控制台前风管

12. 前地板控制台后风管的更换

（1）预备程序　完成前地板控制台的拆卸（高级）、前地板控制台的拆卸（基本）。

（2）更换程序　拆卸前地板控制台后风管 3 颗螺栓（注意：安装时以 2.5N · m 紧固）。

（3）完成更换　拆卸前地板控制台后风管（见图 3-21）。

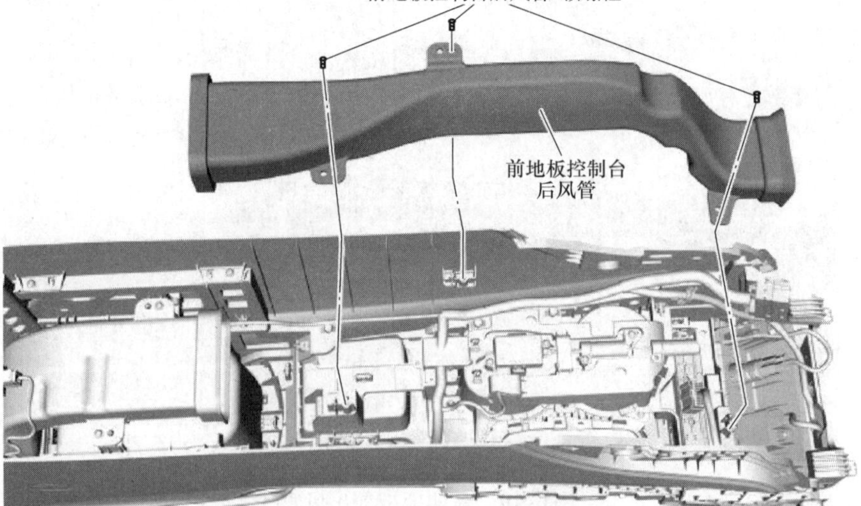

图 3-21　前地板控制台后风管

13. 地板后出风管的更换

（1）预备程序　完成地板地毯的拆卸。

（2）更换程序　拆卸地板后出风管固定件。

（3）完成更换　拆卸地板后出风管（见图 3-22）。

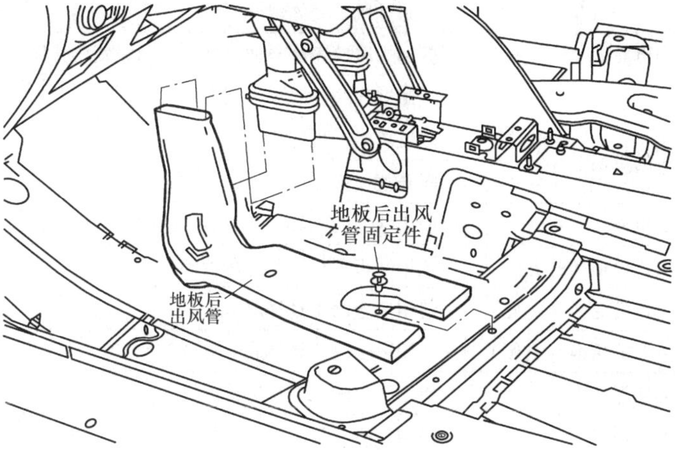

图 3-22　地板后出风管

14. 前地板控制台后出风口的更换

（1）预备程序　前地板控制台后装饰板的更换（基本）、前地板控制台后装饰板的更换（高级）。

（2）更换程序　拆卸前地板控制台后出风口（见图 3-23）。

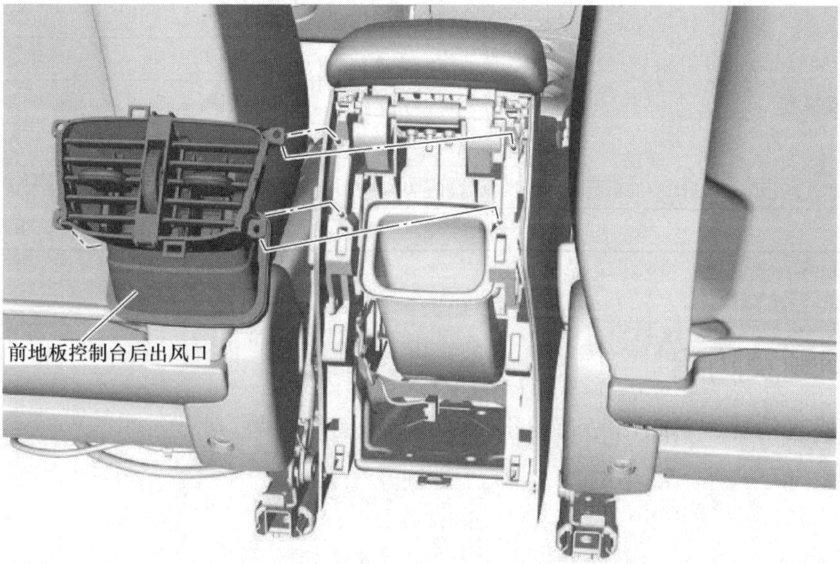

图 3-23　前地板控制台后出风口

检查评议

评价表见表 3-1。

表 3-1 评价表

序号	检查项目	操作内容	配分	得分
1	进风口壳体的更换	拆卸进风口壳体螺栓	12 分	
		拆卸进风口壳体与加热器和空调蒸发器壳体		
		拆卸进气阀杆（前、后）		
2	鼓风机电动机的更换	鼓风机电动机螺栓	12 分	
		断开电气连接件		
3	空气滤清器的更换	使用合适的工具松开并拆下进风口壳体盖	10 分	
4	侧窗除雾器出风口格栅的更换	使用平刃塑料工具进行拆卸	5 分	
5	仪表板外出风口的更换（左侧）	使用适合的工具释放卡夹	5 分	
6	仪表板外出风口的更换（右侧）	使用适合的工具释放卡夹	5 分	
7	车身出风口导流器的更换	使用平刃塑料工具进行拆卸	5 分	
8	地板出风口的更换	使用平刃塑料工具进行拆卸	5 分	
9	地板前出风管的更换（右侧）	使用平刃塑料工具进行拆卸	5 分	
10	地板前出风管的更换（左侧）	使用平刃塑料工具进行拆卸	5 分	
11	前地板控制台前风管的更换	使用平刃塑料工具进行拆卸	5 分	
12	前地板控制台后风管的更换	使用平刃塑料工具进行拆卸	5 分	
13	前地板控制台后出风管的更换	使用平刃塑料工具进行拆卸	5 分	
14	地板后出风管的更换	使用平刃塑料工具进行拆卸	6 分	
15	职业素养	学习态度：积极主动参与学习	2 分	
		团队协作：善于合作，共同完成	2 分	
		责任意识：爱护仪器，作业单填写认真	2 分	
		安全规范：有安全意识，操作规范	2 分	
		现场管理：6S 执行认真，有环保意识	2 分	
合计			100 分	

问题及防治

1）根据检查情况，总结出完成任务过程中会遇到的问题。

2）小组内探讨如何预防这些问题的发生，也可以由组长汇总后咨询教师。

扩展知识

合理地使用车窗

1. 单开前侧窗或后侧窗

这种方式有利于排出抽烟烟雾。

抽烟的朋友一般都有经验，汽车在行驶过程中开启前车窗，如果将车窗放下一点狭长的缝隙，车内空气会将烟雾挤压出车外。

这种情景下有两种状态，狭缝通风状态下与开启单侧前车窗基本一致，而开阔通风状态下后排乘客会明显地感受到侧风。在一定车速下，这种侧风一般不会使乘客产生不适感。

2. 开同侧两扇窗

这在中高速行驶时是不安全的。

这种情景下，外界气流会直接在车辆一侧灌入车内，车窗处乘客会有强烈的迎风感。中高速行驶时不建议车内乘客采用这样的通风方式。

3. 只关单侧前车窗

这种方式可迅速排出异味。

此时进入车厢内的空气带有明显的不均衡性，车内空气流动带有明显的方向感。这种通风方式适用于车内快速通风除去异味。

4. 只关单侧后车窗

这种方式通风比较柔和。

与前者不同，车厢后排关闭车窗的一侧聚集大量空气，形成一个高压区域。此排风方式比较柔和，与前者（只关单侧前车窗）不同，车内乘客不会有明显的迎风感，是一种不错的通风方式。

5. 同时开前后对向车窗

这种方式风噪低。

通过前窗进入车内的空气会与从后排进入车内的空气相互作用，产生一个小旋风。此排风方式产生的风噪相对较低，是一种理想的通风方式。

6. 车窗全都开启

这种方式容易乱。

此模式下，大量空气灌入车厢内，车内排风口的空气流量达到峰值，车内堆积的大量空气很容易相互作用产生乱流，极限情况下甚至可以倾覆车内质地较轻的小物件。因此一般情况下不采用此种方式通风。

温馨提示：

日常驾驶中难免会受到侧风等不稳定因素的影响，因此建议大家根据驾驶时的天气情况、车速选择合理的通风方式。

原则上低速驾驶时可以采用开窗通风的方式，这样既省油又能接近大自然。

中高速行驶下，一般不建议长期开窗通风，因为高速情况下长期开窗通风必然产生较大的风噪、风阻，燃油经济性也会随之下降。

同样需要注意的是，即使长时间高速驾驶车辆，中途也应该打开车窗通风或交替使用内/外循环的方式使车内空气得以交换。

课后习题

1）汽车空调的通风方式一般有________通风、________通风和________通风3种方式。

2）汽车空调系统的空气净化包括两部分：________的净化和________的净化。

3）通风与净化系统的作用是在汽车运行中从车外引入一定量的________，并将车内污浊空气排出车外，使空气的清洁度达到一定的要求，调节________使得车内乘员具有舒适的环境。

4）汽车空气净化是指采取措施排除车内的________、________、________及有毒气体成分。

5）汽车上的空气净化主要有两种方式：一种是________，另一种是________。

任务2　供暖系统的检修

任务描述

一辆威朗15S自动领先型车，行驶6×10^4km，客户反映打开暖风后，出风口有风，但是出风口温度不高。经检查后，发现该车为事故车，散热器修复后有些渗漏，使用了堵漏剂，导致散热器管路堵塞，更换维修后正常。汽车的供暖系统该如何检修呢？

任务分析

为了完成本次任务，应该做到以下几点。

1）掌握汽车空调供暖系统的作用。

2）理解汽车空调供暖系统的结构和原理。

3）学会拆装加热器与空调蒸发器壳体的操作步骤。

4）学会拆装加热器芯的操作步骤。

相关知识

1. 供暖系统的作用

汽车空调供暖系统的主要作用是能与蒸发器一起将空气调节到使乘员感到舒适的温度；在冬季向车内提供暖气，提高车内温度；当车上玻璃结霜和结雾时，可以输送热风来除霜和除雾。汽车空调供暖系统按暖气设备所使用的热源可分为发动机余热式和独立热源式；按空气循环方式可分为内循环、外循环和内外混合循环3种；按载热体可分为水暖式和气暖式两大类。

2. 供暖系统的结构原理

（1）水暖式暖风机（余热式）　水暖式暖风机的结构有两类：一类是单独的暖风机总

成，由散热器、鼓风机及外壳组成一个完整的总成（见图 3-24a），壳体上有吹向足部、前部的出风口及吹向风窗玻璃起除霜作用的出风口；另一类是与冷气蒸发器组成一体，称为一体式空调器或全空调器，与冷风共用鼓风机及壳体，便于实现温度自动控制及全空调，如图 3-24b所示。目前，大部分轿车及带空调的货车都采用后一种方式。

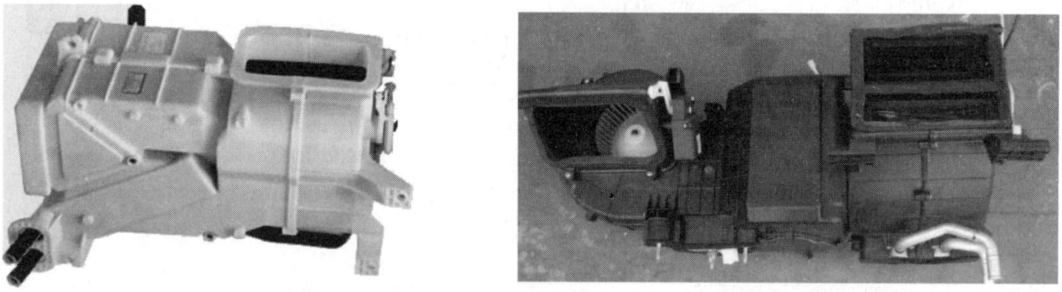

a) 单独的暖风机总成　　b) 一体式空调器

图 3-24　水暖式暖风机

图 3-25 所示为单独的暖风机总成，它主要由散热器水管、水阀、散热器软管、散热器、空气混合节气门、调节阀和暖风机等组成。散热器由管子和散热器片等构成。新式散热器的管道上有凹坑，可改善热量输出性能。当水阀打开时，加热后的发动机冷却液部分流经散热器芯，以便为车厢内乘客提供所需的热量。水阀安装在发动机冷却液通道中，用于控制进入散热器的发动机冷却液流量，如图 3-26 所示。通过移动控制板上的温度调节杆便可以操纵热水阀。

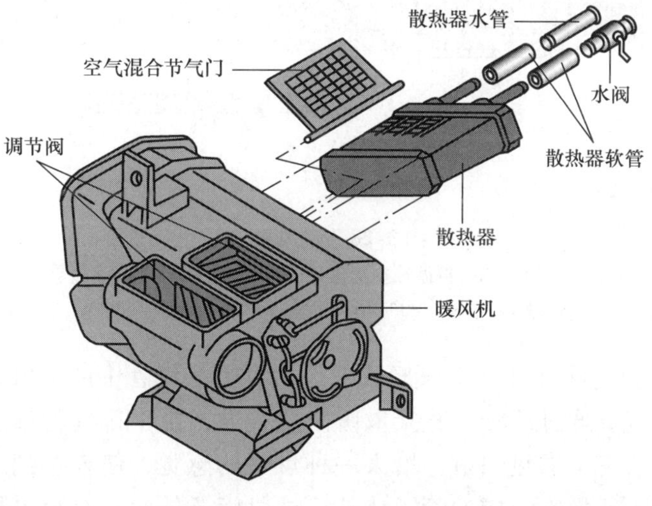

图 3-25　单独的暖风机总成

水暖式暖风机的工作原理是借助发动机的水泵实现热的冷却液循环（见图 3-27），使得冷却液分流一部分进入加热器芯，冷空气被鼓风机强迫通过加热器芯，被加热后送向车厢取暖和风窗除霜。在加热器芯中被带走热量的冷却液离开加热器后，又被发动机水泵抽回发动机，完成一次循环。在发动机缸体的出水口上有一个水阀可以关闭和控制水量大小，从而调节暖风机的产热量；也可调节暖风机的鼓风机风量，起到调节热量的作用。

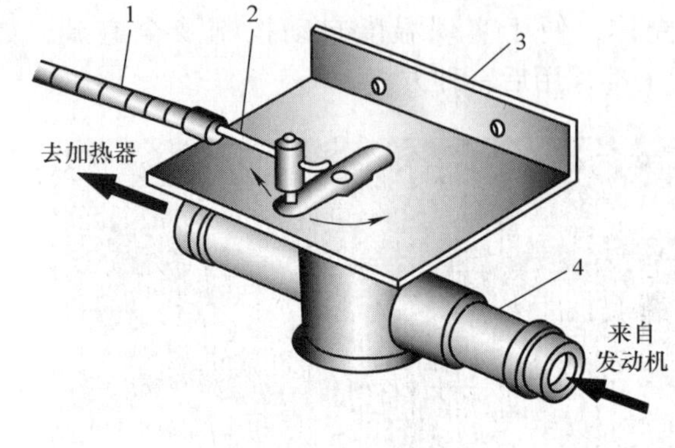

图 3-26　水阀

1—保护层　2—拉索　3—装配支架　4—阀门

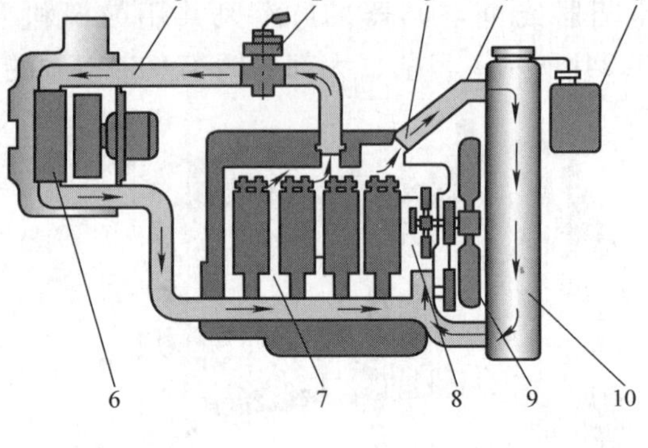

图 3-27　水暖式暖风机的工作原理

1—加热器软管　2—热水阀　3—节温器
4—散热器软管　5—膨胀水箱　6—加热器芯
7—发动机　8—水泵　9—风扇　10—散热器

在通风装置中，鼓风机强制使空气循环运动。空气经由进风口被吸入，流经加热器时被加热，并由出风口导出，进入车厢内实现取暖或为风窗玻璃除霜，如图 3-28 所示。

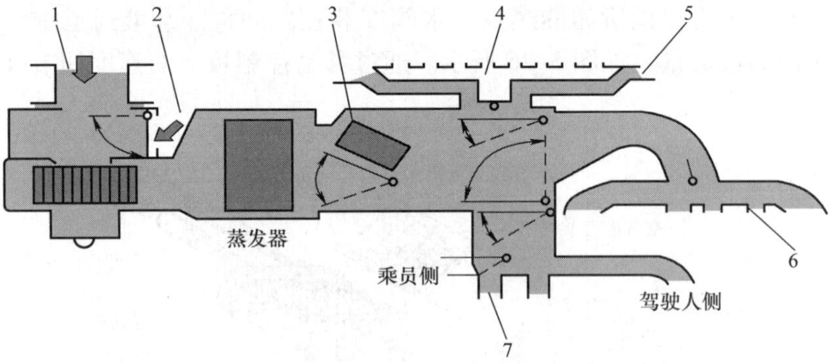

图 3-28　暖风形成

1—新鲜空气进口　2—再循环空气进口　3—加热器芯　4—除霜空气出口
5—侧除霜空气出口　6—通风口　7—地板暖风出口

（2）气暖式暖风机（余热式）　气暖式暖风机利用排气管中的废气余热供车厢取暖。最早的结构形式是让排气管通过驾驶室直接取暖。这种方式由于排气管温度很高，容易烫到人或物品，而且传热方式完全靠热辐射，给人一种烘烤的感觉，使人感到不适。现在的气暖方法是将排气管前段用一段特殊结构的管子代替。这段管子外面套有暖风机外壳，中间通过需加热的空气，热空气由风机送至车厢。当热管的吸热端受热时，管中的液体立即汽化，产生的蒸气流向放热端，通过管壁把热量传给管外，如图 3-29 所示。客车热管式暖风机的布置如图 3-30 所示。

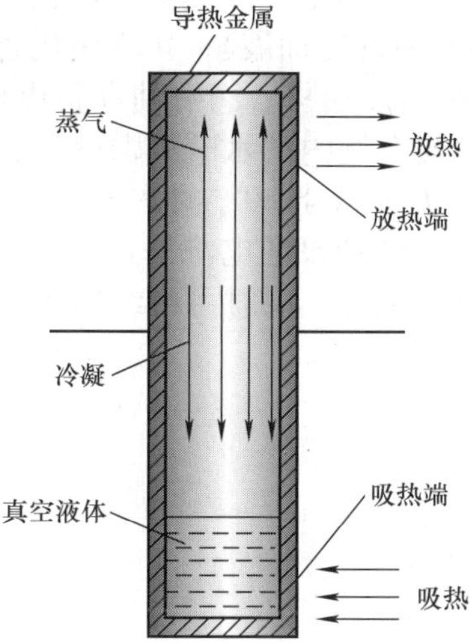

图 3-29 热管结构

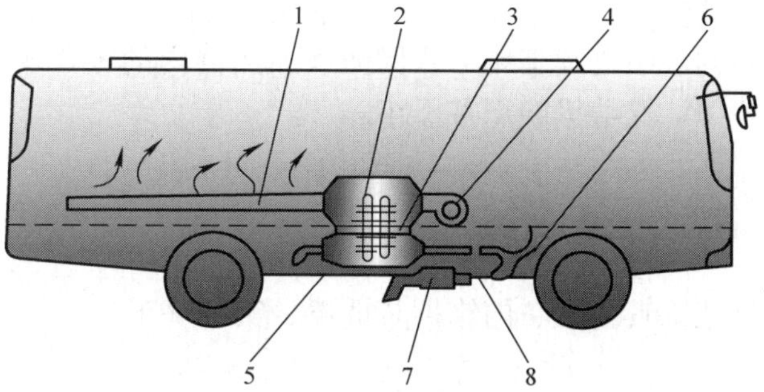

图 3-30 客车热管式暖风机的布置

1—暖风管 2—热管 3—阀板 4—风机 5—地板 6—废气通道 7—消声器 8—阀门

（3）独立燃烧式空气加热器 图 3-31 所示为独立燃烧式空气加热器的结构，它主要由燃烧室、加热器、供给系统和控制系统 4 部分组成。加热器中的电动机接通电源后开始运转，带动两个风扇、油泵、雾化器等工作，并将燃油通过油管送到雾化杯（或喷油嘴）。雾化杯中的油与助燃空气混合，形成可燃混合气。可燃混合气被预热电热塞（或高压电弧点火器）点燃，着火几秒钟后点火器断电，由已燃烧的火焰点燃不断输入的可燃混合气，使燃烧工况保持正常。燃烧气体通过通道进入加热器夹层，而被风机吸入的冷空气在加热器中吸收燃气释放的大量热量，变成热空气从出风口送向车厢和其他需要加热的空间。

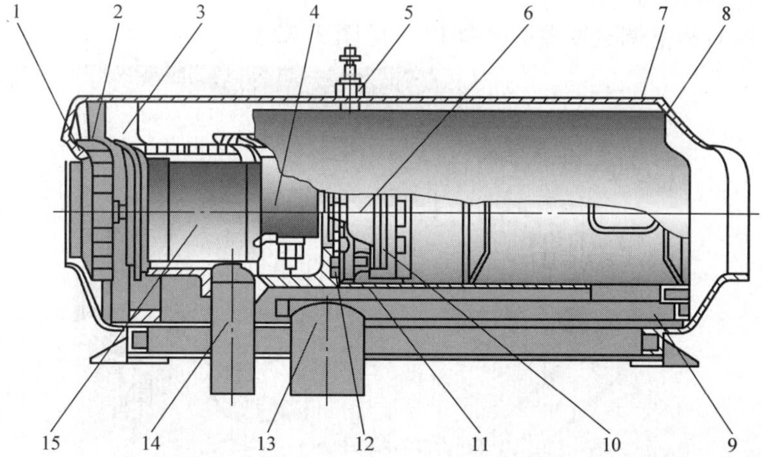

图 3-31 独立燃烧式空气加热器的结构

1—进风口 2—大风扇 3—支架 4—油泵 5—电热塞 6—雾化杯 7—外壳 8—出风口 9—支座 10—燃烧室 11—导风管 12—小风扇 13—废气管 14—透气管 15—电动机

（4）独立燃烧式水加热器　独立燃烧式水加热器的工作原理与空气加热器基本相同，仅加热器工质不是空气而是水（可从专用水箱供水，也可用发动机的冷却液），用水泵代替了风扇。水加热器的最大优点是不仅可用于车厢取暖，而且可预热发动机、润滑油和蓄电池等，便于冬季发动机起动。待发动机起动后，再将被加热的水通向车厢内的水暖式散热器，如果水加热器与汽车发动机的冷却液管路相通，在发动机冷却液温度低于80℃时水加热器工作，当冷却液温度高于80℃后，由于恒温器的控制作用，会自动切断油泵的电源停止供油，而加热器中的水泵继续工作，以保证水加热器内的零件不因过热而损坏。同时可继续向车厢供应暖气和保证发动机的正常工作。

任务准备

世达工具套装、内饰拆装撬棒、实训整车。

任务实施

1. 加热器与空调蒸发器壳体的更换

（1）拆卸程序

1）断开蓄电池负极电缆。

2）回收制冷剂。

3）拆下加热器芯。

4）拆下鼓风机电动机。

5）拆下仪表板横梁。

6）拆下空调模块线束。

7）拆下空调蒸发器热膨胀阀。

8）拆下加热器芯进口管。

9）拆下加热器芯出口管。

10）拆下加热器和空调蒸发器壳体螺栓（见图3-32）。

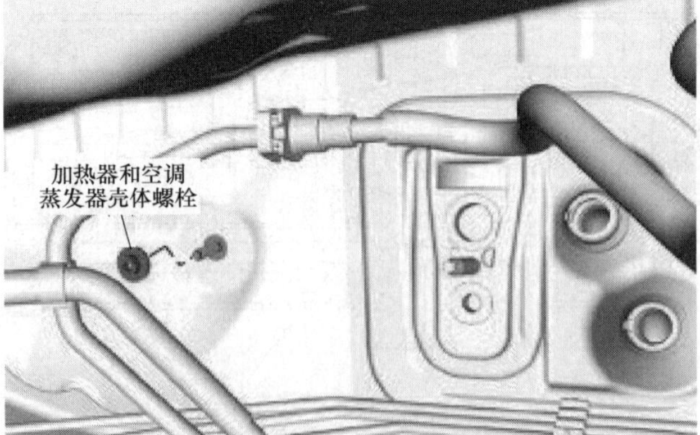

图3-32　加热器和空调蒸发器壳体螺栓

11）拆下加热器和空调蒸发器壳体（见图3-33）。

12）拆下进气口壳体。

13）拆下模式阀杆。

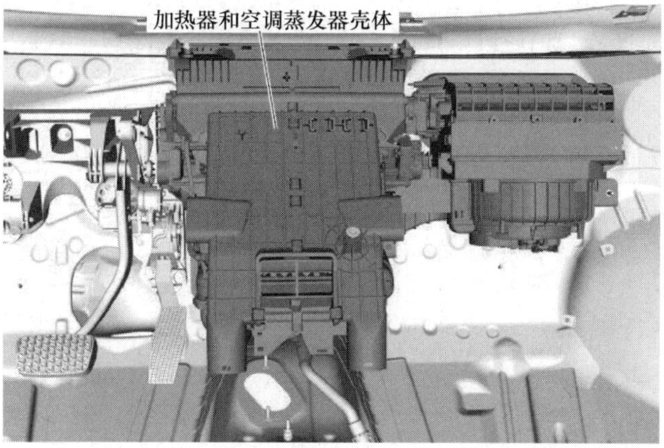

图 3-33　加热器和空调蒸发器壳体

14）拆下通风阀杆。

15）拆下车内空气温度传感器。

16）拆下空调制冷剂温度传感器。

（2）安装程序

1）安装空调制冷剂温度传感器。

2）安装车内空气温度传感器。

3）安装通风阀杆。

4）安装模式阀杆。

5）安装进气口壳体。

6）安装加热器和空调蒸发器壳体。

7）安装加热器和空调蒸发器壳体螺母，并紧固至 9N · m。

8）安装加热器芯出口管。

9）安装加热器芯进口管。

10）安装空调蒸发器热膨胀阀。

11）安装空调模块线束。

12）安装仪表板横梁。

13）安装鼓风机电动机。

14）安装加热器芯。

15）排空并加注制冷剂。

16）连接蓄电池负极电缆。

2. 加热器芯的更换

（1）拆卸程序

1）排空冷却液。

2）拆下前地板控制台加长板（左侧）。

3）将保护盖和合适的接油盘置于加热器芯下，以保护地毯。

4）拆下加热器芯罩两颗螺钉（见图 3-34）。

5）拆下加热器芯罩。

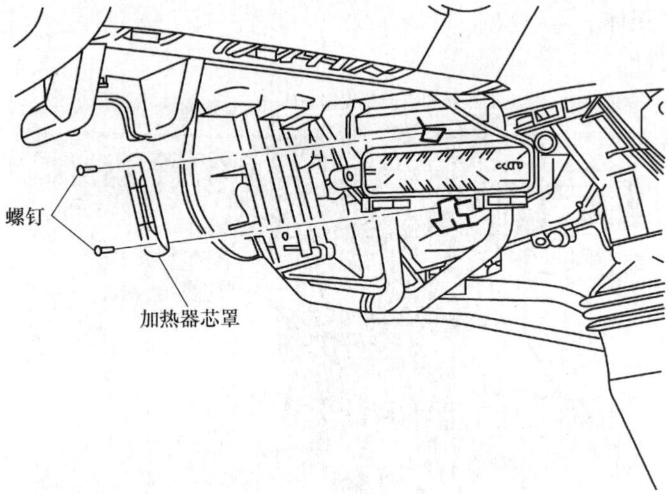

图 3-34　加热器芯罩

6）拆下两个加热器芯卡箍（见图 3-35）。
7）将两个加热器芯管从加热器芯上拆下。
8）拆下加热器芯。
9）拆下并报废两个加热器芯管密封环。

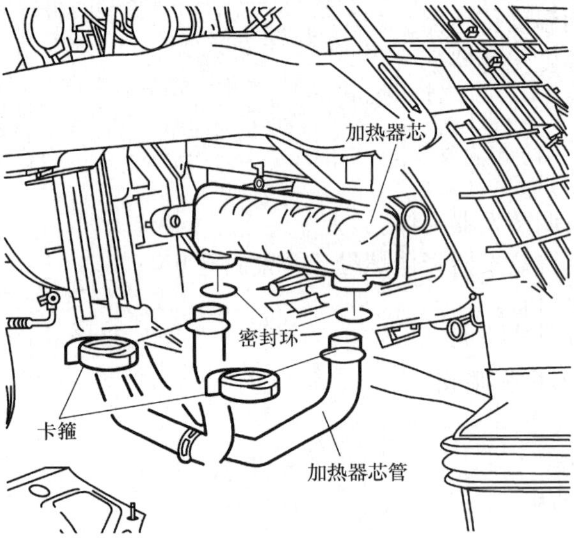

图 3-35　加热器芯

（2）安装程序
1）安装加热器芯。
2）安装两个新的加热器芯管密封环。
3）安装两个加热器芯管。
4）紧固两个加热器芯卡箍。
5）安装加热器芯罩。
6）安装加热器芯罩螺钉，并紧固至 2. 5N · m。
7）安装前地板控制台加长板（左侧）。
8）加注冷却液。

检查评议

（对任务的完成情况进行检查，并对各项重要环节进行赋值评分，填入表3-2中）

表3-2　评价表

序号	检查项目	操作内容	配分	得分
1	加热器与空调蒸发器壳体的更换	蓄电池负极电缆的断开和连接→断开连接	2分	
		回收制冷剂。制冷剂回收和重新加注	4分	
		加热器芯的更换→拆下	4分	
		鼓风机电动机的更换→拆下	4分	
		仪表板横梁的更换→拆下	2分	
		空调模块线束的更换→拆下	2分	
		空调蒸发器热膨胀阀的更换→拆下	2分	
		加热器芯进口管的更换→拆下	2分	
		加热器芯出口管的更换→拆下	2分	
		拆下加热器和空调蒸发器壳体螺栓	2分	
		加热器和空调蒸发器壳体→拆下	2分	
		进气风壳体的更换→拆下	2分	
		模式阀杆的更换→拆下	4分	
		通风阀杆的更换→拆下	2分	
		车内空气温度传感器的更换（左侧下部）→拆下	2分	
		空调制冷剂温度传感器的更换→拆下	2分	
		安装程序相反	7分	
2	加热器芯的更换	排空冷却系统。冷却系统的排放和加注	5分	
		前地板控制台加长板的更换（左侧）→拆下	4分	
		将保护盖和合适的接油盘置于加热器芯下，以保护地毯	4分	
		加热器芯罩螺钉→拆下	4分	
		加热器芯罩→拆下	4分	
		拆下两个加热器芯卡箍	4分	
		将两个加热器芯管从加热器芯上拆下	4分	
		加热器芯→拆下	4分	
		拆下并报废两个加热器芯管密封环	4分	
		安装程序相反	6分	
3	职业素养	学习态度：积极主动参与学习	2分	
		团队协作：善于合作，共同完成	2分	
		责任意识：爱护仪器，作业单填写认真	2分	
		安全规范：有安全意识，操作规范	2分	
		现场管理：6S执行认真，有环保意识	2分	
合计			100分	

问题及防治

1）根据检查情况，总结出完成任务过程中会遇到的问题。

2）小组内探讨如何预防这些问题的发生，也可以由组长汇总后咨询教师。

扩展知识

1. 发动机冷却液

发动机冷却液是暖风系统的关键因素。在压力状态下，冷却液通过加热器进口软管进入加热器芯。加热器芯位于 HVAC 模块内部。冷却液的热量流经加热器芯被流经 HVAC 模块的环境空气吸收。暖风通过 HVAC 模块分配到车厢，以保证乘员的舒适。通过打开或关闭 HVAC 模块空气温度风门控制分配到车厢的暖风量。冷却液通过回流加热器软管流出加热器芯，并且通过发动机冷却系统循环返回。

2. 空调循环

制冷剂是空调系统的关键因素。R134a 是一种超低温气体，能够将车厢内的多余热量和湿气转移至车外。空调压缩机由传动带传动，并在电磁离合器接合时工作。压缩机对气态制冷剂施加压力。压缩制冷剂也会使制冷剂变热。制冷剂通过排放软管从压缩机排出，并被强制流向冷凝器，然后通过空调系统的平衡装置。通过使用高压泄压阀使空调系统获得机械保护。如果高压开关出现故障，或制冷剂系统堵塞且制冷剂压力持续上升，则高压限压阀会弹开并释放系统中的制冷剂。

课后习题

1）汽车空调采暖系统按所使用的热源可分为________采暖系统和________采暖系统。

2）余热采暖系统分为________和________两种。

3）汽车空调供暖系统主要作用是能与________一起将空气调节到令乘员感觉舒适的温度；在冬季向车内提供纯暖气，提高车内________；当车上玻璃________和________时，可以输送热风用来除霜和除雾。

4）单独的暖风机主要由________、水阀、散热器软管、________、空气混合节气门、调节阀和________等组成。

5）水暖式暖风机的工作原理是借助发动机的________实现热的冷却液循环。

任务3　配气系统的检修

任务描述

一辆威朗15S自动领先型车，行驶1×10^5km，客户反映开启空调暖气后下出风口没有暖气，也没有风。面对这样的问题应该如何解决呢？

任务分析

为了完成本次任务，应该做到以下几点。

1）掌握汽车空调配气系统的作用。

2）理解汽车空调配气系统的结构和原理。

3）学会拆装进气阀、通风阀、温度阀、模式阀的操作步骤。

相关知识

1. 配气系统的作用

汽车空调已由单一制冷或供暖方式发展到冷暖一体化形式，由季节性空调发展到全年性空调，真正起到空气调节的作用。配气系统根据空调的工作要求，可以将冷、暖风按照配置送到驾驶室内，满足温度调节的需要。

2. 配气系统的结构和原理

（1）配气系统基本结构　配气系统一般由三部分构成。第一部分为空气进入段，主要由气源门和伺服电动机组成，如图3-36所示。它用来控制新鲜空气和车内再循环空气的进入。

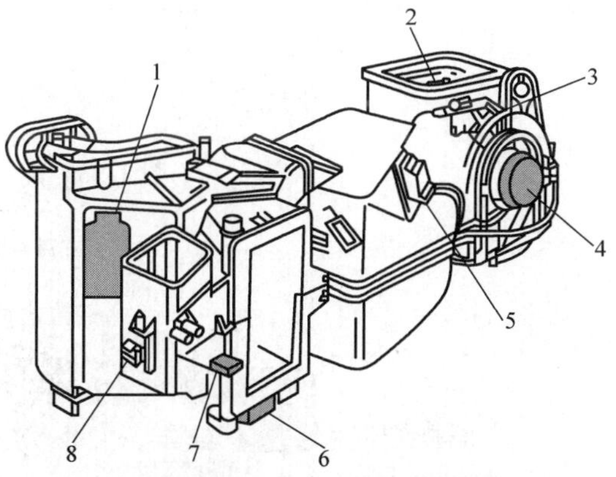

图3-36　配气系统空气进入段

1—脚部除霜风门电动机　2—进气温度传感器　3—气源门位置电动机/再循环空气风门　4—空气鼓风机　5—风机控制单元　6—中间风门位置电动机　7—调温门位置电动机　8—脚部通风温度传感器

第二部分为空气混合段，主要由蒸发器、加热器和调温门组成，如图3-37所示，用来调节所需空气的温度。

第三部分为空气分配段，主要由各种风门和风道组成，用来控制空气的吹向，如图3-38所示。

（2）配气系统工作原理　当调温门处于全开状态时，冷空气经过加热器；当调温门处于全闭状态时，冷空气不经过加热器。这样，只要调温门处于全开或全闭位置，就可得到最高或最低温度空气。也可调节调温门处于全开或全闭之间的不同位置，得到不同温度和湿度的空气。分配段的除霜门、中风门、下风门，可调节空调风吹向风窗玻璃、乘员的中上部或脚部。另外，控制空调器内风机转速，调节空调风的流量，改变人体感觉的温度。其工作过程：新鲜空气 + 车内循环空气→进入鼓风机→混合空气进入蒸发器芯冷却→由调温门进入加热器芯→限流风门→进入各吹风口，如图 3-39 所示。

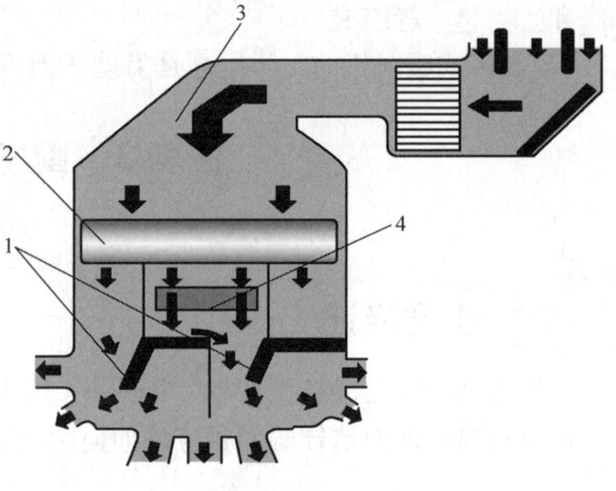

图 3-37　配气系统空气混合段

1—调温门　2—蒸发器　3—空气混合段　4—加热器

3. 手动拉锁式配气系统控制原理

手动拉锁式汽车空调配气系统由操纵杆、拉索和风门组成，控制板上的操纵杆与拉索相连，拉索根据操纵杆的运动操纵风门。空调控制面板如图 3-40 所示。当空调 A/C 开关接通且闭合时，选择功能键不同的位置可以得到不同方向的通风。

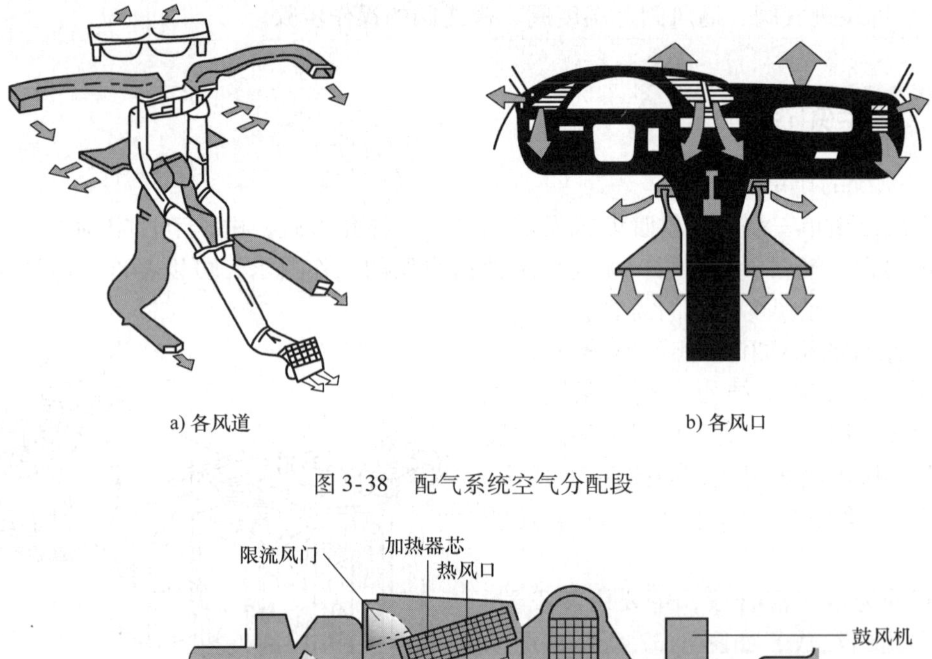

a) 各风道　　b) 各风口

图 3-38　配气系统空气分配段

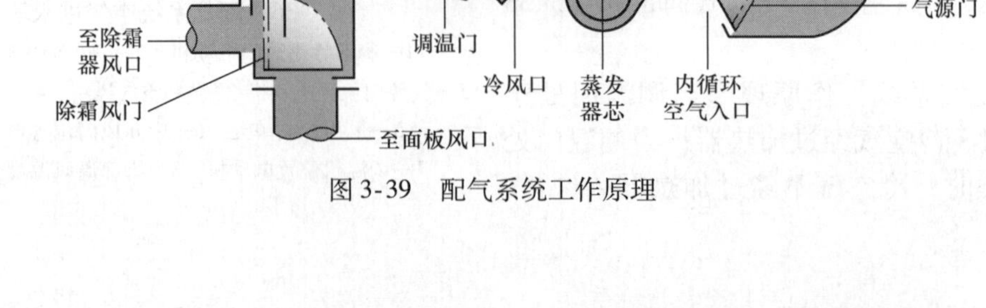

图 3-39　配气系统工作原理

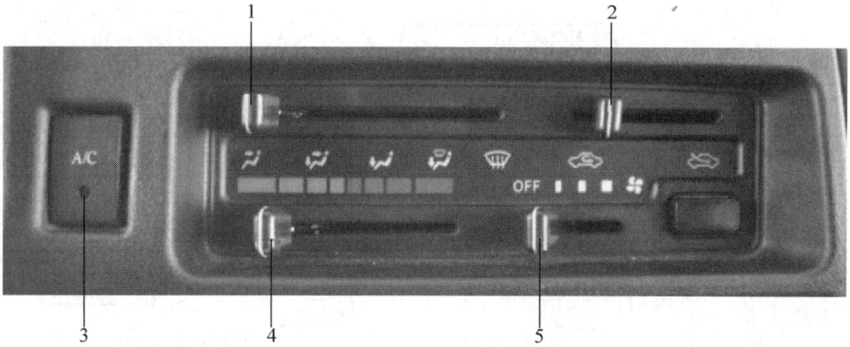

图 3-40　空调控制面板

1—功能选择键　2—内/外循环转换键　3—空调 A/C 开关　4—温度键　5—调风键

当功能选择键位于档时，空调 A/C 开关 3 接通，温度键 4 位于最冷或最热位置，内/外循环转换键 2 位于内循环或外循环位置，调风键 5 位于 I 档时，其配气分配如图 3-41 所示，此时空气通向面板风口。

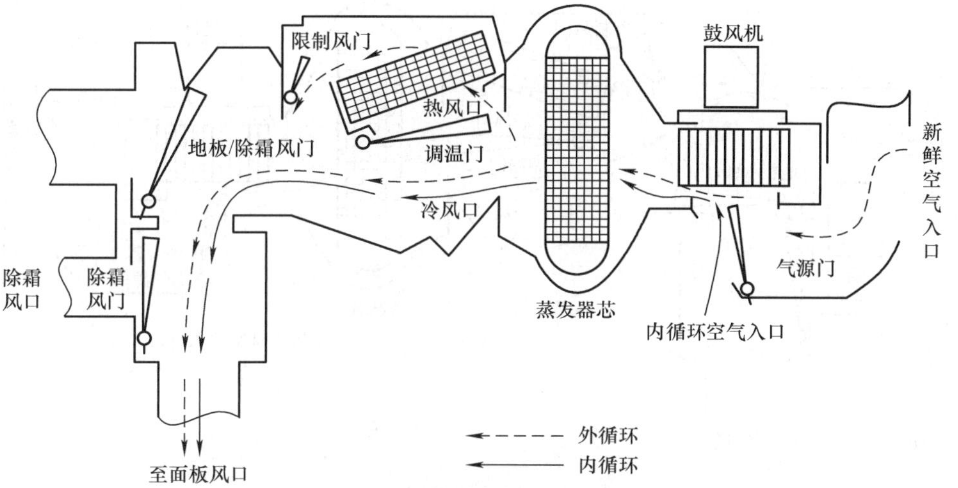

图 3-41　档时的配气分配

当功能选择键位于档时，空调 A/C 开关 3 接通，温度键 4 位于最冷或最热位置，内/外循环转换键位于内循环或外循环位置，调风键位于 I 档时，其配气分配如图 3-42 所示，此时空气通向车地板出口和面板风口。

当功能选择键位于档时，空调 A/C 开关接通，温度键位于最冷或最热位置，内/外循环转换键位于内循环或外循环位置，调风键位于 I 档时，其配气分配如图 3-43 所示，此时空气通向地板出口。

当功能选择键位于档时，空调 A/C 开关接通，温度键位于最冷或最热位置，内/外循环转换键位于内循环或外循环位置，调风键位于 I 档，其配气分配如图 3-44 所示，此时空气通向地板出口和除霜器风口。

当功能选择键位于档时，空调 A/C 开关接通，温度键位于最冷位置，内/外循环转换键位于内循环或外循环位置，调风键位于 I 档时，其配气分配如图 3-45 所示，此时空气通向除霜器风口。

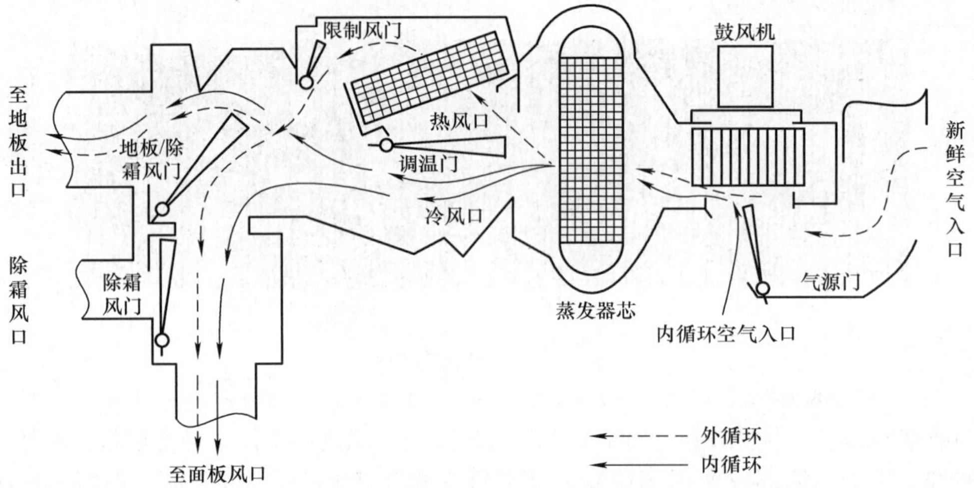

图 3-42 档时的配气分配

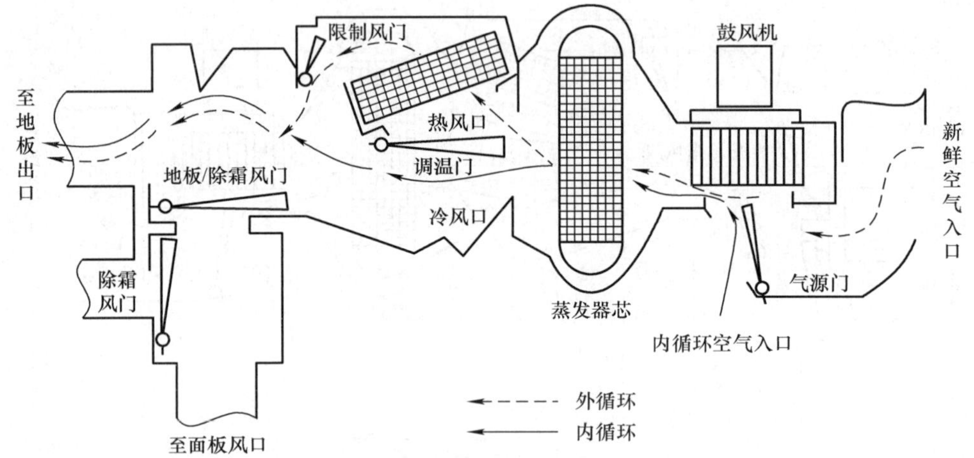

图 3-43 档时的配气分配

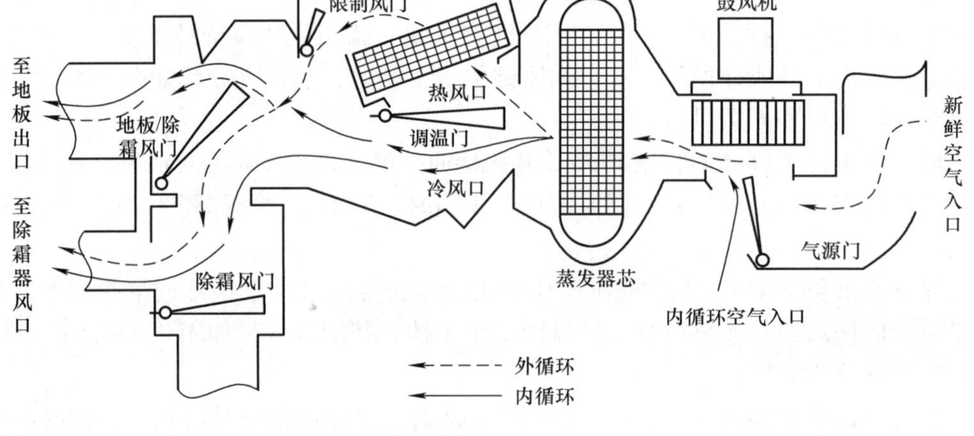

图 3-44 档时的配气分配

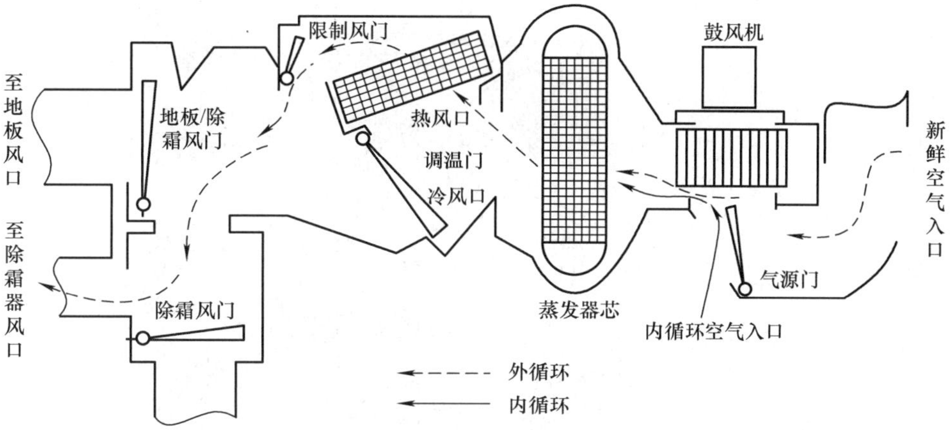

图 3-45 档时的配气分配

任务准备

世达工具套装。

任务实施

1. 进气阀连杆的更换

拆卸进气阀连杆。润滑进气阀连杆以确保正常操作（见图 3-46）。

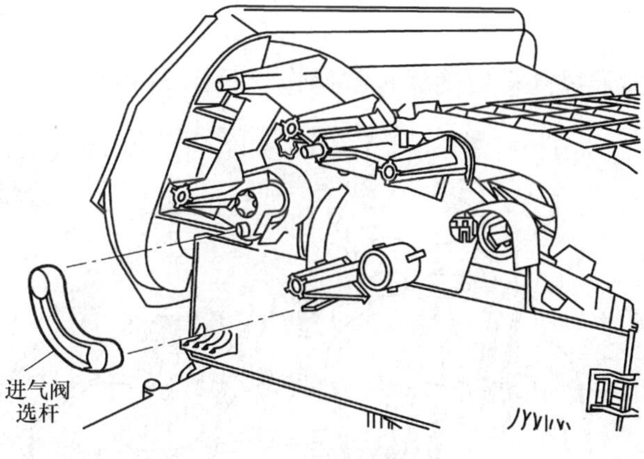

图 3-46 进气阀连杆

2. 温度阀执行器的更换（左侧）（见图 3-47）

拆卸温度阀执行器紧固螺栓（两颗）。安装时紧固至 2.5N·m（见图 3-47）；断开插接器，执行器重新校准；更换温度阀执行器。

3. 模式阀杆的更换

更换模式阀杆。润滑模式阀杆以确保正常操作（见图 3-48）。

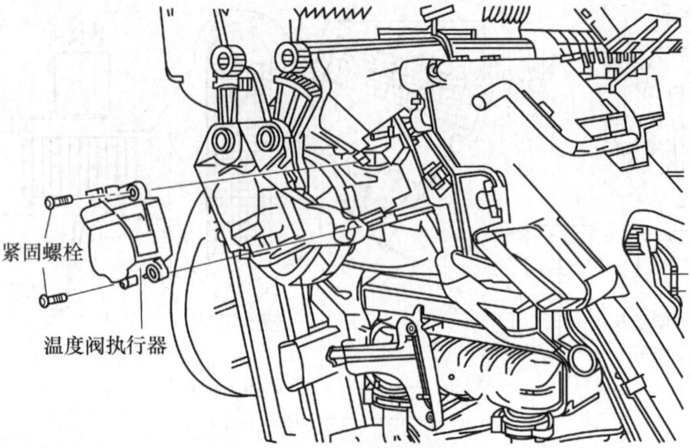

图 3-47　温度阀执行器

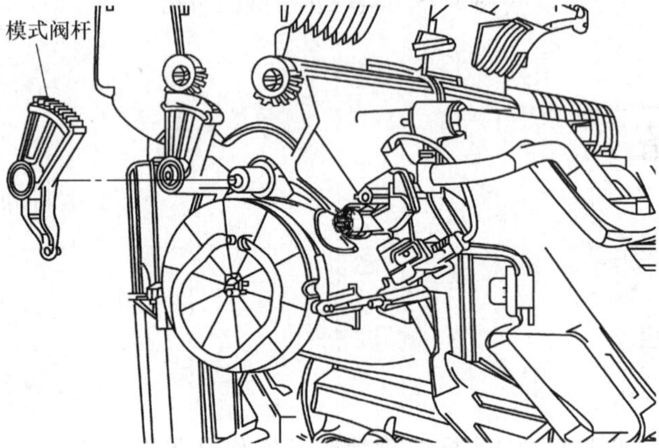

图 3-48　模式阀杆

4. 通风阀杆的更换

更换通风阀杆。润滑通风阀杆以确保正常操作（见图 3-49）。

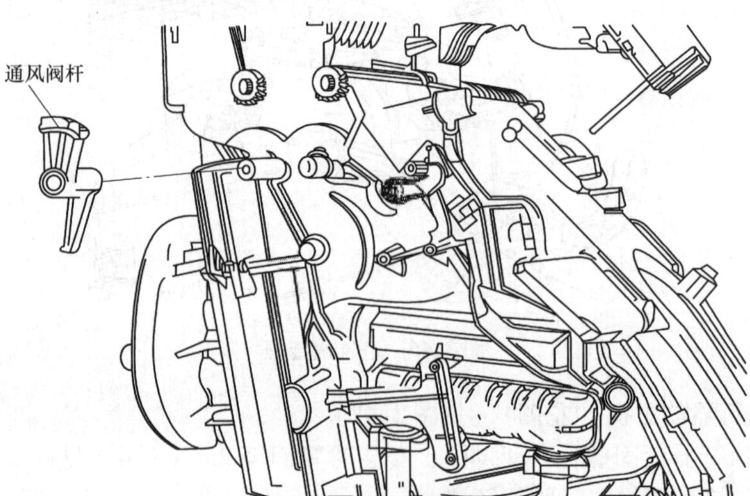

图 3-49　通风阀杆

5. 进气阀杆（前）的更换

更换进气阀杆（前）。润滑进气阀杆（前）以确保正常操作（见图3-50）。

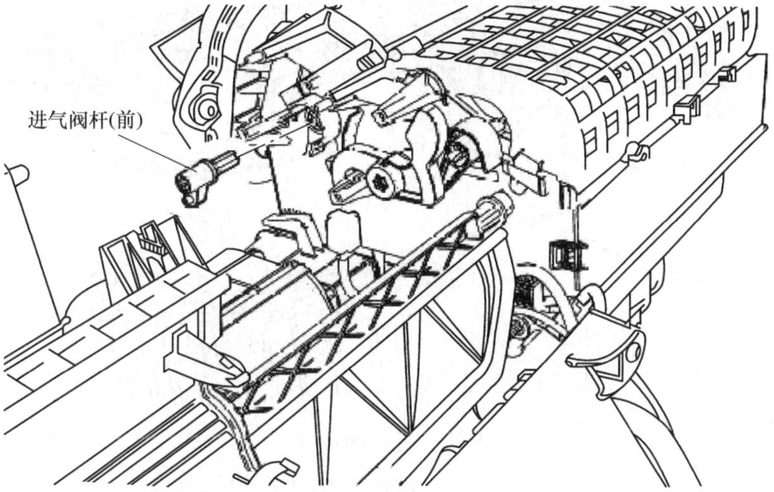

图3-50 进气阀杆（前）

6. 进气阀杆（中）的更换

更换进气阀杆（中）。润滑进气阀杆（中）以确保正常操作（见图3-51）。

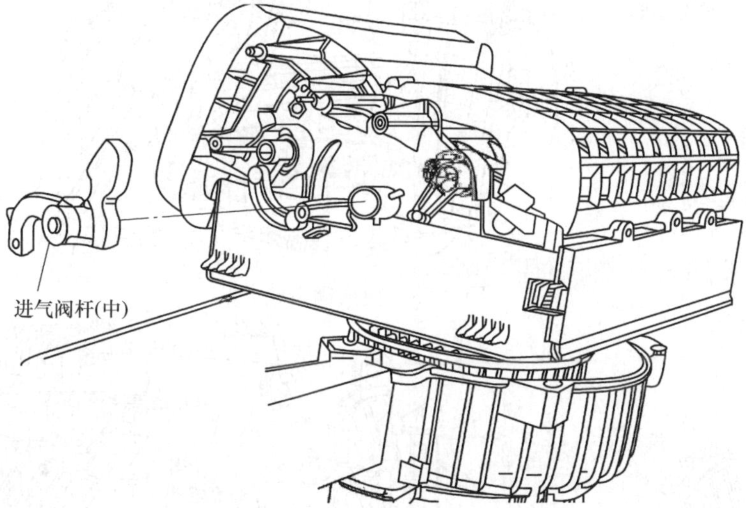

图3-51 进气阀杆（中）

7. 进气阀杆（后）的更换

更换进气阀杆（后）。润滑进气阀杆（后）以确保正常操作（见图3-52）。

8. 模式阀齿轮的更换

更换模式阀齿轮（数量：2）（见图3-53）。

9. 模式控制凸轮的更换

更换模式控制凸轮。润滑模式控制凸轮以确保其正常操作（见图3-54）。

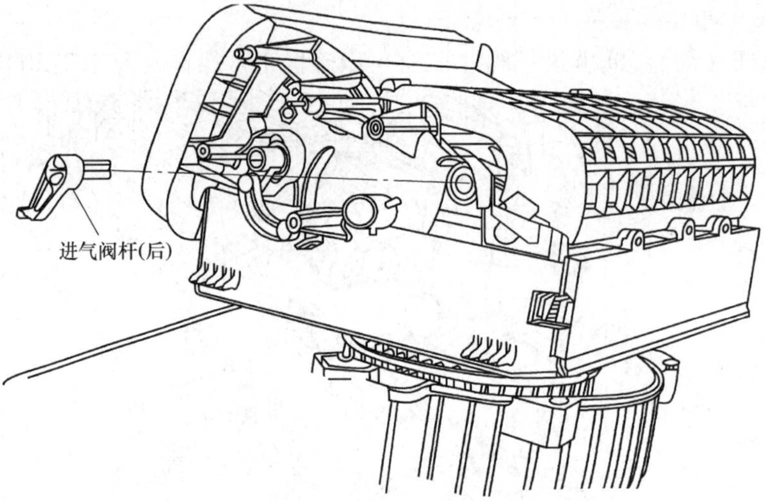

图 3-52　进气阀杆（后）

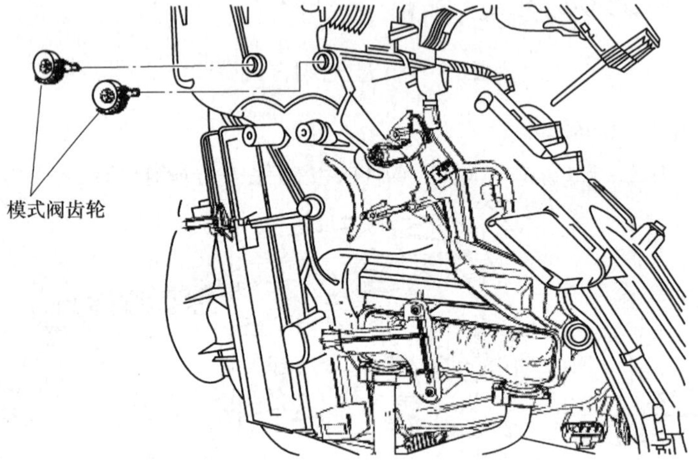

图 3-53　模式阀齿轮

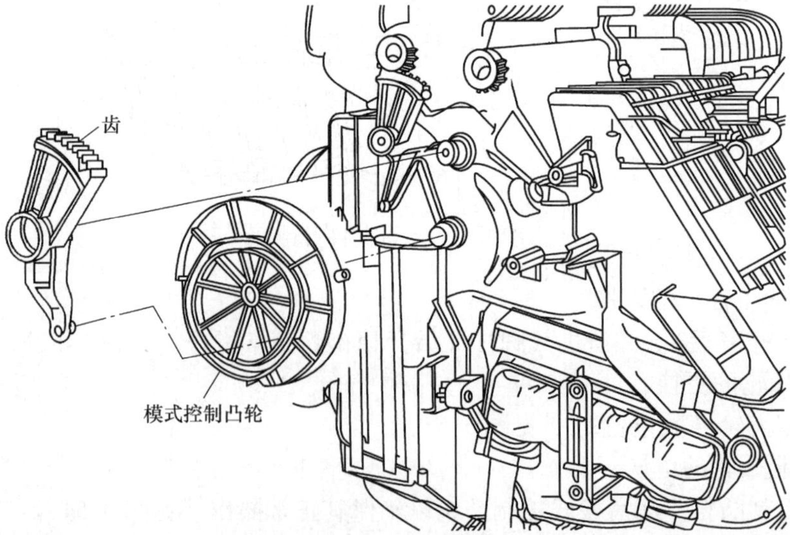

图 3-54　模式控制凸轮

10. 模式控制凸轮执行器的更换

拆卸模式控制凸轮执行器螺栓（数量：2）。安装时紧固至2.5N·m（见图3-55）；断开插接器，执行器重新校准，以获取编程和设置程序；更换模式控制凸轮执行器。

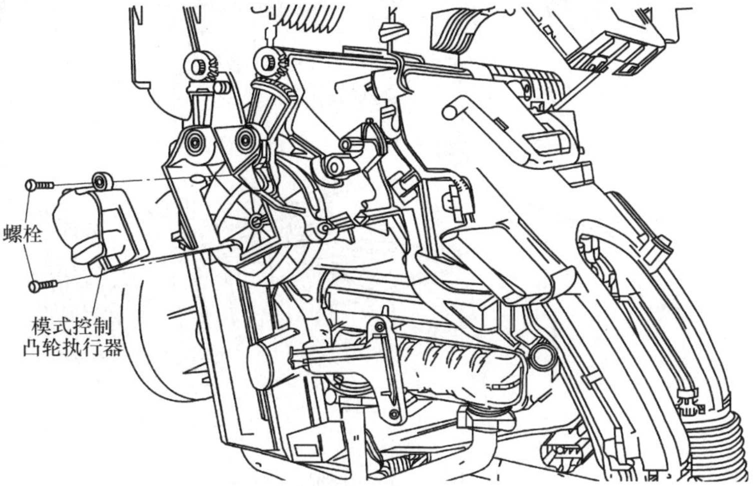

图3-55 模式控制凸轮执行器

11. 模式控制凸轮执行器安装板的更换

拆卸模式控制凸轮执行器安装板螺栓（数量：2）。安装时紧固至2.5N·m；更换模式控制凸轮执行器安装板（见图3-56）。

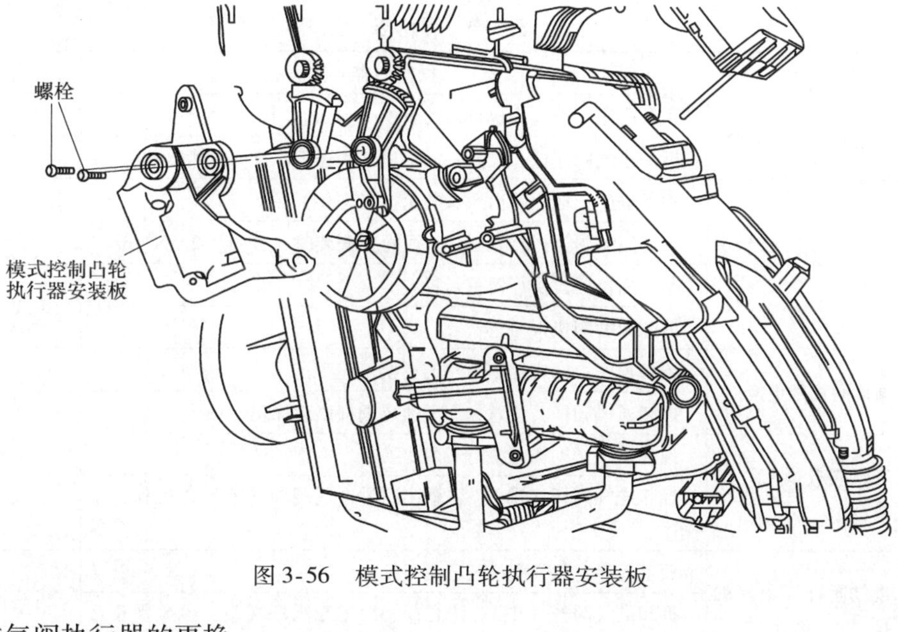

图3-56 模式控制凸轮执行器安装板

12. 进气阀执行器的更换

拆卸进气阀执行器紧固螺栓（数量：2）。安装时紧固至2.5N·m；断开插接器，拆卸进气阀执行器（见图3-57）。

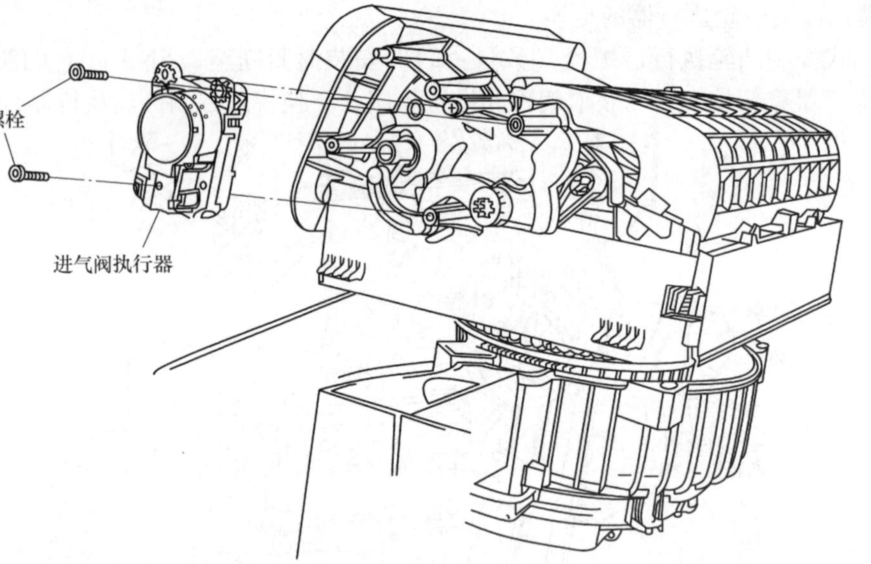

图 3-57　进气阀执行器

检查评议

评价表见表 3-3。

表 3-3　评价表

序号	检查项目	操作内容	配分	得分
1	进气阀连杆的更换	预备程序：进气阀执行器的更换	8 分	
		拆卸进气阀连杆。注意：润滑进气阀连杆以确保正常操作		
2	温度阀执行器的更换（左侧）	预备程序：地板前出风管的更换（左侧）	12 分	
		拆卸温度阀执行器紧固件。注意：安装时，紧固至 2.5N · m		
		断开插接器，执行器重新校准		
		拆卸温度阀执行器		
3	通风阀杆的更换	预备程序：模式控制凸轮的更换	8 分	
		拆卸通风阀杆。注意：润滑通风阀杆以确保正常操作		
4	进气阀杆（前）的更换	预备程序：进气阀执行器的更换	8 分	
		拆卸进气阀杆（前）。注意：润滑进气阀杆（前）以确保正常操作		
5	进气阀杆（中）的更换	预备程序：进气阀执行器的更换	6 分	
		拆卸进气阀杆（中）。注意：润滑进气阀杆（中）以确保正常操作		
6	进气阀杆（后）的更换	预备程序：进气阀杆的更换（中）	6 分	
		拆卸进气阀杆（后）。注意：润滑进气阀杆（后）以确保正常操作		

3 UNIT

（续）

序号	检查项目	操作内容	配分	得分
7	模式阀齿轮的更换	预备程序：拆下通风阀杆	6分	
		拆卸模式阀齿轮（数量：2）		
8	模式控制凸轮的更换	预备程序：模式控制凸轮执行器安装板的更换	6分	
		拆卸模式控制凸轮。润滑模式控制凸轮以确保正常操作		
9	模式控制凸轮执行器的更换	预备程序：拆下左侧温度阀执行器	9分	
		拆卸模式控制凸轮执行器螺栓（数量：2）。安装时紧固至2.5N·m		
		断开插接器。维修后，执行器重新校准，以获取编程和设置程序		
10	模式控制凸轮执行器安装板的更换	预备程序：拆下模式控制凸轮执行器	9分	
		拆卸模式控制凸轮执行器安装板螺栓（数量：2）。安装时紧固至2.5N·m		
		拆卸模式控制凸轮执行器安装板		
11	进气阀执行器的更换	预备程序：仪表板杂物箱的更换	12分	
		拆卸进气阀执行器螺栓。安装时紧固至2.5N·m		
		断开插接器。拆卸进气阀执行器		
12	职业素养	学习态度：积极主动参与学习	2分	
		团队协作：善于合作，共同完成	2分	
		责任意识：爱护仪器，作业单填写认真	2分	
		安全规范：有安全意识，操作规范	2分	
		现场管理：6S执行认真，有环保意识	2分	
合计			100分	

问题及防治

1）根据检查情况，总结出完成任务过程中会遇到的问题。

2）小组内探讨如何预防这些问题的发生，也可以由组长汇总后咨询教师。

扩展知识

暖风系统性能诊断见表3-4。

表3-4 暖风系统性能诊断

步骤	操作	是	否
定义：暖风系统性能			
1	是否根据“症状”或其他故障诊断表的指示来执行该诊断	转至步骤2	转至症状－HVAC系统－自动、症状－HVAC系统－手动
2	起动发动机 使发动机怠速运转 发动机是否达到了正常工作温度	转至步骤3	转至步骤9
3	选择地板送风 选择最小鼓风机转速 选择最暖温度 触摸感觉加热器芯处的加热器进口和出口软管的温度 是否感觉加热器进口软管比出口软管暖	转至步骤7	转至步骤4
4	将温度计安装至仪表板（I/P）中央出风口 将温度计固定在加热器芯出口软管上 选择“PANEL（面板送风）”模式 选择最大鼓风机转速 选择最暖温度设置 记录以下位置的温度： ① 中央仪表板出风口 ② 加热器芯出口软管 比较记录的温度 两个温度读数是否相同	转至步骤5	转至步骤6
5	检查车辆以下部位是否有冷气泄漏情况，并进行修理： ① 前罩板 ② 内循环风门 ③ 暖风、通风与空调系统模块壳体 进行必要的维修 修理是否完成	转至步骤10	
6	检查温度风门的运行温度 进行必要的维修 修理是否完成	转至步骤10	
7	关闭发动机 反向冲洗加热器芯 起动发动机 选择地板送风 选择最小鼓风机转速 选择最暖温度设置 触摸感觉加热器芯处的加热器进口和出口软管的温度 是否感觉加热器进口软管比出口软管暖	转至步骤8	转至步骤10

（续）

步骤	操作	是	否
定义：暖风系统性能			
8	更换加热器芯。参见加热器芯的更换 修理是否完成	转至步骤 10	
9	修理发动机温度过低的故障。参见发动机不能达到正常工作温度 修理是否完成	转至步骤 10	
10	运行系统，检验修理效果 是否发现并排除故障	系统正常	转至步骤 2

课后习题

1）配气系统根据空调的工作要求，可以将________、________风按照配置送到驾驶室内，满足调节需要。

2）配气系统一般由三部分构成：第一部分为________，第二部分为________，第三部分为________。

3）配气系统工作过程：新鲜空气 + 车内循环空气→________→混合空气进入________冷却→由调温门进入________→限流风门→进入各吹风口。

4）手动拉锁式汽车空调配气系统由________、________和风门组成。

5）当空调________接通且闭合时，选择功能键不同的位置可以得到不同方向的通风。

单元4

汽车自动空调控制系统

知识目标

1）掌握自动空调系统控制元件的组成和工作原理。

2）掌握自动空调系统传感器的结构和工作原理。

3）掌握自动空调系统各主要部件控制电路的工作原理。

技能目标

1）能够对自动空调系统执行元件进行检测及诊断。

2）能够对自动空调系统各传感器进行检测及诊断。

3）能够对自动空调系统控制电路进行分析及故障诊断。

任务1　了解自动空调的组成与工作原理

一、任务描述

威朗2018款三厢2.0T双离合精英型车，配置为自动空调，怎样操控它的自动空调呢?

二、任务分析

为了完成本任务，应该做到以下几点。

1）知道自动空调系统的特点。

2）知道自动空调系统的组成。

3）理解自动空调系统的工作原理。

三、相关知识

1. 自动空调系统的特点

自动空调系统能通过程序装置检测空气温度，调节气流混合门位置来达到并保持驾驶人预先设置的舒适温度。自动空调系统的特点可归纳如下。

1）空气流动的路线和方向可以自动调节，并迅速达到所需的最佳温度。

2）在天气不是很热时，使用设置的“经济档”控制，将空气压缩机关掉，但仍有新鲜空气进入车内，既保证一定舒适性要求，又节省燃料。

3）具有网端诊断功能，能迅速向控制单元（ECU）传递所需要的信号，给检测、维修带来很大方便。

2. 自动空调系统的基本组成

自动空调和手动空调的机械部分基本一致，机械部分的故障诊断和修理方法也基本相同。它们的区别在于控制系统，自动空调系统采用了各种传感器、伺服电动机、控制模块和程序装置带动执行机构。

汽车自动空调系统的基本组成及控制原理框图如图 4-1 所示。其基本工作模式为：传感器→空调放大器（空调控制单元 ECU）→控制执行器。其中，传感器用来检测汽车工作中的相关信息（如压缩机工况，车内外、导风管及环境日照辐射的温度等），并将信息变换成相应的物理量（电压、电流、电阻等），传给空调放大器，经过分析、比较及运算等处理，输出指令，控制执行器完成相应的工作。

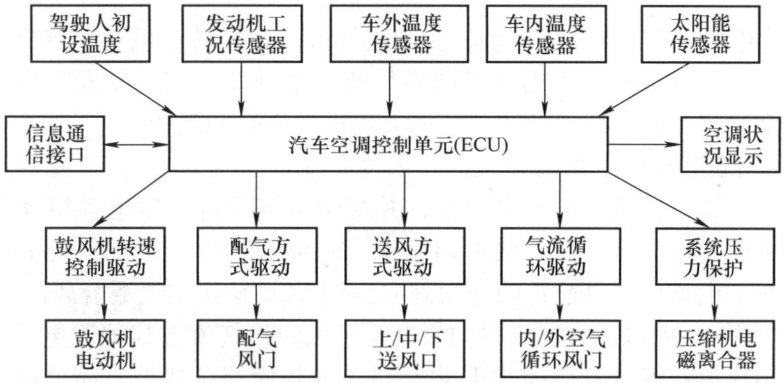

图 4-1　汽车自动空调系统的基本组成及控制原理框图

自动空调电子控制系统主要由传感器、执行元件和空调控制单元（ECU）三部分组成，其结构组成及控制示意图如图 4-2 所示。自动空调可以分为半自动和全自动两种，它们的主要区别在于是否有自诊断功能，其他区别是执行机构的形式和传感器的数量。

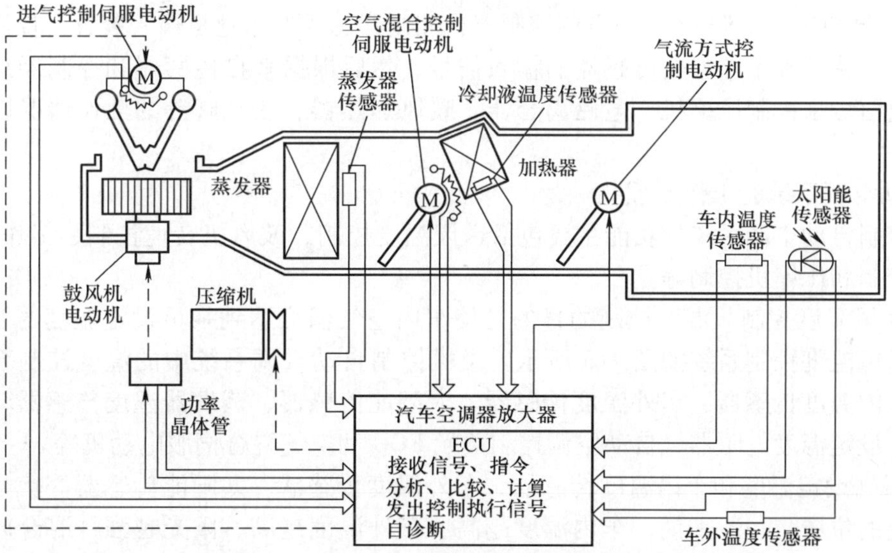

图 4-2　自动空调的结构组成及控制示意图

（1）传感器

1）车内及车外温度传感器。两者均为负温度系数热敏电阻传感器，分别用来检测车内及车外温度。它们根据温度的变化改变电阻值并发送此信号给 ECU。

2）蒸发器温度传感器。此传感器通过检测蒸发器内的空气温度或蒸发器表面的温度变化，以此来控制压缩机电磁离合器的接合与断开。

3）冷却液温度传感器。通过检测冷却液温度，将温度信号发送给 ECU 以控制低温时鼓风机的转速。

4）太阳能传感器。该传感器为一个光电二极管，利用光电效应把阳光照射量变化转化为电流值变化的信号并发送给 ECU，以控制空调吹出风的温度及风量。

（2）执行元件　自动空调的执行元件一般包括伺服电动机、压缩机电磁离合器及鼓风机等。

1）进气伺服电动机。进气伺服电动机控制进气方式，其转子经连杆与进气门连接。当驾驶人使用进气方式控制键选择"车内空气循环"或"车外新鲜空气导入"模式时，ECU 控制该电动机旋转带动进气风门开启或关闭，从而实现进气方式的改变。

2）空气混合伺服电动机。当驾驶人进行温度控制时，空调 ECU 首先根据设置的温度及各传感器输送的信号计算出所需的出风温度，并控制空气混合伺服电动机连杆顺时针方向或逆时针方向转动，改变空气混合风门的开启角度，从而改变冷、暖空气的混合比例，调节风温至与计算值相符。电动机内电位计的作用是向空调 ECU 输送空气混合风门的位置信号。

3）出风模式伺服电动机。出风模式伺服电动机也叫作气流方式伺服电动机。当驾驶人操纵面板上的某个出风模式键时，空调 ECU 电动机上的相应端子接地，而电动机内的驱动电路据此使电动机连杆转动，将送风控制风门转到相应的位置，打开某个送风通道。

4）最冷控制伺服电动机。最冷控制伺服电动机的风门有全开、中开和全闭 3 个位置。当空调 ECU 使某个位置的端子接地时，电动机驱动电路使电动机旋转，带动最冷控制风门位于相应的位置上。

（3）空调 ECU　空调 ECU 即空调控制器，控制器总成上的键是输入装置。控制器接收来自车内温度传感器和车外温度传感器的输入信号，然后根据来自传感器和控制器总成上各键的输入输出信号来控制压缩机、电磁离合器、暖风加热器、热水阀等的工作情况以及模式门位置。

3. 自动空调系统的工作原理

微机控制自动空调系统的功能主要包括送风温度控制、鼓风机转速控制、工作模式控制、进气模式控制和压缩机控制等。

（1）送风温度控制　温度控制的目的是使车内空气温度达到乘员设定温度的要求，并保持稳定。送风温度控制系统如图 4-3 所示。微机控制自动空调系统中的温度控制系统的基本组成包括车内温度传感器、车外温度传感器、太阳能传感器、蒸发器温度传感器、冷却液温度传感器、设定温度电阻器、自动空调控制单元 ECU 和空气混合伺服电动机等。

ECU 根据设定温度和车内温度传感器、车外温度传感器、太阳能传感器等信号，自动调节混合风门的位置。一般来说，车内温度越高、车外温度越高、阳光越强，混合风门就越接近"全冷"位置。ECU 根据车内温度和车外温度控制空气混合风门的位置。如图 4-4 所示，若车内温度为 35℃，则混合风门处于最冷位置；若车内温度为 25℃，则混合风门处于 50% 的位置。

空气混合风门伺服电动机的控制电路如图 4-5 所示。

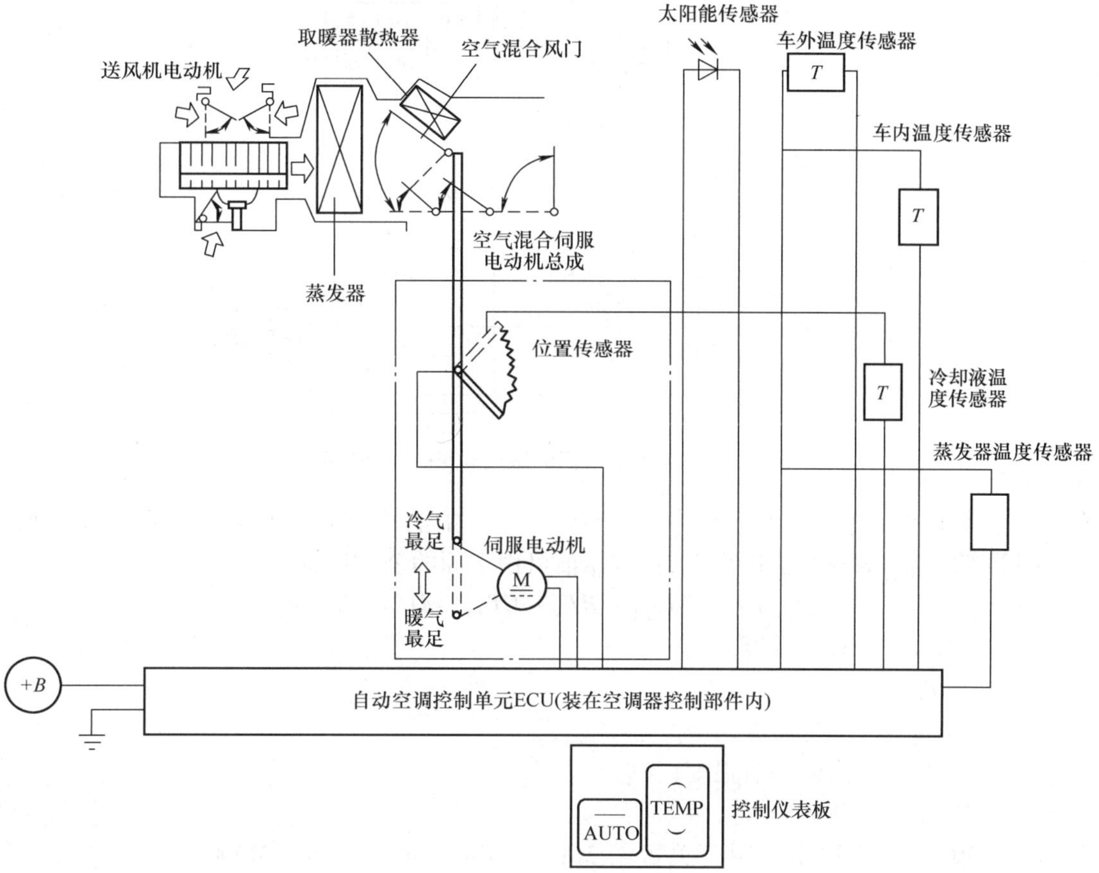

图 4-3　送风温度控制系统

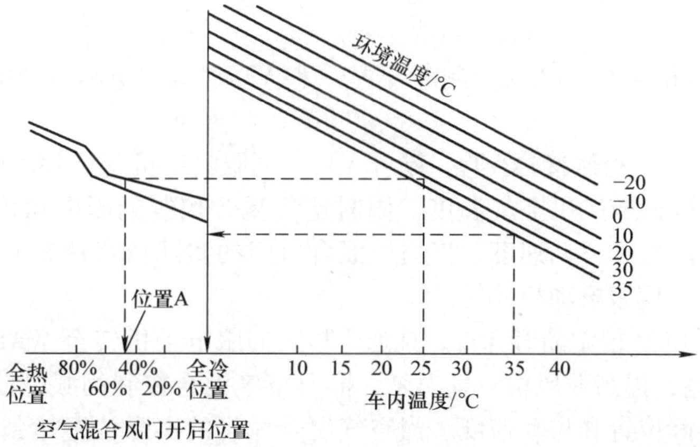

图 4-4　温度控制的规律

温度控制系统的工作过程如下。

1）T_{AO}值是车内温度保持在设定温度所必需的鼓风机出风口空气温度，是空调控制器根

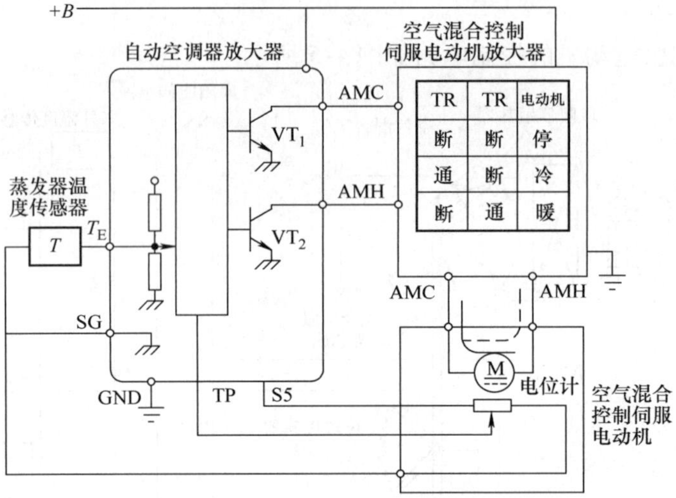

图 4-5　空气混合风门伺服电动机的控制电路

据输入信号（车内温度传感器、车外温度传感器、太阳能传感器）和温度设定计算出来的。空调控制器参照 T_{AO} 对执行器进行控制。T_{AO} 值可由下面的公式计算，即

$$T_{AO}=AT_{SET}-BT_{R}-CT_{AM}-DT_{S}+E$$

式中　T_{SET}——设定温度；

T_{R}——车内温度；

T_{AM}——车外温度；

T_{S}——太阳辐射强度；

A，B，C，D，E——常数。

需要注意的是，当温度控制开关置于 MAXWARM（最大暖风）/MAXCOOL（最大冷风）位置时，ECU 采用某一固定值，不按上述公式计算。

2）ECU 比较 T_{AO} 和蒸发器温度信号 T_{E}，通过空气混合控制伺服电动机控制空气混合气风门的位置。

当 T_{AO} 和 T_{E} 近似相等时，ECU 控制断开 VT_1 和 VT_2。伺服电动机断电停止，空气混合风门保持在当时的位置。

当 $T_{AO}<T_{E}$ 时，ECU 控制接通 VT_1，断开 VT_2。伺服电动机转至 COOL 侧，带动空气混合风门移至 COOL 侧，降低鼓风机空气温度。同时空气混合控制伺服电动机内的电位计检测出空气混合风门的实际位置和移动速度，当空气混合风门的实际位置达到 ECU 计算出的理论位置时，ECU 关断 VT_1，伺服电动机停转。

当 $T_{AO}>T_{E}$ 时，ECU 控制断开 VT_1，接通 VT_2。伺服电动机转至 WARM 侧，带动空气混合风门移至 WARM 侧，提高鼓风机空气温度。同时空气混合控制伺服电动机内的电位计检测出空气混合风门的实际位置和移动速度，当空气混合风门的实际位置达到 ECU 计算出的理论位置时，ECU 关断 VT_2，伺服电动机停转。

（2）鼓风机转速控制　鼓风机转速控制系统的控制电路如图 4-6 所示。

鼓风机转速控制的目的是调节降温或升温的速度，稳定车内温度。鼓风机转速控制系统主要由冷却液温度传感器、蒸发器传感器、鼓风机电阻器、功率晶体管、ECU、鼓风机电动

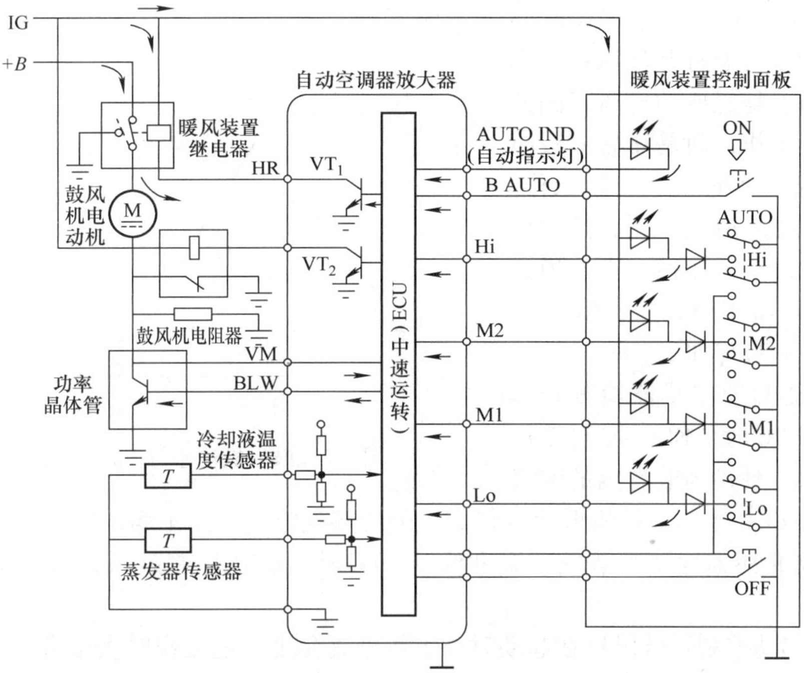

图 4-6　鼓风机转速控制系统的控制电路

机和控制面板等组成。其中功率晶体管的作用是根据 ECU 的 BLW 端子输出的鼓风机驱动信号改变鼓风机电动机的电流，从而改变鼓风机的转速。

控制类型如下。

1）自动控制。当控制面板上 AUTO（自动）开关接通时，ECU 根据 T_{AO}值自动控制鼓风机转速。鼓风机转速与 T_{AO}信号值的关系如图 4-7 所示。随冷却液温度的升高，鼓风机工作电压逐渐增大，转速增大，风力增强。鼓风机低速运转时，ECU 接通 VT_1，暖风装置继电器通电闭合，电流方向为蓄电池→暖风装置继电器→鼓风机电动机→鼓风机电阻器→搭铁，鼓风机低速运转。同时控制面板 AUTO（自动）指示灯和 Lo（低速）指示灯均亮。鼓风机中速运转时，ECU 接通 VT_1，使暖风装置继电器通电闭合，ECU 根据计算出的 T_{AO}值从 BLW 端子输出信号至功率晶体管，电流方向为蓄电池→暖风装置继电器→鼓风机电动机→鼓风机电阻器和功率晶体管→搭铁，鼓风机中速运转。同时 ECU 从与功率晶体管相连的 VM 端子接收反馈信号，检测鼓风机实际转速，依此修正鼓风机驱动信号。此时控制面板 AUTO（自动）指示灯亮；Lo（低）、M1（中 1）、M2（中 2）、Hi（高）指示灯根据鼓风机转速点亮。

鼓风机以特高速度运转时，ECU 接通 VT_1 和 VT_2，使暖风装置继电器和鼓风机继电器闭合。电流方向为蓄电池→暖风装置继电器→鼓风机电动机→鼓风机风扇继电器→搭铁，鼓风机以特高速度运转，同时控制面板 AUTO（自动）和 Hi（高速）指示灯亮。

2）预热控制。冬天，车辆长时间停放后，若马上打开鼓风机，则吹出的是冷空气而不是想要的暖风，因此，鼓风机要在冷却液温度升高时，才能逐步转向正常工作。鼓风机预热控制时，控制面板 AUTO（自动）开关接通，工作模式设为 FOOT 或 BILEVEL，ECU 根据冷却液温度传感器检测发动机冷却液的温度。当冷却液温度低于 30℃时，鼓风机停转；当冷却液温度高于 30℃时，鼓风机正常运转。

3）时滞控制。夏天，汽车长时间停驻在太阳下，若马上打开鼓风机，则吹出的是热风而不是想要的冷风，因此鼓风机不能马上工作，而是滞后一段时间，待蒸发器温度降低后才开始工作。当发动机运转，压缩机已工作，控制面板AUTO（自动）开关接通，工作模式设置在FACE或BILEVEL时，ECU对鼓风机的时滞控制过程如下。

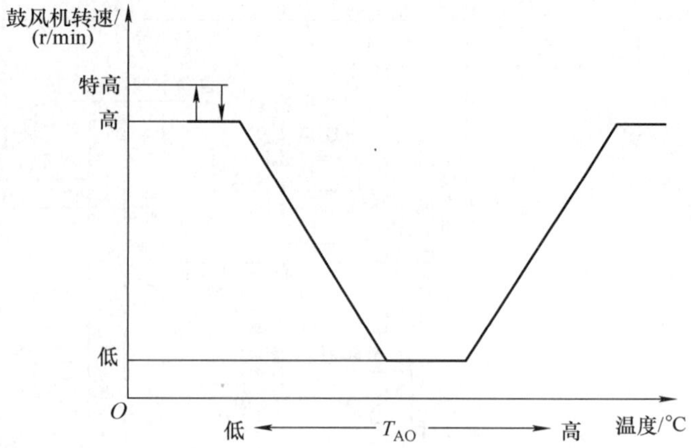

图4-7 鼓风机转速与T_{AO}信号值的关系

① 当蒸发器温度传感器检测到蒸发器温度高于30℃时，ECU控制鼓风机电动机关断4s，使冷风装置内的空气冷却降温。此后ECU控制鼓风机低速运转5s，使冷却的空气送至车厢，如图4-8a所示。

② 当蒸发器传感器检测到蒸发器温度低于30℃时，ECU控制鼓风机低速运转5s，如图4-8b所示。

4）鼓风机起动控制。鼓风机在起动时，工作电流会比稳定工作时大很多，为了防止烧坏鼓风机控制模块，不论鼓风机目标转速是多少，在鼓风机起动时均应为低速运转，然后才逐步升高，直至目标转速。当鼓风机起动，ECU控制暖风装置继电器闭合时，电流流过鼓风机电动机和电阻器，电动机低速运转，2s后ECU通过BLW端子向功率晶体管输出驱动信号，从而防止功率晶体管被起动电流损坏。

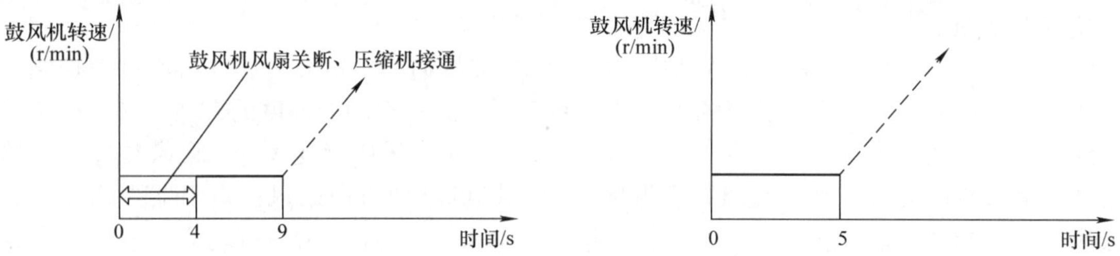

图4-8 时滞控制

5）车速补偿。车速高时，迎面风冷却强度大，鼓风机的转速可适当降低，使之与低速时具有一样的感觉，如图4-9所示。

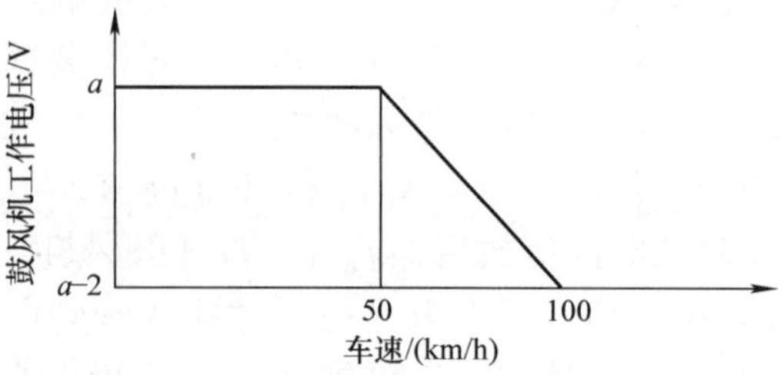

图4-9 车速补偿控制规律

a—理想工作电压

6）极速控制。有些车型，当设定温度处于最低（18℃）时，鼓风机会固定为高速运转。这种方式称为极速控制。

7）手动控制。ECU 根据控制面板手动开关的操纵信号，将鼓风机驱动信号送至功率晶体管，相应地控制鼓风机的转速。

（3）工作模式控制　此模式的目的是调节送风方向，从而提高舒适性。工作模式控制系统主要由传感器、工作模式控制伺服电动机、控制面板和 ECU 等组成。在手动模式中，模式风门有吹脸、吹脚、除雾、吹脚/除雾、双层 5 种位置。在自动模式中，模式风门一般有双层、吹脚和吹脸 3 种位置，ECU 根据传感器信号按照“头冷脚热”的原则自动调节模式风门的位置。ECU 根据 T_{AO} 值控制工作模式，其控制规律如图 4-10 所示，控制电路如图 4-11 所示。

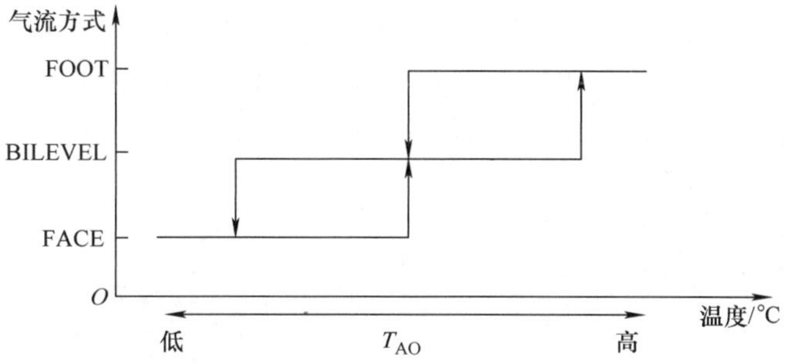

图 4-10　工作模式控制规律

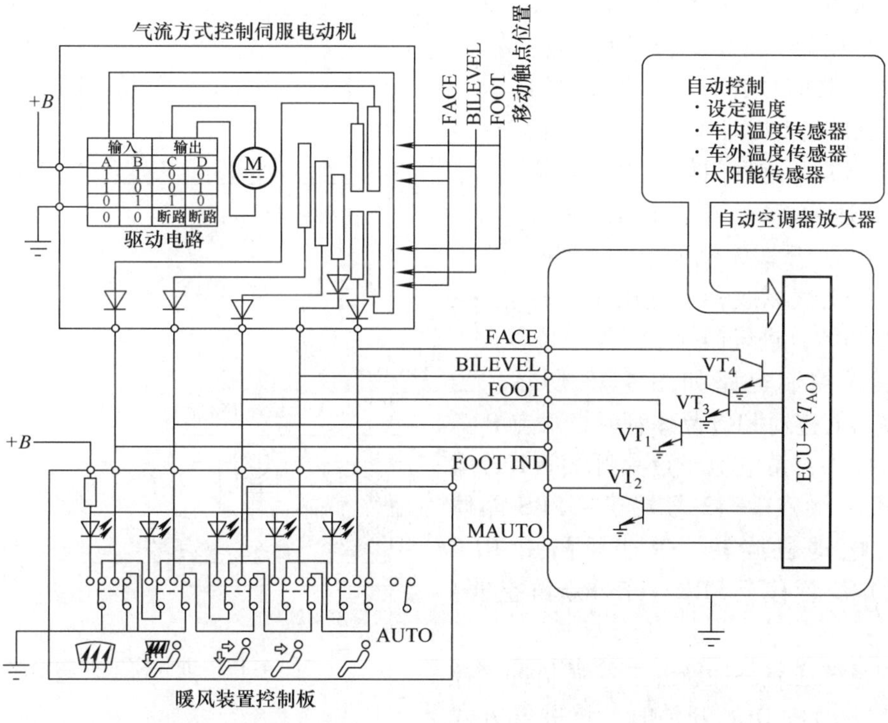

图 4-11　工作模式控制电路

当 T_{AO}从低变高时，原来气流方式控制伺服电动机内的移动触点位置发生变化。

ECU 接通 VT_1，使驱动电路输入信号端 8 端子通过 VT_1 搭铁为 0，A 端子断路为 1。此时驱动电路输出端 D 端子为 1，C 端子为 0，电流由 D 端子输出，C 端子流回，电动机旋转，内部触点由 FACE 位置移到 FOOT 位置，电动机停转，出气方式由 FACE 方式转为 FOOT 方式。同时 ECU 接通 VT_2，使控制面板上的 FOOT 指示灯点亮。

当 T_{AO}已从高变至中时，原来气流方式控制伺服电动机内的移动触点位于 FOOT 位置。ECU 接通 VT_3，使驱动电路输入信号端 A 端子通过 VT_3 搭铁为 0，B 端子断路为 1。此时驱动电路输出端 C 端子为 1，D 端子为 0，电流由 C 端子输出，D 端子流回，电动机旋转，内部触点由 FOOT 位置移到 BILEVEL 位置，电动机停转，出气方式由 FOOT 方式转为 BILEVEL 方式。同时 ECU 控制面板上的 BILEVEL 指示灯点亮。

当 T_{AO}已从中变至低时，原来气流方式控制伺服电动机内的移动触点位于 BILEVEL 位置。ECU 接通 VT_4，使驱动电路输入信号端 A 端子通过 VT_4 搭铁为 0，B 端子断路为 1。此时驱动电路输出端 C 端子为 1，D 端子为 0，电流由 C 端子输出，D 端子流回，电动机旋转，内部触点由 BILEVEL 位置移到 FACE 位置，电动机停转，出气方式由 BILEVEL 方式转为 FACE 方式。同时 ECU 控制面板上的 FACE 指示灯点亮。

（4）进气模式控制　进气模式控制的目的是调节进入车内的新鲜空气量，使车内空气温度和质量达到最佳。在手动模式中，进气门只有内循环和外循环两种位置。在自动模式中，进气门一般有内循环（REC）、20% 新鲜空气（FRE）和外循环（FRE）3 种位置。ECU 根据传感器信号自动调节进气门的位置，其控制规律如图 4-12 所示。若车内温度为 35℃，进气门处于内循环位置，可以快速降温；若车内温度为 30℃，进气门处于 20% 新鲜空气位置，引进部分新鲜空气以改善空气质量；若车内温度为 25℃，进气门处于外循环位置。

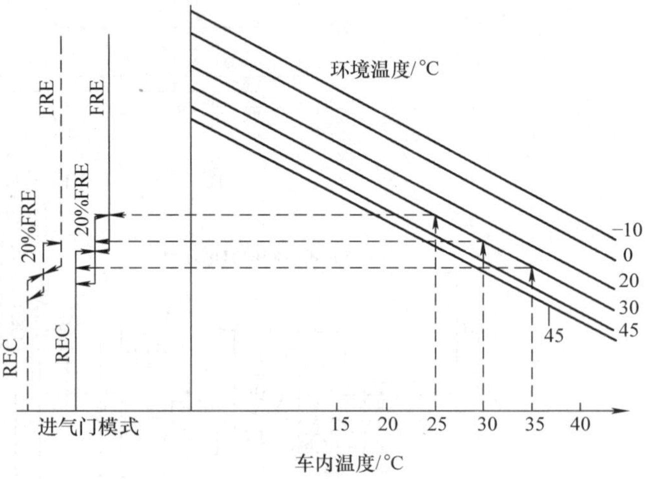

图 4-12　进气模式控制的控制规律

进气模式控制电路如图 4-13 所示。当 ECU 根据 T_{AO}值接通 FRS 晶体管时，触点 B 搭铁，电流方向为：蓄电池→点火开关→1 号端子→电动机→触点 B→3 号端子→FRS 晶体管→搭铁，电动机旋转，带动风门由 REC（车内循环）位置移至 FRE（车外新鲜空气）位置。

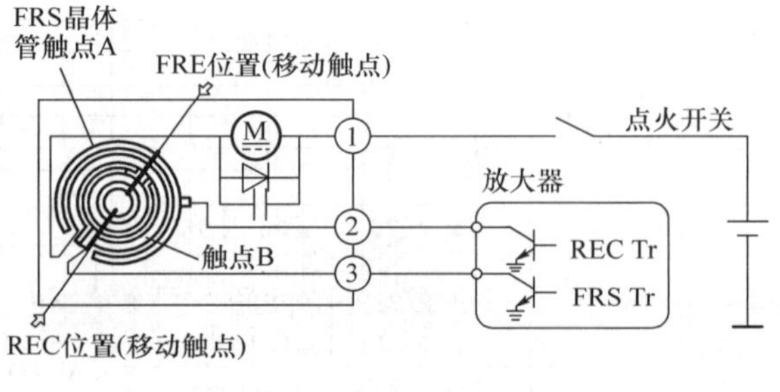

图 4-13　进气模式控制电路

该控制系统还有一种新鲜空气强制进气控制功能，当手动按 DEF 开关时，将进气方式强制转变为 FRE 方式，以清除风窗玻璃上的雾气。此外，进气模式控制还可以改变新鲜空气与循环空气的混合比例。

（5）压缩机控制

1）基本控制。ECU根据车内温度、车外温度、蒸发器温度和设定温度等参数，自动控制压缩机的通断，调节蒸发器表面温度，并防止蒸发器表面结冰。

2）低温保护。当车外环境温度低于某值（3℃或8℃）时，压缩机停止工作，防止压缩机产生损耗。

3）高速控制。当发动机转速超过某转速时，压缩机停止工作，防止因压缩机转速过高而造成损坏。

4）加速切断。当发动机处于急加速工况时，为了保证发动机能提供足够的动力，压缩机暂时停止工作。

5）高温控制。当发动机冷却液温度超过某值（109℃）时，压缩机停止工作，防止发动机冷却液温度进一步上升。

6）打滑保护。当压缩机卡死导致传动带打滑时，压缩机停止工作，防止传动带负荷过大而断裂，进而影响发电机等的工作。

7）低速控制。当发动机转速低于某转速（600r/min）时，压缩机停止工作，防止发动机失速。

8）低压保护。当制冷系统压力低于某值（500kPa）时，压缩机停止工作，防止压缩机在系统制冷剂不足的条件下工作，造成压缩机损坏。

9）高压保护。当系统压力超过某值（2800kPa）时，压缩机停止工作，防止空调系统瘫痪。

10）可变排量压缩机的控制。可变排量压缩机有全容量（100%）运转、半容量（50%）运转和停止运转3种工作模式。ECU根据空调系统冷气负荷的大小，控制压缩机的排量变化，以减少能量的浪费。可变排量压缩机的控制系统主要有两种类型：一种是根据冷却液温度进行控制；另一种是根据蒸发器表面温度进行控制。

根据冷却液温度进行控制的方法：当发动机冷却液温度过高时，ECU根据冷却液温度传感器信号，控制压缩机以半容量模式运转，防止发动机过热；反之，当发动机冷却液低于某值时，ECU控制压缩机以全容量模式运转，满足制冷需要。

根据蒸发器表面温度进行控制的方法：当蒸发器表面温度大于某值（40℃）时，ECU控制压缩机以全容量模式运转，以降低蒸发器的表面温度；当蒸发器表面温度低于某值（40℃）时，ECU控制压缩机以半容量模式运转，以降低能耗；当蒸发器表面温度低于3℃时，ECU控制压缩机停止运转，防止损坏压缩机。

任务准备

实训整车。

任务实施

图4-14所示为威朗轿车自动空调控制面板。

图 4-14 威朗轿车自动空调控制面板

1—开关 2—制冷开关 3—内循环 4—出风口切换（地板和除雾器出风口/仪表板出风口/地板出风口） 5—前风窗玻璃除雾 6—后风窗玻璃加热 7—温区同步 8—主驾温度调节旋钮 9—风量调节 10—自动空调 11—副驾温度调节旋钮

1. 按钮名称及作用

1）ON/OFF：开启/关闭空调。

2）A/C：制冷开关，若在冬季需暖风，则无须开启。

3）内循环：切换内/外循环模式。其中内循环的作用是阻隔车外污浊空气及让空调使车内迅速降温或升温并保温；外循环的作用是让车内空气与外部空气交换，改善车内空气质量。车辆在行驶过程中，应视情况切换内外循环配合使用。

4）出风口切换：除雾时切换至地板和除雾器出风口模式，暖风一般从地板出风口出风，冷风一般从仪表板出风口出风。AUTO 模式下，可视情况自动控制风的出风口。

5）前风窗玻璃除雾（MAX）：风窗玻璃起雾时，启用前风窗玻璃除雾功能。冷风和暖风均可除雾，但需注意，刚开始用暖风除雾会使雾气加重，等热风将风窗玻璃吹干时即达到除雾效果，因此暖风除雾应该停车时使用，以保证安全。

6）后风窗玻璃加热（REAR）：用于后风窗玻璃除霜除雾，一般为电阻丝加热。

7）温区同步 SYNC：正副驾驶室温度同步。

8）主驾温度调节旋钮：调节主驾驶室温度。

9）风量调节：调节风量。

10）AUTO：自动空调模式选择。

11）副驾温度调节旋钮：调节副驾驶室温度。

2. 操控方式

1）选择 AUTO 模式前，先通过主驾/副驾温度调节旋钮预设温度。AUTO 功能打开后，汽车判断当前车内温度和预设温度（温度调节旋钮指示温度）。

① 车内温度较高时，A/C 打开，开始制冷，直到车内气温降到预设温度。一般的车内自动空调，当车内达到预设温度后会降低风量，压缩机调至低负载运行，维持车内温度。对于较高级的自动空调，达到预设温度后，压缩机会停止工作，降低风量，但不会停止出风，之后继续对比车内气温和预设温度，视情况开关制冷，增强或降低风量，维持车内温度，周而复始。

② 车内温度较低时出暖风，随着逐渐达到预设温度同步降低风量，之后通过自动控制风量，将车内温度维持在预设的温度。

2）AUTO 模式除了能自动恒定车内温度外，还能视情况自动决定风从车内哪些出风口吹出，即能自动控制出风口开关。

① 出暖风时，一般自动从地板出风口出风。

② 出冷风时，一般自动从仪表盘出风口出风。

但以上并不是绝对的，智能空调还会根据空气湿度调整以上默认的出风规则，即如果空气湿度较大，出冷风时也可能从地板出风口出风。

3）内循环/外循环默认自动切换，若想长期保持内循环，长按内循环按钮 3s 即可。

4）空调处于自动模式时，若人为调整出风口或风量大小，AUTO 模式会自动退出，改为手动模式。

检查评议

评价表见表 4-1。

表 4-1　评价表

序号	项目	配分	得分
1	操控面板按钮名称及作用：	5 分	
2	操控面板按钮名称及作用：	5 分	
3	操控面板按钮名称及作用：	5 分	
4	操控面板按钮名称及作用：	5 分	
5	操控面板按钮名称及作用：	5 分	
6	操控面板按钮名称及作用：	5 分	
7	操控面板按钮名称及作用：	5 分	
8	操控面板按钮名称及作用：	5 分	
9	操控面板按钮名称及作用：	5 分	

（续）

序号	项目	配分	得分
10	操控面板按钮名称及作用：	5 分	
11	操控面板按钮名称及作用：	5 分	
12	操控面板按钮名称及作用：	5 分	
13	制冷/暖风切换操作	5 分	
14	设置内循环	5 分	
15	AUTO 自动模式操控	10 分	
16	手动模式操控（温度调节、出风口选择、风量调节）	10 分	
17	学习态度：积极主动参与学习	10 分	
	团队协作：善于合作，共同完成		
	责任意识：爱护仪器，作业单填写认真		
	安全规范：有安全意识，操作规范		
	现场管理：6S 执行认真，有环保意识		
合计		100 分	

问题及防治

1）根据检查情况，总结出完成任务过程中会遇到的问题。

2）小组内探讨如何预防这些问题的发生，也可以由组长汇总后咨询教师。

扩展知识

自动空调的特点

1. 自动空调更便捷

只需要设定一个温度值，如 22℃，然后按 AUTO 键，根据车内/外温度传感器的反馈，自动空调的控制单元 ECU 会自动计算出最合适的温度配比、送风模式、出风量等，快速达到设定的温度。

搭载 SYNC2 或 SYNC3 的车辆，可以直接用语音来“设定温度”。比如：发出“空调，25℃”的指令后，自动空调就会按照指令设定温度并自动调节其他设置。

2. 自动空调更智能

不同于手动空调需要频繁、手动地对空调模式进行调整，自动空调能智能地对空调模式进行细微调整，持续、有效地维持当前车内温度接近设定的温度。

3. 自动空调更经济

不同于手动空调配备的定排量压缩机，开启空调制冷后，压缩机会一直工作，自动空调配备的是变排量压缩机，当车外温度与设定的车内温度较为接近时，控制单元 ECU 可以调整压缩机的排量，甚至自动停止压缩机，使车内温度保持设定的状态，进而达到省油的目的，使车辆具有更好的燃油经济性。

4. 自动空调更健康

有些自动空调配备有空气质量传感器，当空气质量传感器检测到车内有不良空气时，自动空调会自动对内、外循环进入调整，防止车外不良空气进入车内（如前车尾气等），使车内空气更加健康。同时自动空调通过自诊断系统可以对空调的状态进行检测，并对故障情况进行判断，当系统出现故障时，使系统进入相应的故障安全状态，防止故障进一步扩大。

那么，如何使用全自动空调呢？正确使用全自动空调只需驾驶人设定好温度并按 AUTO 键，其余的工作都交给自动空调的控制系统去完成。

需要说明的是，并非只有在需要制冷或供暖时才需要打开空调。即便在春秋季节环境温度适宜时，也推荐车内空调保持在 AUTO 状态，以更好地管理车内空气系统，使车内人员时刻处于舒适的环境中。

课后习题

1）在对空调制冷性能进行测试时，以下（　　）设置是不正确的。

A. 打开发动机罩和车门　　B. 接通空调系统，温度设置为最冷

C. 鼓风机转速设置为最大　　D. 将内循环模式设置为外循环模式

2）在对自动空调系统进行故障诊断时，若检测到的故障是风门伺服电动机无电压，则可能的故障原因有多种，以下不正确的是（　　）。

A. 风门伺服电动机与空调控制模块之间线路连接不良

B. 风门伺服电动机损坏

C. 控制模块损坏　　D. 以上都不对

3）对于自动空调系统，如果蒸发器温度传感器损坏或性能不良，则可能导致（　　）问题。

A. 鼓风机损坏　　B. 鼓风机不工作

C. 空调压缩机机械性损坏　　D. 蒸发器结冰

4）可变排量压缩机有（　　）工作模式。（多选）

A. 全容量（100%）运转　　B. 半容量（50%）

C. 1/4 容量（25%）运转　　　　　D. 停止运转

5）自动空调高压保护中，当系统压力超过（　　）时，压缩机停止工作，以防止空调系统瘫痪。

A. 2000kPa　　　B. 2400kPa　　　C. 2600kPa　　　D. 2800kPa

任务2　控制元件的检测与诊断

任务描述

一辆威朗15S自动领先型车，行驶1.2×10^5km，客户反映起动该车发动机，按空调控制面板上的A/C开关时，空调出风口吹出自然风，同时，发动机的散热风扇只能高速转动。经过检查，确认制冷剂压力传感器的线路正常，故障在制冷剂压力传感器本身。面对这样的问题该如何解决呢？

任务分析

为了完成本次任务，应该做到以下几点。

1）掌握汽车空调控制元件中各组成装置的基本内容。

2）知道汽车空调控制元件各组成装置的组成部分、作用、工作过程。

3）学会对空调系统执行元件进行检测及诊断的方法。

相关知识

1. 蒸发器温度控制装置

（1）蒸发器温度开关　蒸发器温度开关又叫作恒温开关，在大众车系的空调系统中，称其为冷量开关（E33）。它是汽车空调电路控制系统中用作温度控制的一种基础元件。

蒸发器温度开关由热敏电阻和温控器组成，如图4-15所示。热敏电阻安装在蒸发器金属翅片上，温控器则安装在蒸发器组件或靠近蒸发器组件的空调操作面板上。温控器通过感测蒸发器的表面温度，将温度变化信号转化成空调控制电路的通断信号，以实现压缩机的通断控制。温控器在设置好的温度上使压缩机离合器接合或断开，起到调节车内温度、防止蒸发器结霜和避免压缩机产生液击现象等作用。

蒸发器温度开关使用的感温元件为一只热敏电阻。通过小插片插在蒸发器出风口方向的翅片上，用来检测蒸发器出风口温度。热敏电阻受到温度变化影响时，其阻值会发生相应变化。空调上多采用负温度特性的热敏电阻，其特性曲线如图4-16所示。蒸发器出风口温度升高，热敏电阻的阻值下降；反之，阻值升高。

蒸发器温度开关是一种简单的温度控制装置，一般只具备温控功能。蒸发器温度开关的控制电路如图4-17所示。温控器的1号端子接A/C开关信号，3号端子接地，2号端子接通往发动机 ECU 的空调开启请求输出信号。温控器通过检测热敏电阻的阻值变化感知蒸发器表面温度，进而接通或断开 1 号端子与 2 号端子之间的电路连接。

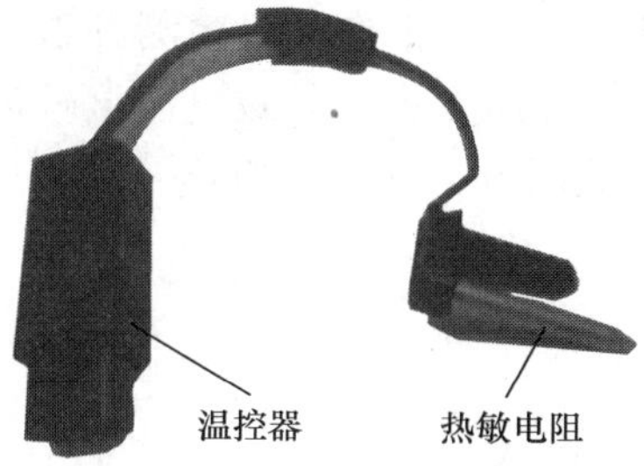

a) 实物

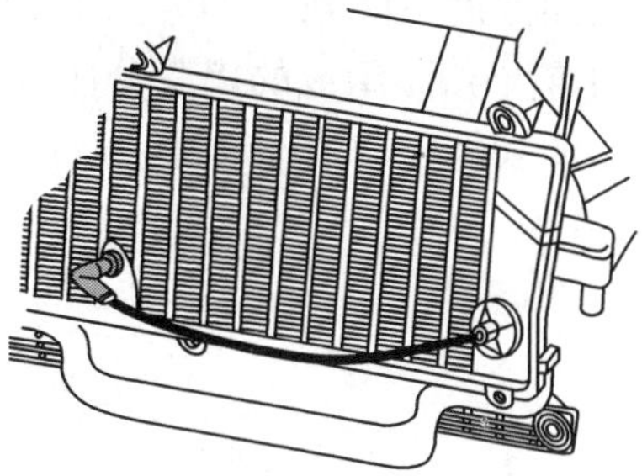

b) 位置示意图

图 4-15　蒸发器温度开关

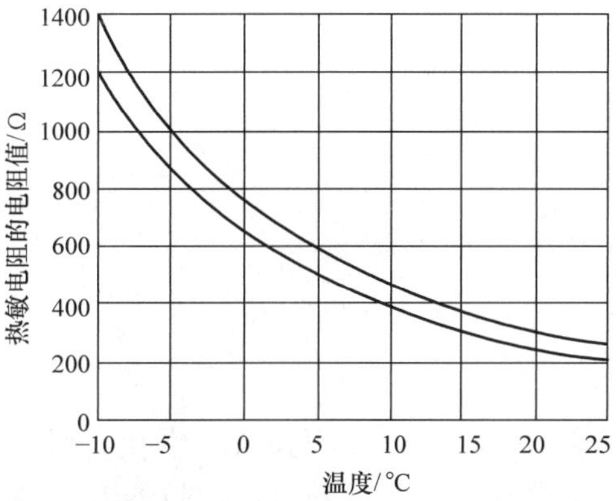

图 4-16　负热敏电阻特性

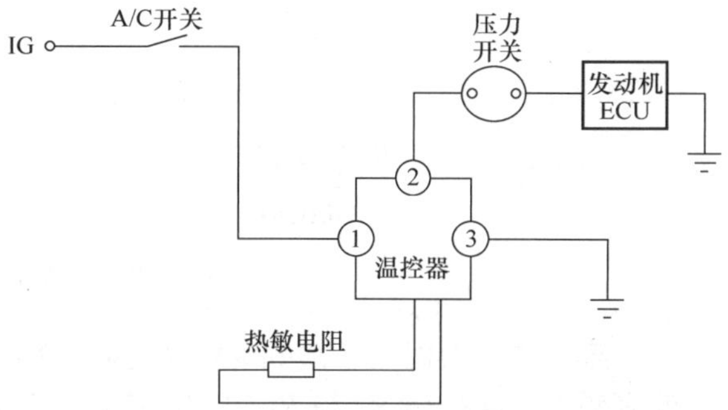

图 4-17　蒸发器温度开关的控制电路

蒸发器温度开关中温控器的检测方法如图 4-18 所示。

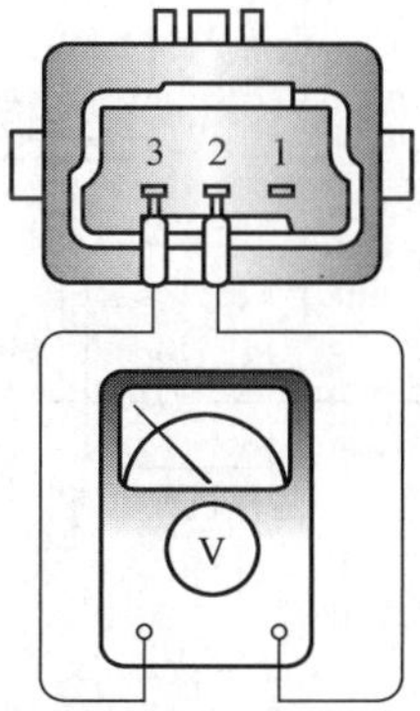

信号	端子电压	蒸发器温度
ON	12V	3～5°C
OFF	0V	1°C ±0.5°C

图 4-18　温控器的检测方法

按 A/C 开关，空调系统工作时，如果蒸发器温度为 3～5℃，则温控器 2 号端子与 3 号端子之间的电压约为 12V；当蒸发器温度为 1℃ ±0.5℃时，温控器 2 号端子与 3 号端子之间的电压约为 0V。

温控器主要由温度检测电路、信号放大电路和电子开关电路三部分组成，下面讲述其工作过程。

当蒸发器表面温度下降到1℃以下时，如图4-19所示，热敏电阻检测到这一变化，其阻值升高，使得由 R_1 与 R_3 组成的串联分压电路中 R_3 的分压变大，导致电压比较器K的输出电压变小，不足以驱动 VT_1，VT_1 与 VT_2 截止，温控开关断开，压缩机继电器线圈断电，空调系统不工作。

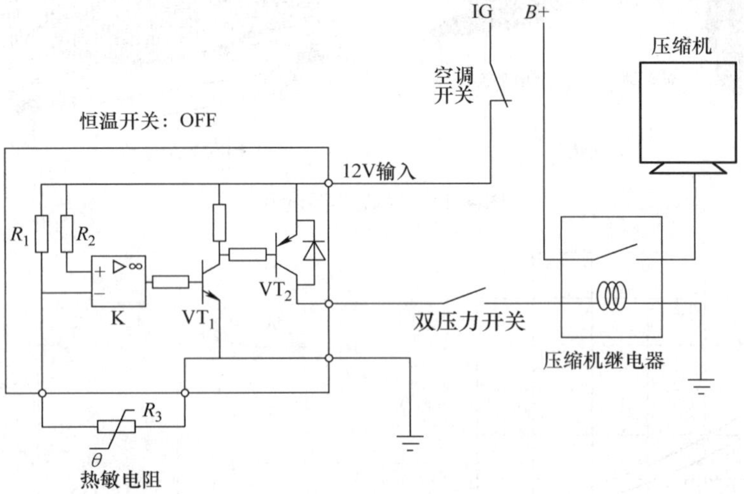

图4-19　蒸发器表面温度低于1℃

当蒸发器表面温度升高到4℃以上时，如图4-20所示，热敏电阻检测到这一变化，引起其阻值变小，使得由 R_1 与 R_3 组成的串联分压电路中 R_3 的分压变小，导致电压比较器K的输入电压变大，其输出电压变大，VT_1 基极电位升高，VT_1、VT_2 导通，温控开关闭合，压缩机继电器线圈通电，接通压缩机的供电电路，空调系统开始工作。

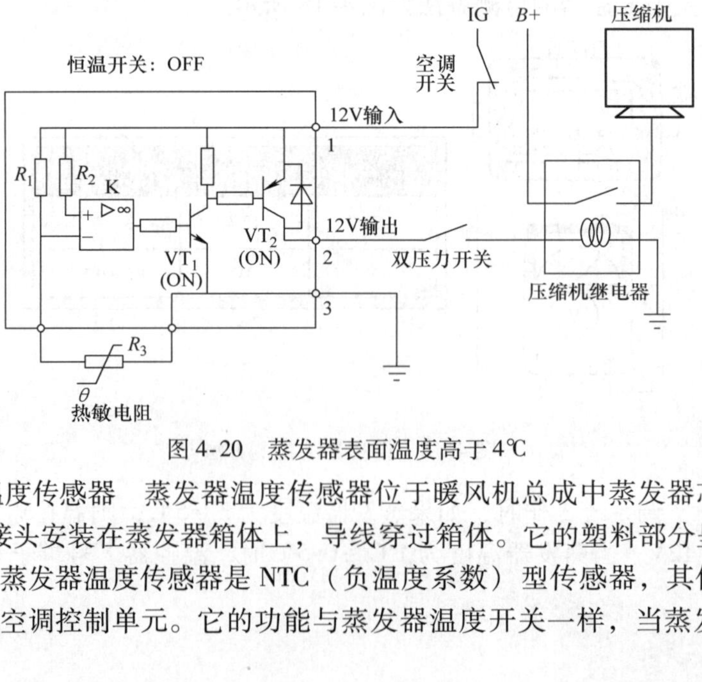

图4-20　蒸发器表面温度高于4℃

（2）蒸发器温度传感器　蒸发器温度传感器位于暖风机总成中蒸发器芯体的出口侧，如图4-21所示，其接头安装在蒸发器箱体上，导线穿过箱体。它的塑料部分呈锯齿状，可牢固地安装在翅片上。蒸发器温度传感器是NTC（负温度系数）型传感器，其作用是提供蒸发器排气口温度信号给空调控制单元。它的功能与蒸发器温度开关一样，当蒸发器出口温度大于

4 UNIT

3℃时，制冷系统可以继续运行；当蒸发器出口温度下降到 1～2℃时，自动关掉空调，防止蒸发器结霜。

2. 空调压力开关

空调压力开关又称为制冷剂压力开关，是手动空调控制电路中的重要元件。空调压力开关安装在制冷剂循环管路的高压侧，如图 4-22 所示，有的安装在储液干燥器上，有的安装在高压管路中。

图 4-21　蒸发器温度传感器

（1）三态压力开关　空调压力开关是一个保护开关。现在车上常用的是三态压力开关，即一个高压开关、一个低压开关和一个中压开关。三态压力开关引出 4 线，其外观及连接电路如图 4-23 所示。

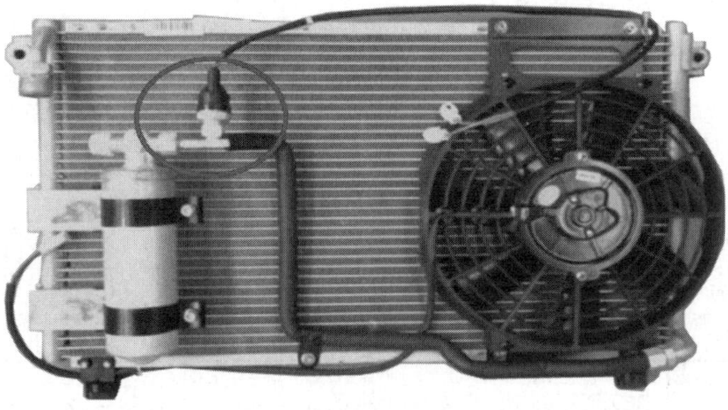

图 4-22　空调压力开关的安装位置

1）低压开关。当空调系统有泄漏或制冷剂非常少时，为了保护压缩机不致损坏，而强行切断压缩机的控制电路，使压缩机停止工作。单独的低压开关是常开的，但安装到制冷系统中就是常闭状态，这是由于管路存在制冷剂压力。当空调系统压力非常低时，低压开关打开，切断压缩机的控制电路，使空调系统停止工作。

2）中压开关。中压开关是常开开关，当压力上升使中压开关闭合时，信号输出至发动机 ECU，ECU 控制散热器风扇和冷凝器风扇高速运转，增加冷却效果，降低高压管路压力，防止系统压力继续上升。

3）高压开关。为了防止系统压力太大，导致制冷管路爆炸、制冷系统部件损坏等，这时应强行让压缩机停止工作。高压开关同低压开关一样是常闭开关，当空调高压压力异常高时，高压开关打开，切断压缩机的控制电路，使空调系统停止工作。

高压开关、低压开关、中压开关的开启压力和关闭压力都是预先设定的，不同车型的参数略有区别，如比亚迪 F3 轿车三态压力开关的工作参数见表 4-2。

a) 三态压力开关的外观

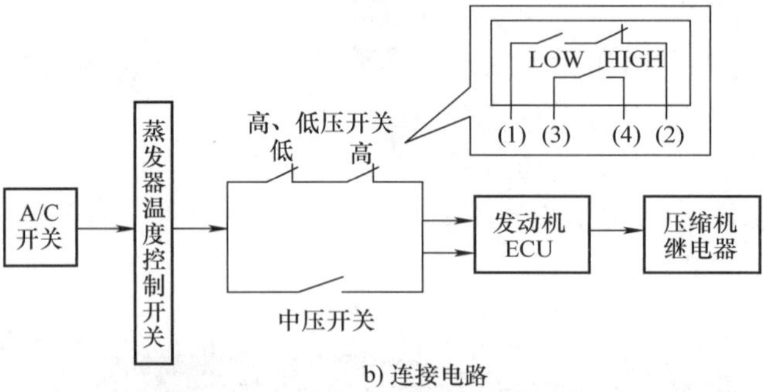

b) 连接电路

图 4-23 三态压力开关的外观及连接电路

表 4-2 比亚迪 F3 轿车三态压力开关的工作参数

状态	参数
高压/MPa	3.149（OFF）
中压/MPa	1.77（ON）
低压/MPa	0.196（OFF）

（2）压力传感器 压力传感器是一个密封的用于测量的电容型传感器，如图 4-24 所示，可以进行信号调整。它输出 0~5V 的电压，需要 5V 标准电源供给。

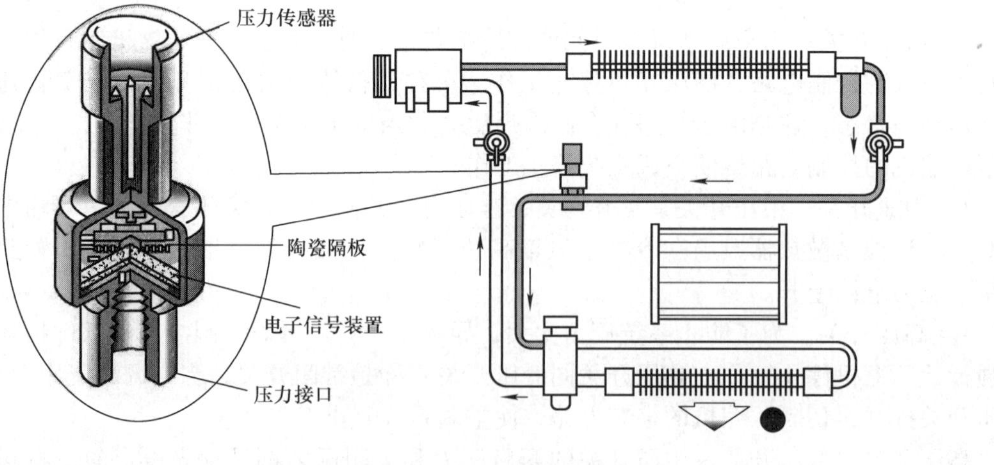

图 4-24 压力传感器

压力传感器有压敏电阻式和压敏电压式。压敏电压式压力传感器在使用中，通过两片陶瓷横隔膜的偏转来施加压力，其结果是使平行板电容器的电容发生改变，这种变化由传感器的信号处理电路转换成模拟信号输出。

压力传感器电路位于一块可变形的电路板上，包含传感器的上半部分，并且可以由陶瓷感应膜提供连续的电容数值。

使用压力传感器的好处在于，其可以一直监测压力并且向发动机控制模块（ECM）发送信号，不像一般类型的压力开关具有上、下两个截止点。如果系统内的压力高于或低于规定值，制冷剂压力传感器就会检测制冷剂管路内的压力，并向 ECM 发送电压信号。例如，当制冷剂压力传感器检测到高压侧的压力高于 2746kPa 或低于 134kPa 时，ECM 会使压缩机停止工作；当制冷剂压力高于 1.7kPa 时，使冷凝器散热风扇高速运转。而在分析问题时，电子诊断设备可以用来采集系统压力信息，使其简化。

3. 电磁离合器与保护装置

（1）电磁离合器　汽车空调电磁离合器的作用是在不需要使用空调设备的季节或在车厢内温度达到规定温度时，可使发动机与压缩机分离，中断动力传递；而在需要使用空调设备时，又使发动机与压缩机接合并传递动力。电源的通断则由高、低压开关和温度开关进行控制。图 4-25 所示为电磁离合器的结构。

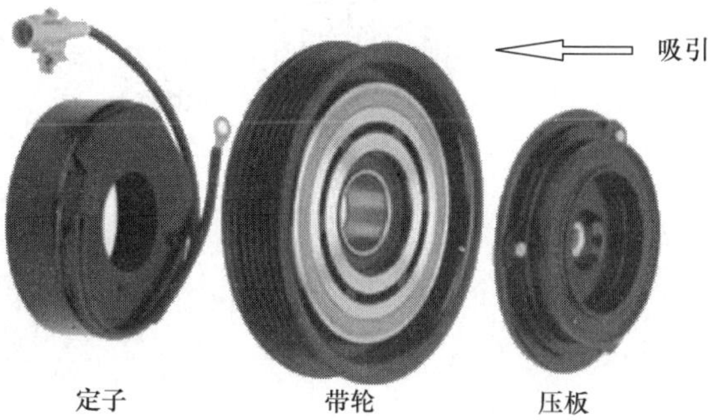

图 4-25　电磁离合器的结构

电磁离合器的工作原理：当电流通过电磁线圈时，产生较强的磁场，使压缩机的电磁离合器从动盘和自由转动的带轮吸合，从而驱动压缩机主轴旋转。当把电流切断时，磁场就会消失，此时靠弹簧的作用力把从动盘和带轮分开，使压缩机停止工作，如图 4-26 所示。电磁离合器从动盘与压缩机主轴是通过花键连接的，从动盘上固定了几个弹簧爪，弹簧的另一端固定在压盘上，线圈固定在压缩机壳体上，带轮装在轴承上，可自由转动。当电流接通时，压盘和带轮连成一体，压缩机开始运转；当电流切断时，弹簧使压盘和带轮分开，压缩机就停止运转。

电磁离合器的使用注意事项如下。

1）为了适应温度控制要求，电磁离合器的接合与分离是高速进行的，因此在压板和转子表面会有很多离合器痕迹，这些痕迹对工作不会造成危害。

2）电磁线圈和转子之间的间隙很重要。电磁线圈与转子应靠得尽量近，以便获得更强的磁场作用。但间隙也不能过小，以免转子刮伤线圈。

（2）热保护开关　热保护开关一般位于压缩机的底座上，如图 4-27 所示。热保护开关用于保护压缩机免受内部摩擦的损坏。热保护开关检测压缩机壳体的温度，一旦壳体温度达到预设的数值，压缩机离合器电路就会被切断。

其工作过程：由于压缩机温度过高，双金属片受热膨胀，推动销移动，使动触点与静触点分离，从而断开热保护开关的串联引线，即断开压缩机离合器供电电路。由于热保护开关是和压缩机离合器串联的，所以一旦压缩机壳体温度下降到预设的数值，压缩机离合器供电电路就会恢复而再次通电。一般来说，当压缩机外壳的温度异常高时，在 150℃时热保护开关断开，压缩机停止工作。当压缩机外壳的温度降至 130℃时，热保护开关闭合压缩机又开始

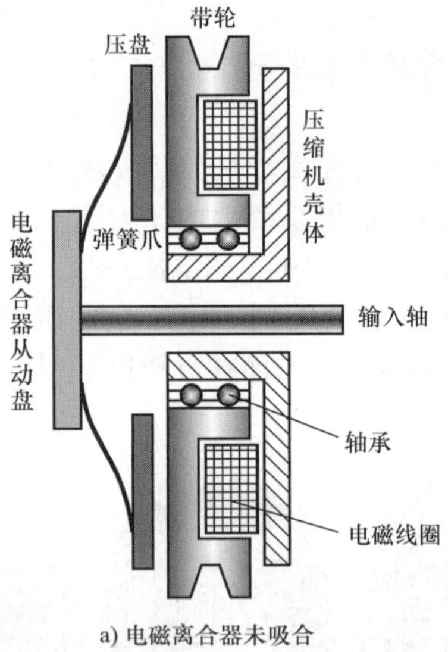

图 4-26　电磁离合器的工作原理

工作。

（3）高压泄压阀　在较早的汽车空调系统中，当制冷剂管路高压侧温度和压力异常高时，常通过使易熔塞的易熔合金熔化和将制冷剂释放的办法来保护制冷系统免受损坏。该办法让制冷剂全部释放到大气中，这样不仅造成经济上的损失，而且对环境也造成污染。当易熔塞熔化后，空气还将进入制冷系统。

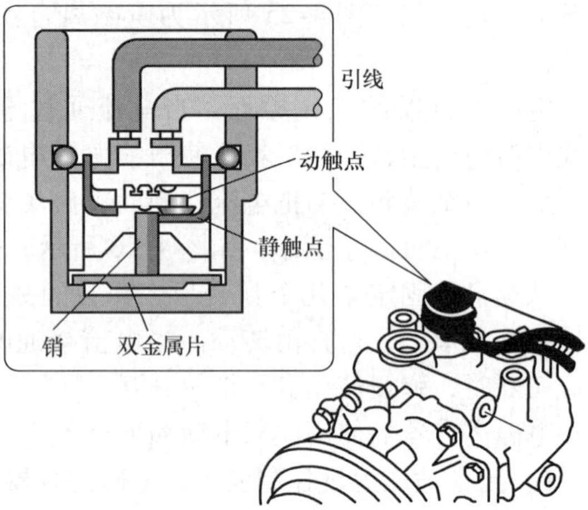

图 4-27　热保护开关的结构示意图

如果制冷剂的压力升得太高，将会损坏制冷系统。因此，在现在的空调系统中，都有一个安装在压缩机或高压管路上的由弹簧控制的泄压阀。

当冷凝器散热条件不好时，冷凝器的温度和压力可能会过高。当汽车空调制冷系统内制冷剂量过多时，系统压力也可能会过高。高压泄压阀有预设压力调整范围，当压力超过该调整范围时泄压阀被迫打开，让制冷剂放出，直至压力降低到调整值为止。在正常情况下，由于弹簧的压力作用，密封塞压向阀体，与 A 面凸缘紧贴，制冷系统内制冷剂不能放出，如图 4-28a 所示；当系统压力异常升高时，弹簧被压缩，阀被打开，制冷剂被释放出来，系统内压力立即下降，如图 4-28b 所示。当压力降至调整范围时，弹簧又立即将密封塞推向 A 面凸缘，将阀关闭。

由于空调系统和生产厂家的不同，高压泄压阀的压力调整范围也有所不同。当制冷系统压力过高（如超过 3.5～4.2MPa）时，高压泄压阀打开，使制冷剂溢出而泄压；当压力降至 3.5MPa 以下时，在弹簧作用下泄压阀自动关闭，以确保空调系统能够正常工作。

例如，日产颐达乘用车的空调系统由位于压缩机后端的泄压阀来加以保护。当系统内的制冷剂压力升高到非正常水平（即大于 38MPa）时，泄压阀的泄压口就会自动打开，并将制冷剂释放到空气中去。

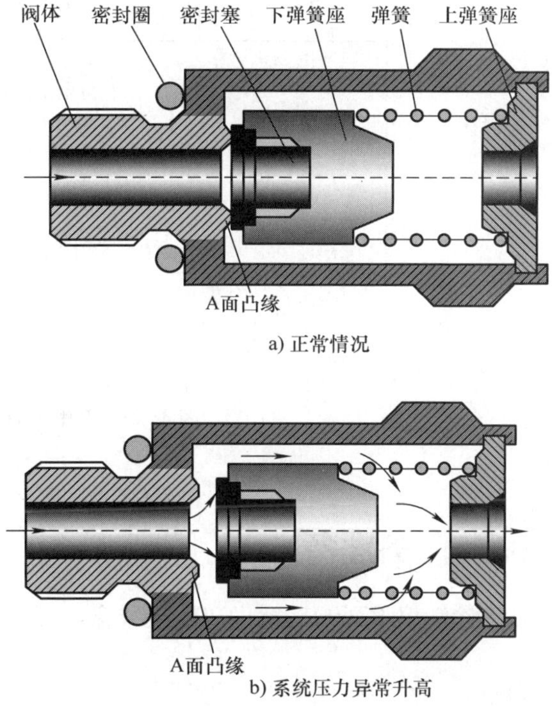

图 4-28　高压泄压阀的工作原理

4. 继电器

继电器一般在空调控制电路中用来保护电流负载能力低的开关（也就是具有较小的接触区域不耐用的压力接触点），或用于元器件之间电流输出存在不同处。

图 4-29 所示为无继电器压缩机控制电路。A/C 开关直接控制压缩机离合器线圈的通断电，结果构成回路后，大电流在 A/C 开关较小的电阻上产生较大电压降（约为 1V），因此，与之串联的离合器线圈的工作电压只有 11V。这样不仅降低了负载的工作电压，更容易烧蚀 A/C 开关触点。

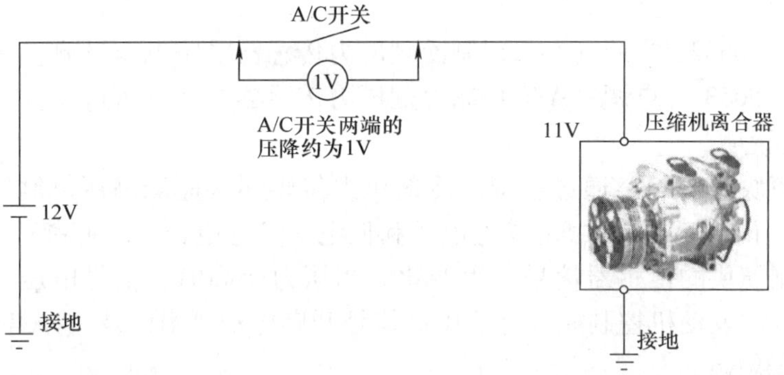

图 4-29　无继电器压缩机控制电路

图 4-30 所示为有继电器压缩机控制电路。A/C 开关接通后，压缩机继电器工作，再通过继电器触点给离合器线圈供电。由于继电器工作时仅需很小的电流，故 A/C 开关通地电流较小，同时，继电器可以控制大电流，就相当于将蓄电池电压直接加载到压缩机离合器上，使离合器线圈产生正常的电磁吸力。

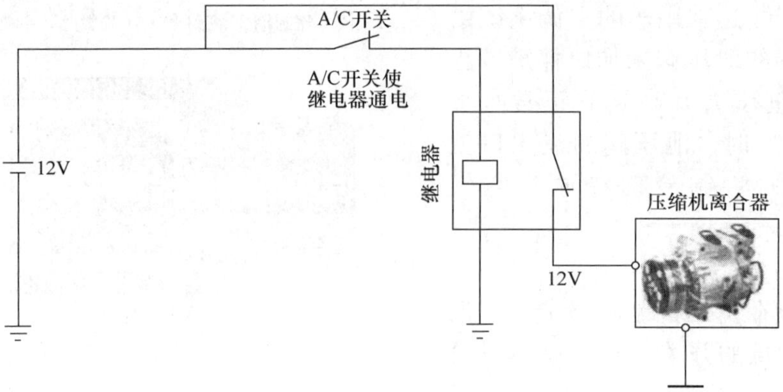

图 4-30　有继电器压缩机控制电路

任务准备

故障诊断仪 KT600、博世 208 接线盒、万用表、试灯、世达 13 件电子维修工具。

任务实施

【空调（A/C）制冷剂压力传感器电路故障排除】

故障码　DTC P0532：空调（A/C）制冷剂压力传感器电路电压过低。

DTC P0533：空调（A/C）制冷剂压力传感器电路电压过高。

1. 电路/系统说明

发动机控制模块（ECM）通过空调制冷剂压力传感器来监测高压侧制冷剂压力。发动机控制模块（ECM）向传感器提供5V 参考电压和低电平参考电压。空调制冷剂压力的变化将使传送至发动机控制模块的传感器信号发生变化。当压力变高时，信号电压变高；当压力变低时，信号电压变低。发动机控制模块可使用该信号开启冷却风扇以及监控离合器的接合。

2. 电路/系统检验

1）将点火开关置于“ON（打开）”位置。

2）确认故障诊断仪“ECM A/C High Side PressureSensor（发动机控制模块空调高压侧压力传感器）”参数是否在 6. 8kPa 和 2950kPa 之间。如果在 6. 8kPa 和 2950kPa 之间，则一切正常；如果不在 6. 8kPa 和 2950kPa 之间，则进行“电路/系统测试”。

3. 电路/系统测试

电路/系统测试过程框图如图 4-31 所示。

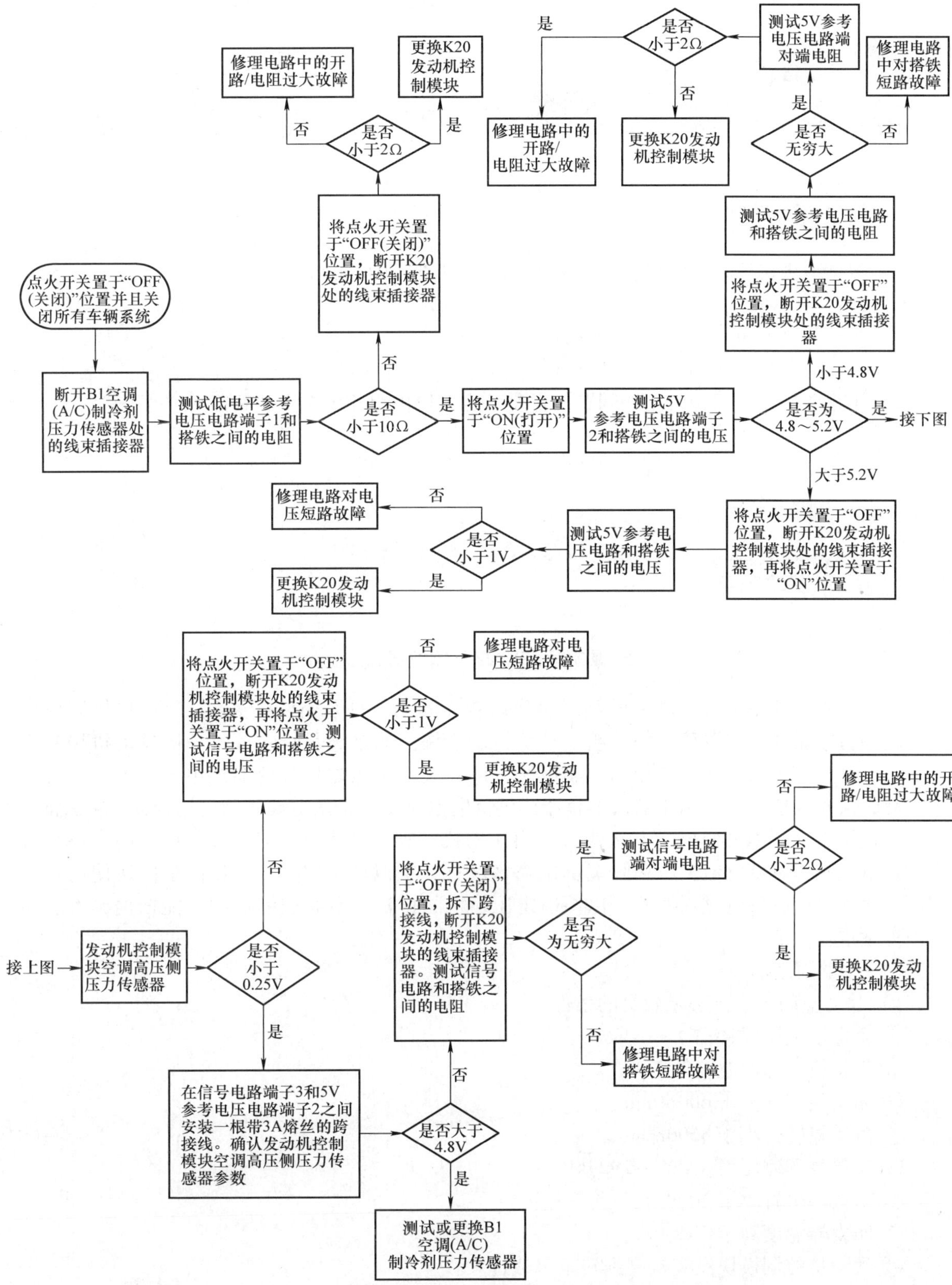

图4-31　电路/系统测试过程框图

检查评议

评价表参见表2-9。

问题及防治

1）根据检查情况，总结出完成任务过程中会遇到的问题。

2）小组内探讨如何预防这些问题的发生，也可以由组长汇总后咨询教师。

扩展知识

威朗轿车空调压缩机故障

空调压缩机利用常规传动带驱动式电磁离合器起动。打开空调开关时，HVAC控制模块会通过串行数据发送空调请求信号给发动机控制模块。如果满足特定标准，则发动机控制模块搭铁空调压缩机离合器继电器的控制电路，以开关空调压缩机离合器继电器。继电器触点闭合后，向永久搭铁的空调压缩机离合器提供蓄电池电压，于是空调压缩机离合器将被激活。

该空调系统利用可变排量电磁阀改变由压缩机转动所产生的排量。HVAC控制模块为可变排量电磁阀提供蓄电池电压和脉宽调制搭铁。打开空调开关时，HVAC控制模块使用脉宽调制信号使可变排量电磁阀搭铁，以便确定压缩机的排量。空调压缩机的性能依据调整后的车内温度进行调节。

（1）诊断须知

1）起动空调压缩机必须满足的条件：

① 蓄电池电压保持在9～18V。

② 发动机冷却液温度低于124℃。

③ 发动机转速大于600r/min。

④ 发动机转速小于5500r/min。

⑤ 空调高压侧压力在269～2929kPa。

⑥ 节气门位置小于100%。

⑦ 蒸发器温度高于3℃。

⑧ 发动机控制模块没有检测到转矩负载过大。

⑨ 发动机控制模块没有检测到怠速不良。

⑩ 环境温度传感器感应到温度高于1℃。

⑪ 鼓风机电动机保持运转。

2）诊断操作可参考信息：威朗维修手册中HVAC示意图、部件插接器端视图、手动HVAC的说明与操作、电气信息（电路测试、插接器修理、测试是否存在间歇性故障和不良连接、线路修理）。

（2）电路/系统检验　在执行此程序之前先了解HVAC系统故障。

1）将点火开关置于“ON（打开）”位置，打开空调开关。

2）确认HVAC控制模块故障诊断仪“A/C Switch（空调开关）”参数在“Active（起动）”和“Inactive（未起动）”之间变化。

3）如果参数未变化，更换A26 HVAC控制装置。

4）如果参数改变，在鼓风机起动时将空调系统设置为强冷档。按下并松开空调开关数次。确认发动机控制模块故障诊断仪“A/C Request Signal（空调请求信号）”参数在“Active（激活）”和“Inactive（未激活）”之间变化。

① 如果参数未变化，更换K33 HVAC控制模块。

② 如果参数已改变，故障诊断仪指令（发动机控制模块）空调继电器输出功能启用和停用时，确认空调压缩机离合器是否接合。

如果空调压缩机离合器未接合，根据DTC P0645、P0646或P0647提示进行诊断。

如果空调压缩机离合器已接合，发动机保持运转，确认HVAC控制模块故障诊断仪“A/C Compressor Refrigerant Solenoid Valve Command（空调压缩机制冷剂电磁阀指令）”参数随冷却负载的改变而变化。如果参数未变化，诊断DTC B393B；如果参数变化，一切正常。

课后习题

1）蒸发器温度开关又叫________，在大众车系的空调系统中，称其为冷量开关（E33）。它是汽车空调电路控制系统中用作________的一种基础元件。

2）蒸发器温度开关由________和________组成。

3）空调压力开关是一个保护开关。现在车上常用的是三态压力开关，分别是________。

4）压力传感器是一个密封的用于________目的的电容型传感器，可以进行信号调整。

5）汽车空调电磁离合器的作用是，在不需要使用空调设备的季节或在车厢内达到规定温度时，可使发动机与压缩机分离，________动力传递；而在需要使用空调设备时，又使发动机与压缩机接合，传递动力。

任务3　传感器的检测与诊断

任务描述

现有一辆威朗15S自动领先型车，行驶7×10^4km，客户反映该车按下空调控制面板的

A/C开关后，时而制冷时而不工作。经过检查，确认故障在太阳能传感器和车内温度传感器。汽车自动空调的传感器该如何检测呢？

任务分析

为了完成本次任务，应该做到以下几点。

1）掌握各传感器的作用。

2）了解各传感器的安装位置。

3）学会各传感器的检测方法及诊断标准。

相关知识

1．空气质量传感器

（1）主要作用　检测外界空气中的有害气体含量，用于切断有害气体，保护乘员的健康。如遇到堵车、进入隧道等，空调控制单元将自动关闭汽车空调的进气风门，将车内空气循环系统由外循环改为内循环，避免将污染的空气吸入车内，而当外界空气变得清新后，又可以自动打开空调的进气风门以吸入新鲜空气。其检测气体的种类包括 HC、CO 及 NO_x、SO_x 等。

（2）安装位置　空气质量传感器一般安装在车身前部，如图 4-32 所示。

（3）控制原理　空气质量传感器控制原理如图 4-33 所示。

图 4-32　空气质量传感器安装位置

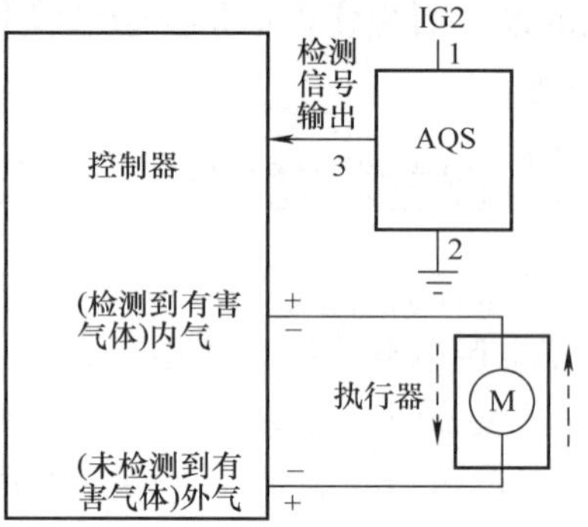

图 4-33　空气质量传感器控制原理

（4）传感器检修

1）检查。

① 将点火开关置于“ON”位置。

② 拆下空气质量传感器的插接器，使用万用表检查空气质量传感器 2 号端子和 3 号端子之间的输出电压。空气质量传感器标准值见表 4-3，空气质量传感器如图 4-34 所示。延迟时间：ONTIME 为 5s；OFFTIME 为 0s。

2）失效保护功能检查。当点火开关置于“ON”位置时（与 AQS 选择开关状态无关），在 AQS 传感器预热时间（35s）内，7s 时间用于检测 AQS 传感器信号是否处于短路状态。

在检测时间内，当电压不是 0V 而在 2.5V 以上时，判断为 AQS 传感器断路（此时，AQS

不工作，指示灯熄灭，内外气控制恢复到以前模式）。

表 4-3　空气质量传感器标准值

条件	输出电压/V	外气进入/内气循环
正常状态	12	外气进入
检测到有害气体	0 ~ 1	内气循环

2. 太阳能传感器

（1）主要作用　检测阳光强弱，修正调温风门的位置与鼓风机的转速。太阳能传感器反映日照强度，这个输入用来测量作用在车辆乘员身上的阳光热效应。

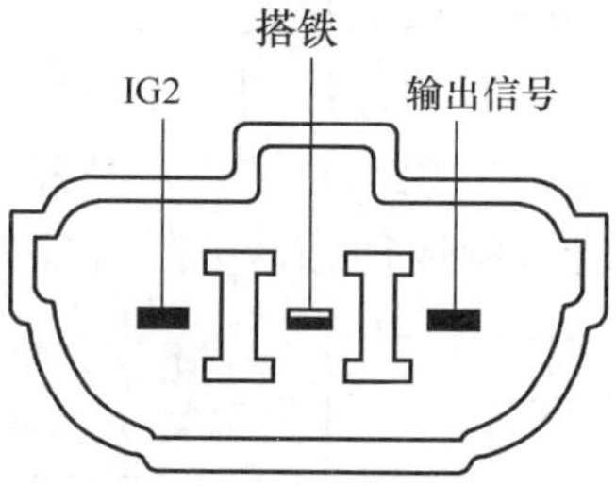

图 4-34　空气质量传感器

（2）安装位置　太阳能传感器一般安装在仪表台上面（靠近前风窗玻璃的底部）或除雾出风口旁，如图 4-35 所示。

（3）电路简图　太阳能传感器控制电路简图如图 4-36 所示，一般可用万用表或利用自诊断系统进行检测。

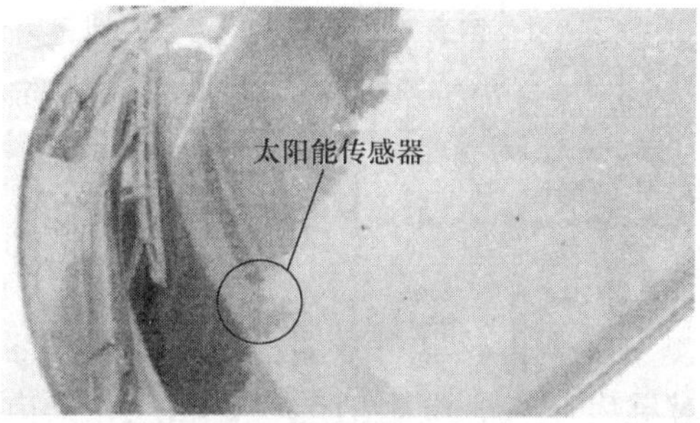

图 4-35　太阳能传感器安装位置

图 4-36　太阳能传感器控制电路简图

（4）传感器检修

1）万用表检测。

① 检查传感器电阻。拆下太阳能传感器的插接器，检测传感器侧 A 端子和 B 端子之间的电阻，当强光照射时应为 4kΩ，遮住光线时应为无穷大；否则说明传感器有故障。

② 检查传感器信号电压。插好太阳能传感器的插接器，测量 A 端子和 B 端子之间的信号电压，当强光照射时应小于 1V，遮住光线时应大于 4V；否则说明传感器或控制电路有故障。

太阳能传感器的输出电压见表 4-4。

表 4-4　太阳能传感器的输出电压

输出电压/mV	光照度/lx
21.4	10000
36.0	20000
46.6	30000
58.8	40000
67.7	50000
76.2	60000
83.7	70000

2）自诊断检测。太阳能传感器有故障时，ECU 自诊断系统能够储存相应的故障码，用故障诊断仪读取故障码可快速判断故障部位。

维修提示：在阳光不足的地方（如车间内），也会储存阳光故障码。此时，可用60W的光源距阳光传感器25cm照射来模拟阳光，这时太阳能传感器的故障码应消失。

3．湿度传感器

（1）主要作用　检测车内的空气湿度并输出至控制器，用于控制车内空气湿度和清除在降雨或低温状态因湿度引起的风窗玻璃上的雾和霜。

（2）安装位置　湿度传感器一般安装在中央控制台下装饰板附近。

（3）电路简图　湿度传感器电路简图如图4-37所示。

（4）电阻特性　传感器为负温度系数热敏电阻：温度上升，电阻下降；温度下降，电阻上升，湿度传感器电阻特性如图4-38所示。

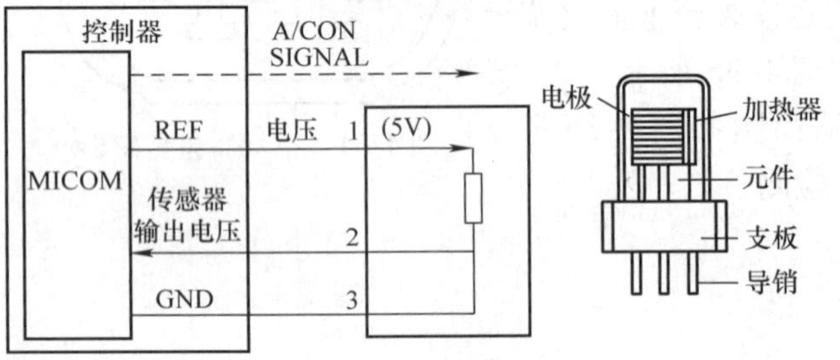

图4-37　湿度传感器电路简图

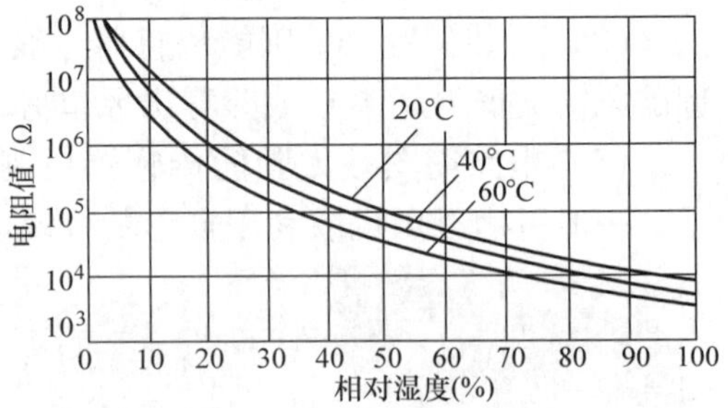

图4-38　湿度传感器电阻特性

（5）传感器检修

1）万用表检测。拔下传感器的插接器，用万用表测量湿度传感器2号端子与3号端子之间的电阻。当相对湿度变化时，电阻值应当改变，相对湿度越大，电阻值越小；相反，其电阻值越大。

2）诊断仪检查。

① 将点火开关置于“ON”位置。

② 使用诊断仪检查湿度传感器2号端子和3号端子之间的频率。

③ 如果测量值不在规定范围内，用良好的湿度传感器替代，检查工作是否正常。

④ 如果故障被排除，更换湿度传感器。

频率标准值见表4-5。

表4-5　频率标准值

相对湿度（%）	2号端子和3号端子之间的频率/Hz
0	7351×（1±10%）
10	7224×（1±10%）
20	7100×（1±10%）
30	6976×（1±10%）
40	6853×（1±10%）
50	6728×（1±10%）
60	6600×（1±10%）
70	6468×（1±10%）
80	6330×（1±10%）
90	6186×（1±10%）
100	6033×（1±10%）

4. 车外温度传感器

（1）主要作用　又叫作环境温度传感器，检测车外温度并输出至空调控制器，用于控制输出温度和风量。将温度变化转化成电阻电压的变化，输入给中央控制器，通过计算转换成温度变化，可显示在显示屏上。

（2）安装位置　车外温度传感器一般安装在保险杠内或发动机散热器之前，如图 4-39 所示。

图 4-39　车外温度传感器安装位置

由于车外温度传感器极容易受到环境（如散热器的温度、前面车辆的尾气等）影响，为此应将车外温度传感器包在一个树脂材质的物体内，以避免环境温度突然变化对其造成的影响，使其能准确地检测车外的平均气温。

（3）电路简图　车外温度传感器控制电路简图如图 4-40 所示。

（4）电阻特性　传感器为负温度系数热敏电阻。温度上升时，电阻下降；温度下降时，电阻上升，车外温度传感器电阻特性如图 4-41 所示。

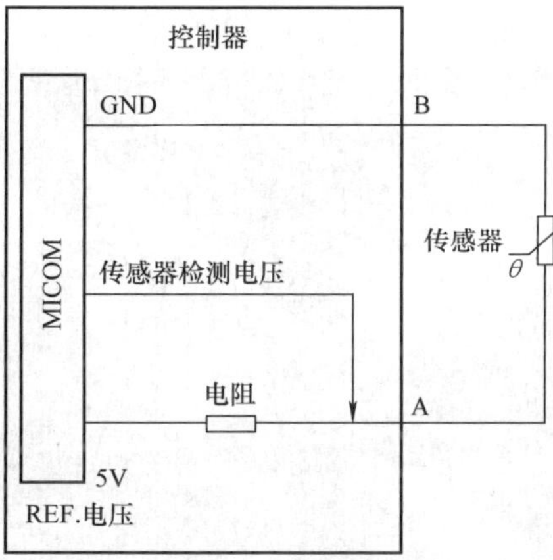

图 4-40　车外温度传感器控制电路简图

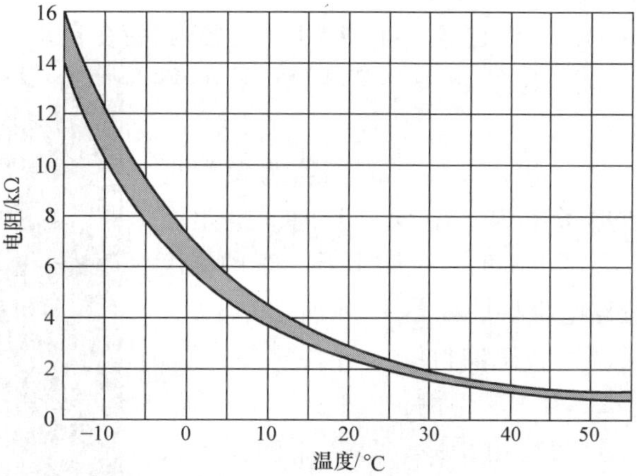

图 4-41　车外温度传感器电阻特性

（5）传感器检修

1）电阻检查。

① 将点火开关置于“OFF”位置。

② 拆下车外温度传感器的插接器。

③ 检查车外温度传感器的 A 端子和 B 端子之间的电阻是否随温度的变化而变化。

④ 如果测量的阻值不在规定范围内，用良好的车外温度传感器替代，检查工作是否正常；如果故障排除，更换车外温度传感器后检查电压。

2）电压检查。

① 插好传感器插接器，将点火开关置于“ON”位置。

② 检查A端子和B端子之间的电压，若不正常则修理或更换配线或插接器。

车外温度传感器的标准值见表4-6。

表4-6 车外温度传感器的标准值

车型	20℃		30℃		40℃	
	电阻/kΩ	电压/V	电阻/kΩ	电压/V	电阻/kΩ	电压/V
日产	6.3	—	4	—	2.6	—
雷克萨斯	—	1.5~1.9	—	1.1~1.5	—	0.85~1.25
马自达	2.75	—	1.75	—	1	—
三菱	—	3.5	—	2.0	—	—
现代	40	—	30	—	—	—
沃尔沃	—	2.5	—	2	—	1.5

5. 车内温度传感器

车内温度传感器是一个热敏电阻。车内温度传感器有两个接线端子与空调控制器相连。当车内温度传感器的电阻发生变化时，空调控制检测传感器两端电压的变化来获得信号，任何物体不能覆盖在上面。

(1) 主要作用　检测车内空气温度，ECU根据此信号控制风口空气温度、鼓风机转速、气流方式和进气模式等。

(2) 安装位置　车内温度传感器安装在自动空调控制面板上，如图4-42所示。

图4-42　车内温度传感器安装位置

(3) 电路简图　简图如图4-43所示。

(4) 电阻特性　传感器为负温度系数热敏电阻。温度上升时，电阻下降；温度下降时，电阻上升，车内温度传感器电阻特性如图4-44所示。

(5) 传感器检修

1) 万用表检测。

① 检查电源线。拆下车内温度传感器的插接器，测量线束A端子与搭铁之间应有5V直流电压；否则，说明接线或ECU有故障。

② 检查搭铁线。拆下车内温度传感器的插接器，测量线束B端子与搭铁之间的电阻，应为0Ω；否则接线或ECU有故障。

③ 检查传感器。拆下车内温度传感器的插接器，测量传感器侧A端子与B端子之间的电阻，其电阻值应随着温度的升高而减小，并与规定值相符合；否则，说明传感器有故障。

车内温度传感器输出电压见表4-7。

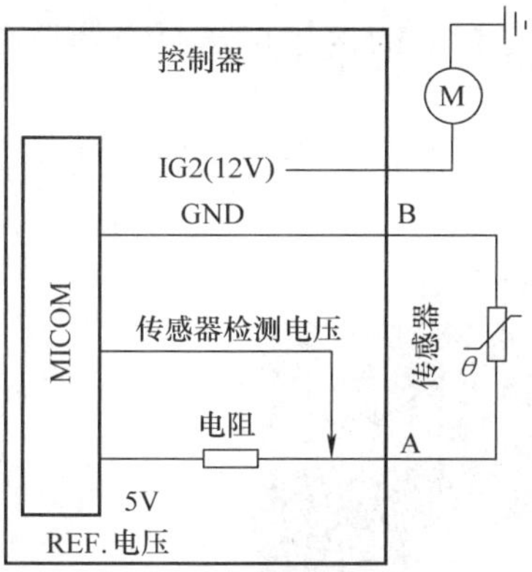

图 4-43　车内温度传感器电路简图

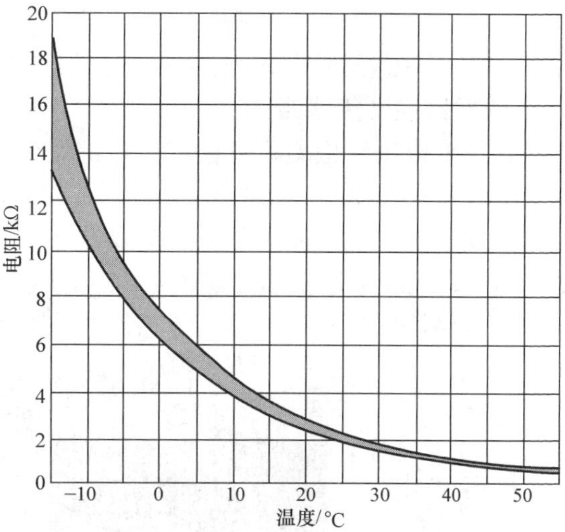

图 4-44　车内温度传感器电阻特性

表 4-7　A 端子与 B 端子之间的电压

温度/℃	最小值/V	中间值/V	最大值/V
30	0. 75	0. 80	0. 85
20	1. 17	1. 25	1. 33
10	1. 84	2. 01	2. 18
0	2. 97	3. 32	3. 37

2）诊断仪检查。空调 ECU 具有自诊断功能，用故障诊断仪和通过空调控制面板读取车内温度传感器测量的温度值，与实际的车内温度相比，如果测量值与实际温度值不同，则说明车内温度传感器或控制电路有故障。

车内温度传感器有故障时，EUC 自诊断系统能够储存相应的故障码，用故障诊断仪读取故障码可以快速判断故障部位。有些车型在车内温度传感器有故障时，空调 ECU 会采用替代值代替，以使空调继续工作，不同车型的替代值不同。

车内温度传感器强制通风装置的检测步骤如下。

① 使鼓风机高速运转。

② 将一小纸片（5cm×5cm）靠近车内温度传感器（见图 4-45），若纸片被吸住，则说明车内温度传感器强制通风装置良好。若纸片没有被吸住，如果车内温度传感器为吸气型，则检测抽风管道是否密封；对于电动机型内温度传感器，则检测车内温度传感器抽风机及路线。抽风机一般都由空调微机来控制，如果空调系统工作或点火开关打开，抽风机就运转。

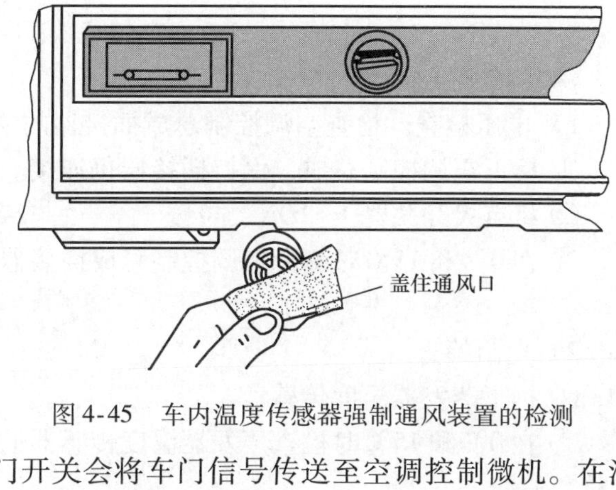

图 4-45　车内温度传感器强制通风装置的检测

③ 在某些空调系统中，驾驶人和乘员车门开关会将车门信号传送至空调控制微机。在汽

车停下以后，只要有任何一扇门开着，车门开关信号即送到空调控制微机，使它打开抽风机电动机，热空气经车内温度传感器吹出。这个动作只能在车内温度高于某一规定值时才产生。

6．蒸发器温度传感器

（1）主要作用　检测蒸发器出气口的空气温度，并将相应的信号传送至空调器总成，防止蒸发器因表面温度过低而结冰，可代替温控开关。

（2）安装位置　暖风机总成中蒸发器芯体的出口侧，蒸发器温度传感器的接头安装在蒸发器箱体上，导线穿过箱体，如图4-46所示。

（3）电路简图　蒸发器温度传感器电路简图如图4-47所示。

图4-46　安装位置

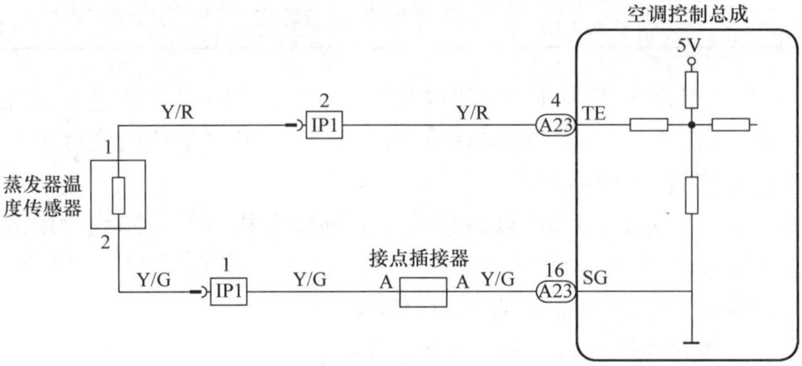

图4-47　蒸发器温度传感器电路简图

（4）传感器检修

1）电压检查。检查空调控制总成插接器的端子TE与SG之间的电压。

① 拆下空调控制总成，保持插接器仍连接。

② 将点火开关置于“ON”位置。

③ 在0℃和15℃时测量空调控制总成插接器的端子TE与SG之间的电压，其标准值见表4-8。

2）电阻检查。

① 拆下蒸发器温度传感器。

② 在0℃和15℃时检查蒸发器温度传感器插接器端子1和2之间的电阻，其标准值见表4-8。

表 4-8　蒸发器温度传感器电压/电阻标准值

温度/℃	端子 TE 与 SG 之间电压/V	端子 1 和 2 之间电阻/kΩ
0	2.0~2.4	4.5~5.2
15	1.4~1.8	2.0~2.7

注：传感器为负热敏电阻：温度上升，电阻下降；温度下降，电阻上升。

7. 冷却液温度传感器

（1）主要作用　检测出冷却液温度，并将相应信号传送至发动机和 ECU，该 ECU 将冷却液温度信号进行加工，再传输给空调控制总成。冷却液温度信号在发动机冷态时用于预热控制。

它不仅向发动机控制单元提供冷却液温度信号，用于调整喷油量和点火提前角，还向空调控制单元提供冷却液温度信号，用于切断空调压缩机工作电路，或使散热风扇高速运转，可代替冷却液温度开关。

（2）安装位置　冷却液温度传感器安装在发动机气缸盖上的冷却液出口处，如图 4-48 所示。

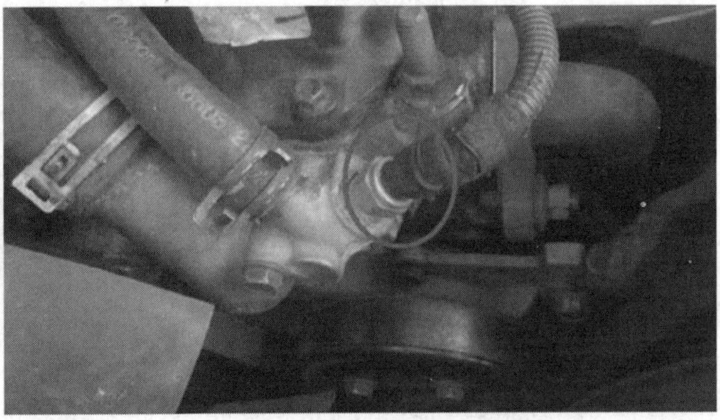

图 4-48　冷却液温度传感器安装位置

（3）电路简图　冷却液温度传感器电路简图如图 4-49 所示。

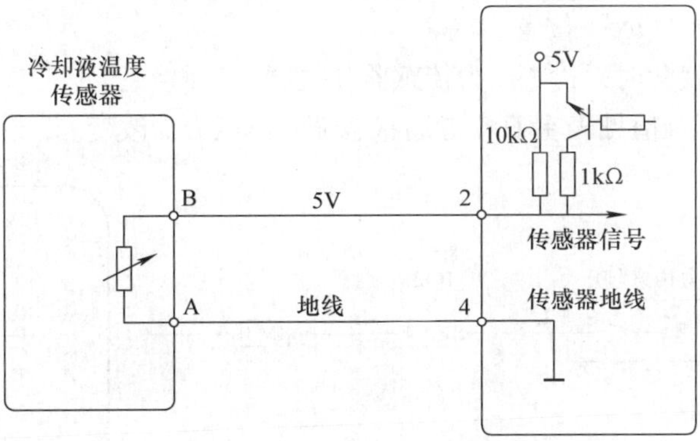

图 4-49　冷却液温度传感器电路简图

（4）传感器检修　电阻检查如下。

1）将冷却液温度传感器连带线束从发动机上拔下。

2）用万用表电阻档连接至冷却液温度传感器插接器的 A 端子和 B 端子上，把传感器放置在冷却液中，观察万用表电阻读数是否随着冷却液温度的变化而变化，如图 4-50 所示。冷却液温度传感器为负热敏电阻，其电阻标准值见表 4-9。

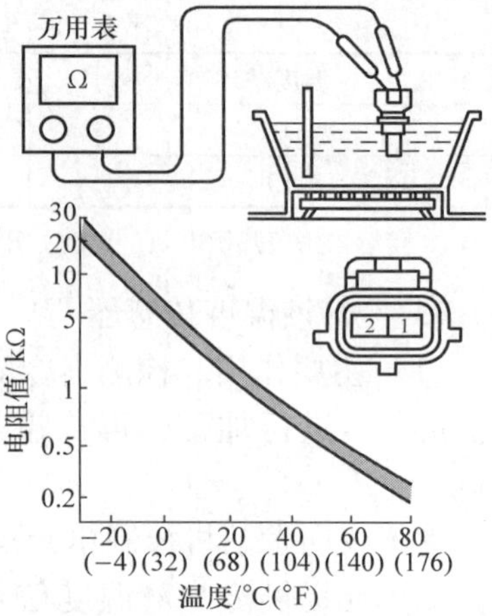

图 4-50　冷却液温度传感器检测

8. 空调压力传感器

（1）主要作用　压力传感开关可以代替高、中、低压开关，用于实时监测制冷系统高压管路中制冷剂的压力，防止制冷系统在极限制冷剂管路压力下工作，并帮助控制发动机冷却风扇的转速，从而保护制冷系统部件。

（2）安装位置　空调压力传感器安装在制冷系统高压管路中，如图 4-51 所示。

表 4-9　冷却液温度传感器电阻标准值

连接状态	温度	电阻值/kΩ
连接 A 端子和 B 端子	20℃（68℉）	2.32～2.59
	80℃（176℉）	0.310～0.326

（3）电路简图　空调压力传感器电路简图如图 4-52 所示。

图 4-51　空调压力传感器安装位置

（4）传感器检修

1）检查空调控制总成插接器的端子 PSW 与车身接地之间的电压。

① 安装歧管压力表。

② 将点火开关置于“ON”位置。

③ 在空调气体压力变化时，检查空调控制总成插接器的端子 PSW 与车身接地之间的电压，其标准值见表 4-10，电压随气体压力的改变而改变。

2）检查压力传感开关。

① 断开压力传感开关插接器。

② 将点火开关置于“ON”位置。

③ 在空调气体压力变化时，检查压力传感器开关端子 1 和 4 之间的导通情况，气体压力标准值见表 4-11，导通状态随气体压力而改变。

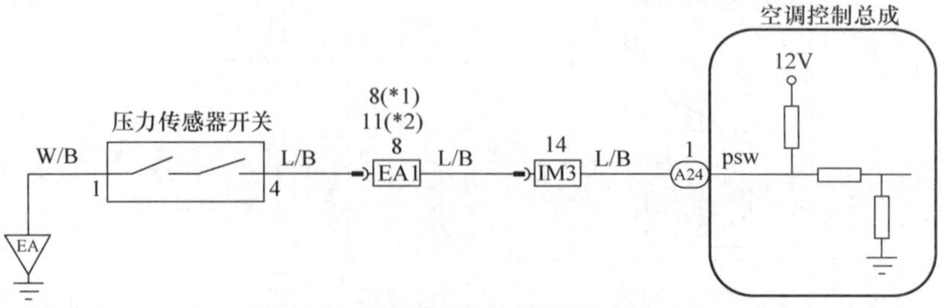

图 4-52　空调压力传感器电路简图

*1—左侧驾驶车辆　*2—右侧驾驶车辆

表 4-10　端子 PSW 与车身接地之间的电压标准值

低压切断端	高压切断端
通（0V）	通（0V）
196kPa	3140kPa
断（12V）	断（12V）

表 4-11　气体压力标准值

低压切断端	高压切断端
通（导通）	通（导通）
196kPa	3140kPa
断（不导通）	断（不导通）

任务准备

故障诊断仪 KT600、博世 208 接线盒、万用表、试灯、世达 13 件电子维修工具、内饰拆装撬棒、实训整车。

任务实施

诊断空调太阳能传感器、车内温度传感器（乘客舱温度传感器）的电路故障。

故障码：DTCB016305，开路/电阻过大；DTCB018305，开路/电阻过大。

（1）电路/系统说明　环境光传感器和太阳能传感器将日照和乘客舱温度功能集成在一个总成零件中，且太阳能传感器使用 4 个特殊的电路，具体如下。

1）低电平参考电压电路（环境光传感器和太阳能传感器总成的共用搭铁）。

2）温度信号电路（温度传感器的信号电路）。

3）时钟信号电路（具有两个功能，HVAC 控制模块通过高电平侧脉冲调制信号，将电源提供给传感器以及传感器微处理器的时钟输入端）。

4）太阳能传感器信号电路（它被用作太阳能传感器对 HVAC 控制模块的输出端，以传递太阳热（IR）强度、高度及方位数据）。

乘客舱温度传感器为负温度系数热敏电阻。当空气温度升高时，传感器电阻减小，传感器信号电压在 0 ~ 5V 之间变化。明亮或高强度的光照导致车内空气温度升高，自动 HVAC 系统通过将额外的冷气送入车内来补偿所升高的温度。

（2）电路/系统检验

1）如果未设置任何 DTC，应确认 B10B 环境光传感器和太阳能传感器的精确性。

2）如果传感器不精确，应按照下列顺序进行电路/系统测试。

① 低电平参考电压测试。

② DTCB0163 电路测试。

③ DTCB0183 电路测试。

3）如果传感器精确，则一切正常。

（3）电路/系统测试

1）电路/系统测试 1：低电平参考电压测试过程如图 4-53 所示。

2）电路/系统测试 2：DTCB0163 测试过程如图 4-54 所示。

3）电路/系统测试 3：DTCB0183 测试过程如图 4-55 所示。

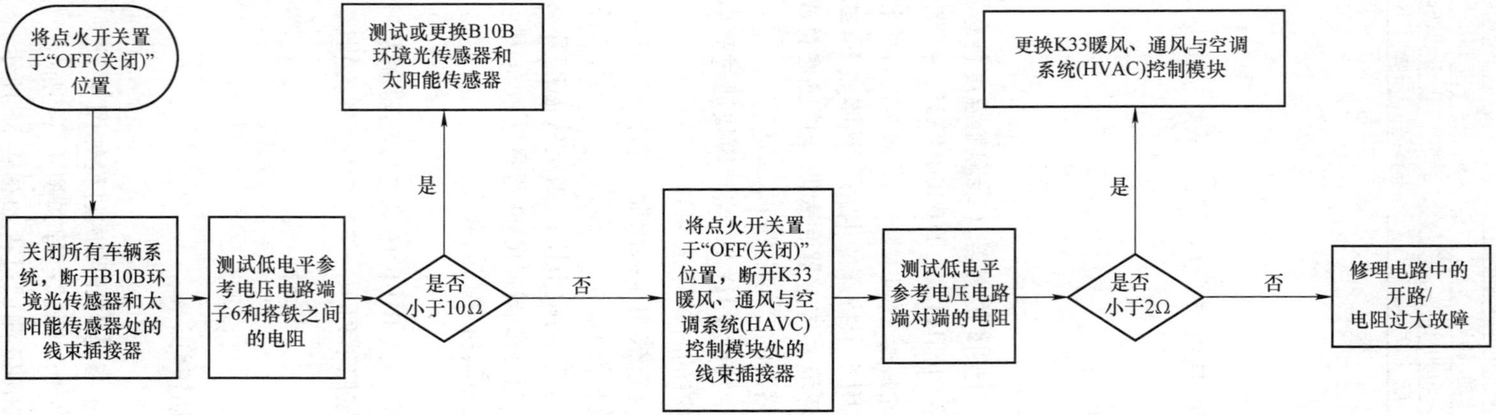

图 4-53　低电平参考电压测试过程

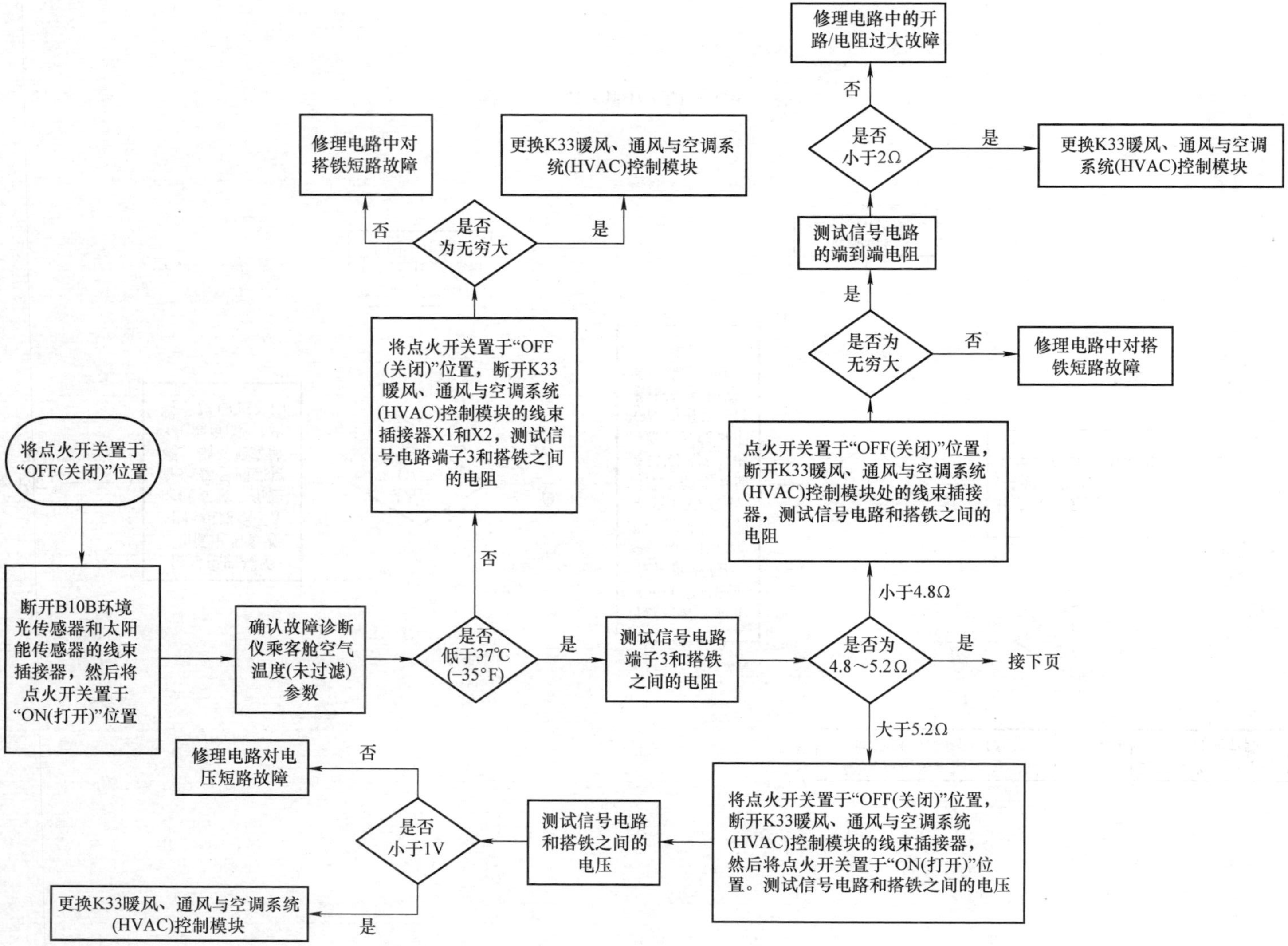

图 4-54　DTCB0163 测试过程

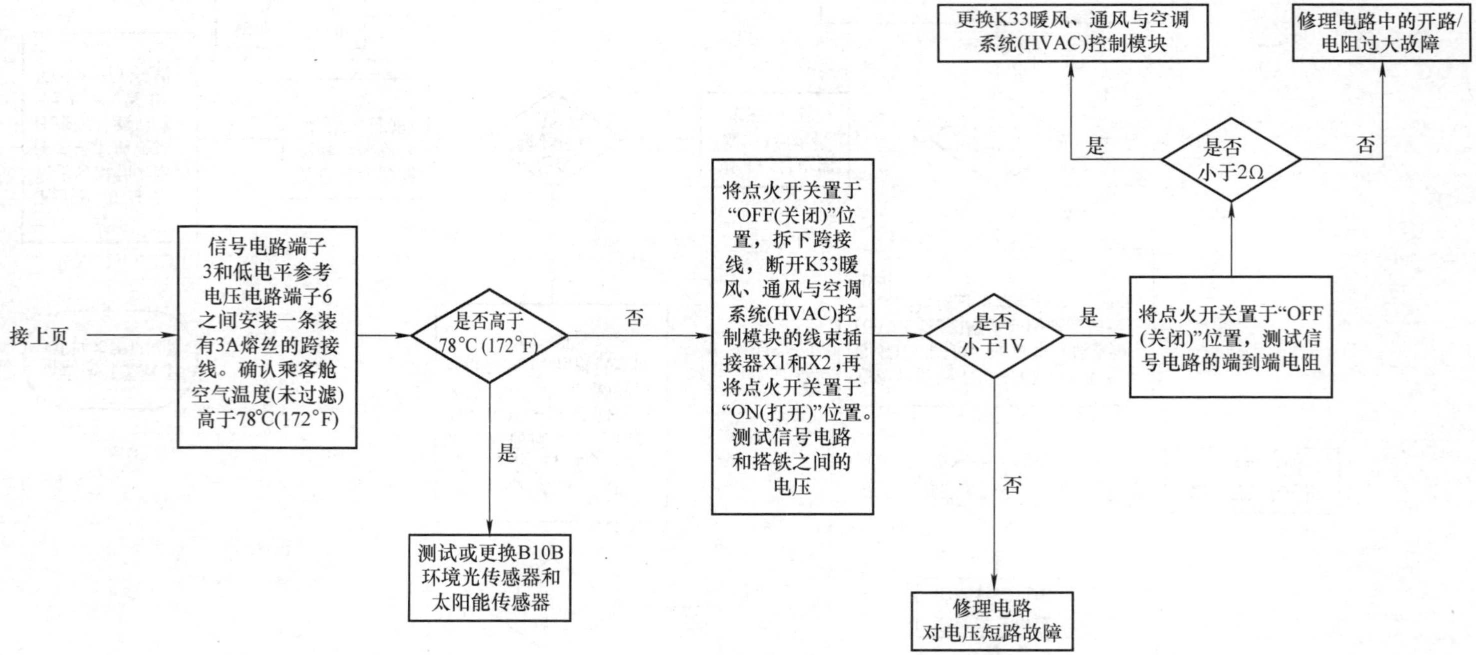

图4-54 DTCB0163 测试过程（续）

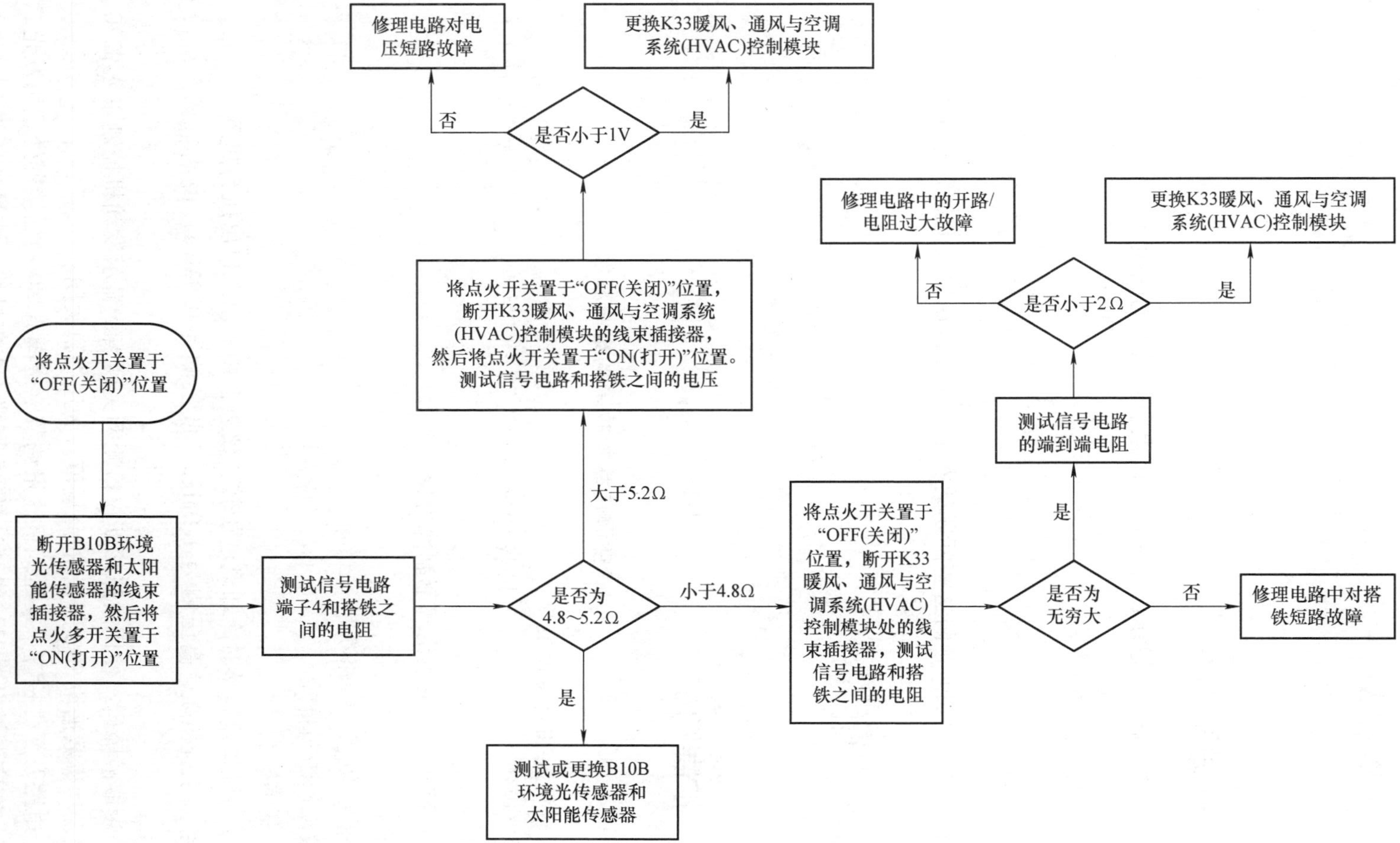

图 4-55　DTCB0183 测试过程

检查评议

评价表参见表 2-9。

问题及防治

1）根据检查情况，总结出完成任务过程中会遇到的问题。

2）小组内探讨如何预防这些问题的发生，也可以由组长汇总后咨询教师。

扩展知识

空调传感器故障的维修案例

1. 车辆情况和故障现象

行驶里程约为 5×10^4km，搭载 CDE 发动机和 5 档手动变速器的大众朗逸 1.6 手动舒适型轿车。

故障：该车空调突然出现不制冷现象。

2. 故障原因

车外温度传感器线路断路。

3. 故障诊断与排除

（1）基本检查

1）发动机怠速运转时冷却风扇旋转，仪表台中央出风口出风为热风。

2）空调系统压强，高压侧为 1.0MPa，低压侧为 0.9MPa，说明空调系统没有产生制冷循环。

（2）读取故障码　使用故障诊断仪检测网关列表，显示发动机控制单元 J220 无故障码存储。读取发动机数据块 50 组 4 区的测量值，为压缩机关闭。

（3）电路及元件检查　在压缩机流量调节电磁阀 N280 的插接器处，用发光二极管试灯检测，不亮。在空调继电器 J32（126）的 85 号端子引出导线，测量电压为 13～26V。人为搭铁该端子，继电器吸合，压缩机工作，空调系统开始制冷。

（4）诊断排除　故障由控制方面的原因造成，是发动机控制单元不允许空调运行。但发动机控制单元无故障码，是什么因素导致压缩机关闭呢？

从网关列表上看到仪表和车身控制单元呈故障状态，由此联想到车外温度传感器可能有问题。使用车上中央显示屏信息调取开关，查询仪表内的车外温度信息，显示为“℃”，异常。用故障诊断仪查询仪表控制单元故障内存，发现故障码为00779，即车外温度传感器G17断路，2组4区外部环境温度的测量值为－50℃，问题就在这里。

检查前保险杠内车外温度传感器G17，发现线断路。传感器电阻过大意味着温度很低，因此不满足制冷条件。该信息经仪表通过数据总线发送到发动机控制单元，从而关闭了空调压缩机。

修复车外温度传感器的线路，空调恢复制冷。

教你一招：维修诊断方法

直观法：利用眼、耳、鼻等感知器官判断故障，如空调吹出来的风是否凉爽、是否存在异味与异响。

仪表法：使用各种诊断设备或仪表对空调系统进行检测维修。

经验法：凭借长久的维修经验进行诊断维修。

课后习题

1）下列（　　）不是提供给输入信号给自动空调控制系统的传感器。

A. 太阳能传感器　B. 车外温度传感器　C. 氧传感器　D. 车内温度传感器

2）汽车自动空调系统中，太阳能传感器一般安装在车辆的（　　）位置。

A. 前保险杆上　B. 发动机盖上　C. 后保险杠上　D. 仪表台上，靠近风窗玻璃附近

3）汽车内的相对湿度一般保持在（　　）。

A. 40%　B. 90%　C. 25%　D. 50%～70%

4）使用温度测试仪测量空调出风温度，应将测温探头安装在（　　）。

A. 左侧除霜出风口　B. 左侧脚部出风口　C. 左侧中央出风口　D. 右侧脚部出风口

5）使用诊断仪对自动空调系统进行诊断时，若诊断通信失败，则可能的故障原因是（　　）。(多选)

A. 环境温度传感器损坏　B. 网关模块损坏

C. 空调控制模块损坏　D. 诊断通信线路接触不良

6）车内温度传感器的电阻特性为（　　）。

A. 负温度系数热敏电阻　B. 正温度系数热敏电阻

C. 临界温度系数热敏电阻　D. 与温度无关

任务4　控制电路的检测与诊断

任务描述

一辆威朗15S自动领先型车，行驶8×10^4km，客户反映起动该车发动机，打开空调控制面板的A/C开关时，空调出风口不出风。这是什么原因造成的？故障该如何排除呢？

任务分析

为了完成本任务，应该做到以下几点。

1）掌握鼓风机、散热风扇（冷凝器风扇）和压缩机控制电路的作用。

2）理解鼓风机、散热风扇（冷凝器风扇）和压缩机控制电路的控制原理。

3）初步读懂鼓风机、散热风扇（冷凝器风扇）和压缩机控制电路的电路图。

相关知识

空调控制系统的作用是保证空调系统正常运转，同时也要保证空调系统在工作时发动机正常运转。空调控制系统主要通过控制压缩机电磁离合器的吸合与分离，实现温度控制与系统保护；通过对鼓风机转速的控制，实现制冷负荷调节；通过对散热风扇转速的控制，实现散热效果调节。

汽车空调系统要正常工作，鼓风机、散热风扇、压缩机必须同时工作。汽车空调基本控制电路主要控制鼓风机、散热风扇、压缩机3个器件的工作。因此，汽车空调的基本控制电路主要由以上三部分组成。

1. 鼓风机

（1）主要作用　鼓风机（见图4-56）是空调系统中重要的组成部分。当鼓风机将热空气强制吹过蒸发器表面时，热空气便被冷凝器冷却而变成冷气送回车内空间，从而降低车内温度。除了需控制送风温度外，还应控制鼓风机的温度，以适应环境变化，让车内环境更舒适。

（2）控制原理　鼓风机工作时，电动机驱动一个风扇，以推动空气通过蒸发器和加热器。

图4-56　鼓风机

目前汽车空调通过外接鼓风机电阻或功率晶体管的方式来控制电路。控制电路由电源部分、鼓风机开关、调速电阻器、鼓风机电动机等部分组成，见表4-12。

表 4-12　鼓风机控制电路的组成与作用

组成	作　　用
电源部分	给电路供电，主要由蓄电池、熔断器、点火开关、鼓风机继电器等组成
鼓风机开关	接通电源，改变鼓风机的转速档位，一般有 4 个档位即 OFF 档、L 档、M 档、H 档
调速电阻器	改变串联电阻的大小，调节鼓风机的电流，从而达到控制鼓风机转速的目的
鼓风机电动机	给蒸发器散冷，推动车内空气循环

1）外接鼓风机电阻控制方式。鼓风机电阻串联在鼓风机开关与鼓风机电动机之间，其电压降被用于改变电动机的端电压，控制电动机转速和调节空气流量。当电动机运转时，变阻器会发热，需要冷却。因此，它被安装在鼓风机电动机前蒸发箱内，使其通风良好，如图 4-57所示。

2）外接功率晶体管控制方式。空调控制器通过改变晶体管基极电流的大小，使鼓风机在不同转速下工作，这种控制方式利用了晶体管可放大的特性，如图 4-58 所示。

3）晶体管与鼓风机电阻组合型控制方式。该控制方式鼓风机控制开关有自动档和不同转速的选择模式，鼓风机转速由空调微机控制，而一旦通过人为操纵开关选择不同的转速后，空调微机的控制功能会自动取消，如图 4-59 所示。

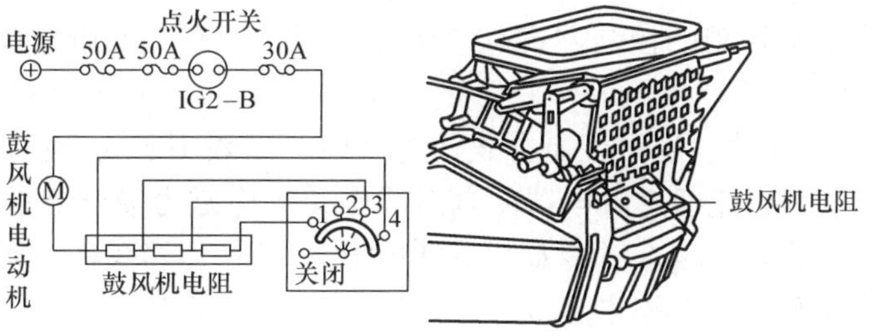

a) 鼓风机开关　　b) 鼓风机电阻

图 4-57　外接鼓风机电阻控制方式

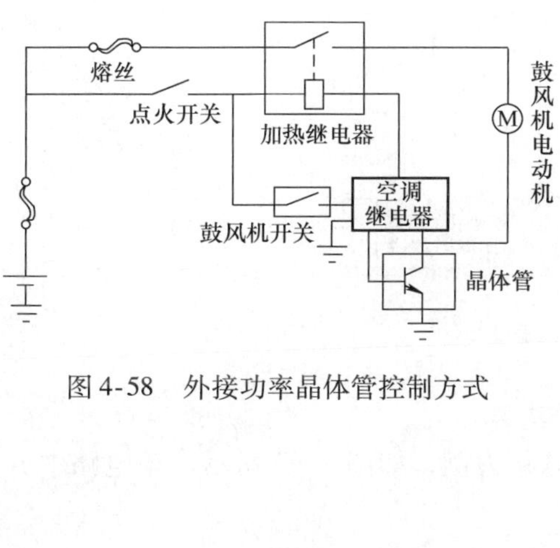

图 4-58　外接功率晶体管控制方式

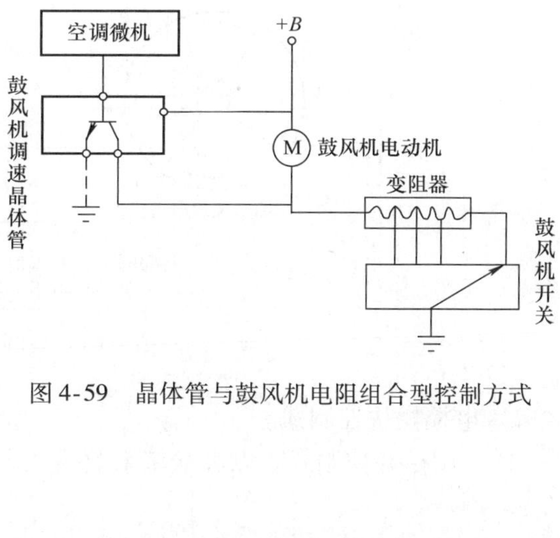

图 4-59　晶体管与鼓风机电阻组合型控制方式

在实际应用中，一般鼓风机开关与压缩机电磁离合器串联，电路如图 4-60 所示。若不起动鼓风机，电磁离合器不能吸合，压缩机不能工作，则制冷系统就不能工作。

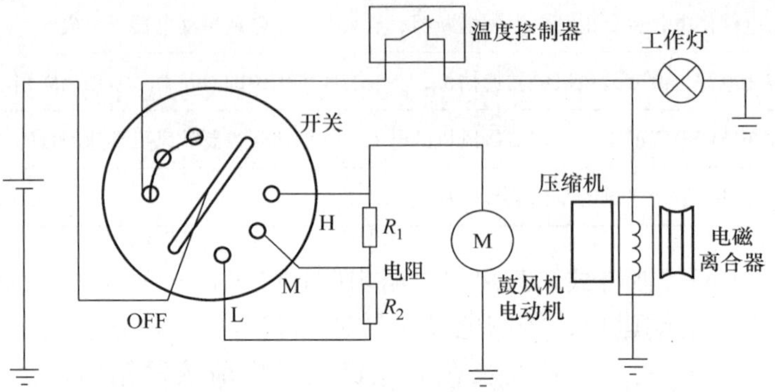

图 4-60　鼓风机开关与电磁离合器串联电路

2. 散热风扇

（1）主要作用　散热风扇的主要作用是对流过冷凝器的高温高压气态制冷剂进行散热，使气态制冷剂变成液态。如果冷凝器风扇不工作，会使冷凝器得不到有效散热，则制冷效果不良。散热风扇具有高、低档，切换的依据是空调工作状态（是否开启）、发动机冷却液温度以及空调制冷管路压力。

（2）控制原理　散热风扇的控制方式有空调开关直接控制式和电控模块控制式（指空调控制单元/发动机 ECU）。

1）空调开关直接控制式。这种控制方式较为原始，一般用于火车空调，如图 4-61 所示。其工作原理：开启空调，电流通过继电器的电磁线圈并产生磁力吸合触点，此时控制电路为：12V 直流电源→熔丝→继电器触点→冷却风扇电动机→搭铁；当关闭空调时，继电器电磁线圈无电流通过，触点断开，风扇停止运转。

此控制方式比较简单，当空调开关接通时，冷却风扇便可同时为发动机散热器和空调冷凝器降温。

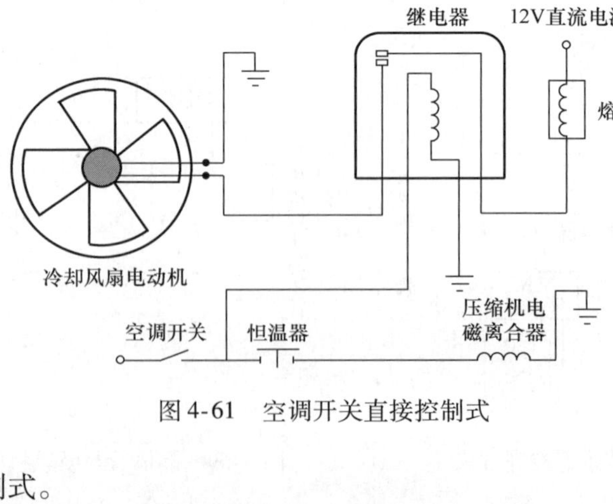

图 4-61　空调开关直接控制式

2）电控模块控制式。

① 空调模块控制式。以大众车系散热风扇控制电路为例，如图 4-62 所示。该电路中分为

左、右散热风扇，内部各附加一个电阻，当电流直接通过风扇电动机时为高速档，而风扇与电阻串联时为低速档。

空调模块（放大器 J293）根据空调开启信号、冷却液温度以及压力开关信号控制散热器风扇的运转。开启空调时，空调放大器控制左、右风扇同时低速运转，当制冷剂压力升高或中压开关闭合时，空调放大器接通高速档以快速散热。

② 发动机 ECU 控制式。这类控制方式常用于日韩车系，通过发动机 ECU 接通不同继电器来控制散热风扇的运转，如图 4-63 所示。

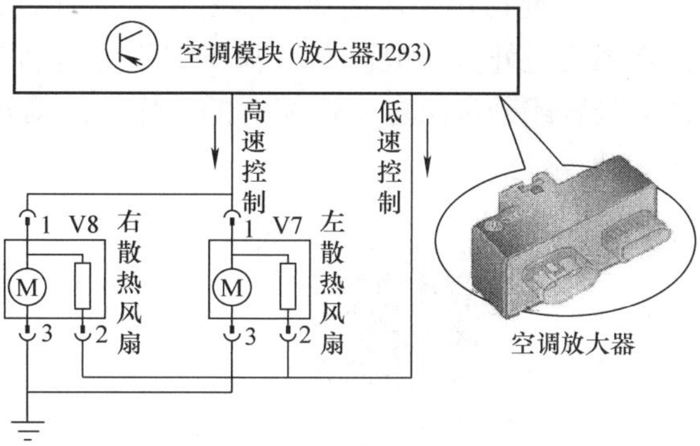

图 4-62　大众车系散热风扇控制电路

散热风扇电动机低速运转的情况下，当开启空调系统（ECU 接收到空调请求信号）或发动机冷却液温度到达 95℃时，ECU 给 3 号风扇继电器线圈通电，此时冷凝器风扇和散热器风扇串联，低速散热，控制电路为：熔丝→3 号风扇继电器触点 5→3 号风扇继电器触点 3→冷凝器风扇→2 号风扇继电器触点 3→2 号风扇继电器触点 4→散热器风扇→搭铁。

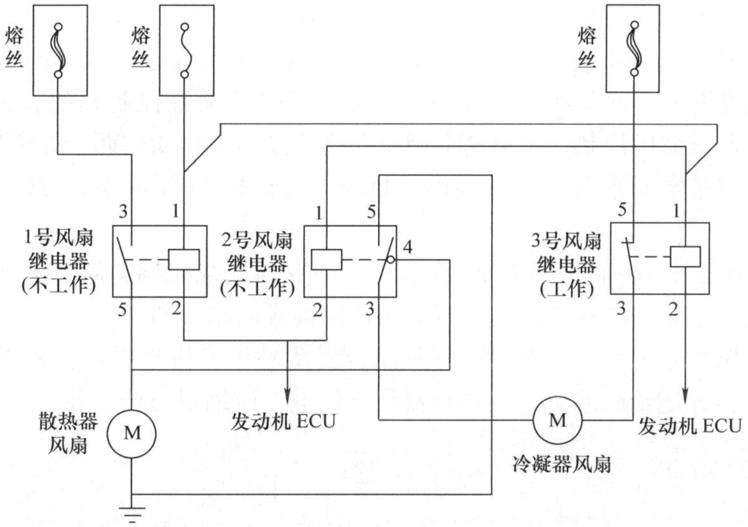

图 4-63　散热风扇电动机低速运转电路

散热风扇电动机高速运转的情况下，当制冷管路上的中压开关闭合（如制冷剂压力 1700kPa 达到预设的制冷剂压力）或者发动机冷却液温度达到 105℃时，发动机 ECU 控制所有风扇继电器工作，冷凝器风扇和散热器风扇并联，独立通电，电动机高速运转。此时控制电路为：熔丝→1 号风扇继电器触点 3→1 号风扇继电器触点 5→散热器风扇→搭铁，散热器风扇为发动机散热器和空调冷凝器高速散热；熔丝→3 号风扇继电器触点 5→3 号风扇继电器3→冷凝器风扇→2 号风扇继电器触点 3→2 号风扇继电器触点 5→搭铁，冷凝器风扇为发动机散热器和空调冷凝器高速散热。

3. 压缩机电磁离合控制电路

(1) 主要作用 电磁离合器是用来接通或断开压缩机动力传动系统的装置。除了大型独立式空调机组外，一般汽车空调压缩机都是通过电磁离合器与发动机主轴进行连接，电磁离合器的吸合或分离决定了压缩机的工作。压缩机电磁离合器的结构及其控制电路如图 4-64 和图 4-65 所示。

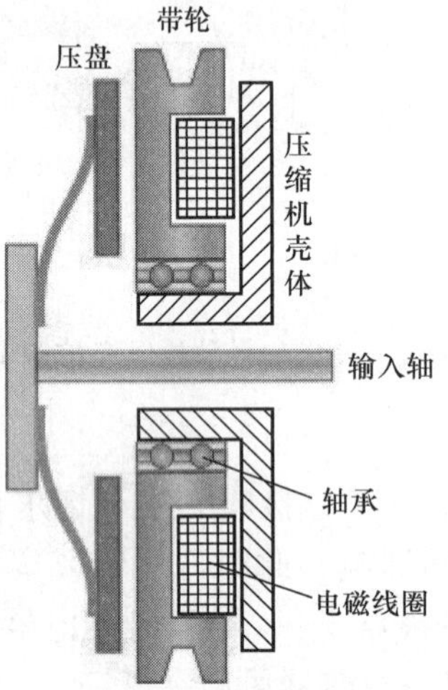

图 4-64 压缩机电磁离合器的结构

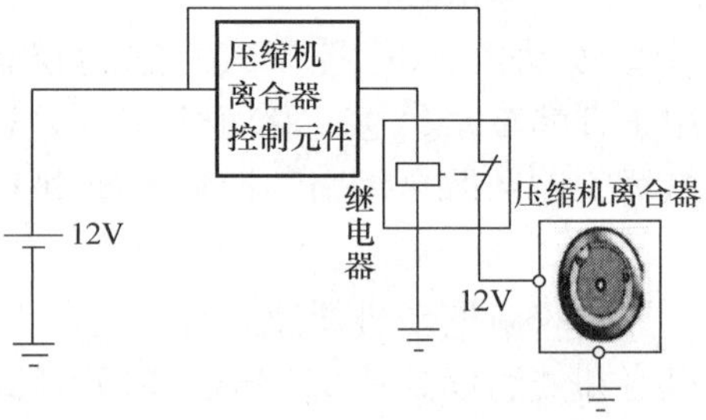

图 4-65 压缩机电磁离合器控制电路

(2) 控制原理 汽车空调压缩机电磁离合器控制电路主要包括 A/C 开关、制冷剂高低压开关、制冷剂温度开关、冷却液温度开关、压缩机过热开关等控制元件。压缩机的工作方式可以分为手动空调压缩机控制、半自动空调压缩机控制和全自动空调压缩机控制。

电控时代的汽车空调都通过微处理器（PCM、发动机 ECU 或空调 ECU）来控制 A/C 电路、冷凝风扇。

1）手动空调压缩机控制。图 4-66 所示为手动空调系统控制电路。电流从蓄电池正极出发经过各个开关、压缩机电磁离合器到蓄电池负极构成回路，即空调开关（A/C 开关）闭合、温度开关闭合、压力开关闭合、鼓风机开关闭合。此时压缩机电磁离合器继电器（冷气继电器）工作，蓄电池才能给压缩机电磁离合器线圈供电，压缩机方能工作。

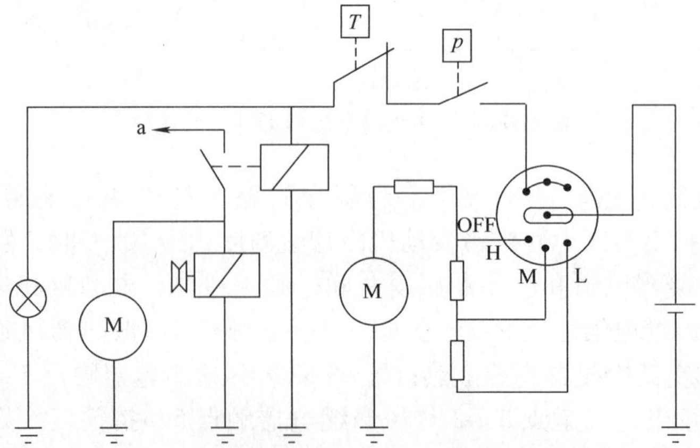

图 4-66 手动空调系统控制电路

空调及鼓风机开关、温控器、发动机转速控制器、电磁离合器控制电磁离合器线圈通/断，压缩机由发动机驱动工作，同时与发动机并联的压缩机工作指示灯亮。通常情况下，空调及鼓风机开关闭合，压缩机就开始工作，可是空调压缩机不能始终运转，否则不但浪费能源，还有可能导致车内温度过低。因此，车内温度的高低是由温度控制器来控制的，温度控制器一般安装在车内。当车内温度高于设定温度时，温控器触点闭合，压缩机旋转，空调系统工作使得车内温度降低；当车内温度低于设定值时，温控器触点断开，电磁离合器断电，压缩机停止工作，指示灯熄灭，这时鼓风机仍然工作，空调停止工作后，车内温度逐渐升高，当车内温度高于设定温度时，温控器触点闭合，电流通过电磁离合器线圈使压缩机再工作，这样循环控制，使车内温度控制在设定的范围内。

2）半自动空调压缩机控制。半自动空调压缩机控制电路如图4-67所示，半自动空调压缩机工作的前提是空调开关（A/C开关）闭合、温度开关（热敏电阻）工作、压力开关闭合、鼓风机开关闭合以及发动机转速信号、压缩机转速信号、制冷剂温度开关闭合。当点火开关和鼓风机开关接通时，加热器继电器就接通。如空调器开关此时接通，则压缩机电磁离合器继电器由空调器放大器接通。这就使压缩机电磁离合器接合，压缩机工作。

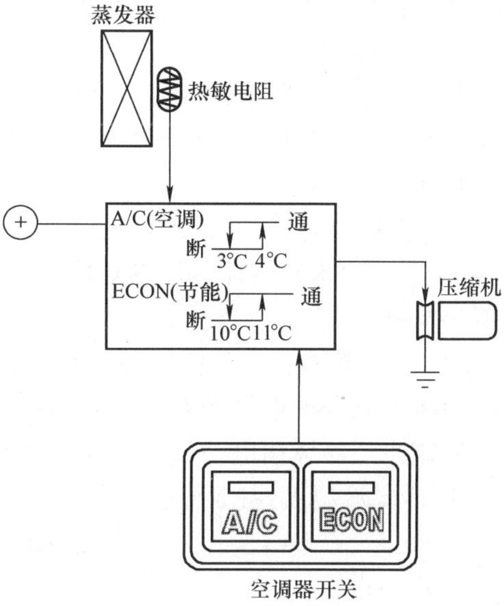

图4-67　半自动空调压缩机控制电路

在下述情况下，电磁离合器脱开，压缩机停止运转，空调系统不工作。

① 鼓风机开关位于OFF（断开）位置，当鼓风机开关断开时，加热器继电器也断开，电源不再传送至空调器。

② 空调器开关位于OFF（断开）位置，空调器放大器（它控制压缩机电磁离合器继电器）的主电源被切断。

③ 蒸发器温度太低，如蒸发器表面温度降至3℃（37℉）或以下，则空调器放大器电源被切断。

④ 双重压力开关位于OFF（断开）位置，如制冷回路高压端压力极高或极低，这一开关便断开。空调器放大器检测到这种情况，就切断电磁离合器继电器。

⑤ 压缩机锁止（仅限某些车型），压缩机与发动机转速差超过一定的值，空调器放大器就会判断压缩机已锁止，并切断电磁离合器继电器。

4. 本田雅阁汽车空调电路解析

图4-68所示为本田雅阁汽车空调电路。

（1）鼓风机控制电路

1）蓄电池正极→No. 41（100A）熔丝→No. 42（50A）熔丝→点火开关→No. 3（7.5A）熔丝→鼓风机高速电动机继电器线圈→搭铁。

2）蓄电池正极→No. 41（100A）熔丝→No. 56（20A）熔丝→鼓风机电动机继电器触点3→鼓风机电动机继电器触头4→鼓风机电动机，然后分为两路：一路通过受空调电子控制器

ECU 控制的功率晶体管搭铁，从而实现鼓风机变速；另一路通过鼓风机高速电动机继电器触点 3 和 4 后搭铁，从而实现鼓风机高速运转。

高速电动机继电器线圈电路如下。

蓄电池正极→No. 41（100A）熔丝→No. 42（50A）熔丝→点火开关→No. 3（7. 5A）熔丝→高速电动机继电器线圈→空调电子控制器 ECU→搭铁。

（2）冷却风扇控制电路

1）散热器风扇电动机控制电路。蓄电池正极→No. 41（100A）熔丝→No. 57（20A）熔丝→散热器风扇继电器触点 1 和 2→散热器风扇电动机→搭铁。

若要使散热器风扇继电器触点闭合，需要散热器风扇继电器线圈通电，有两个回路可使风扇继电器线圈通电，从而使风扇电动机工作：一是冷却液温度控制回路，二是空调压力控制回路。

① 冷却液温度控制回路：蓄电池正极→No. 41（100A）熔丝→No. 42（50A）熔丝→点火开关→No. 3（7. 5A）熔丝→散热器风扇继电器线圈→散热器风扇开关 A（冷却液温度高于 95℃时接通）→搭铁。

② 空调压力控制回路：蓄电池正极→No. 41（100A）熔丝→No. 42（50A）熔丝→点火开关→No. 3（7. 5A）熔丝→散热器风扇继电器线圈→空调二极管→空调压力开关→空调电子控制器→搭铁。

2）冷凝器风扇电动机控制电路。蓄电池正极→No. 41（100A）熔丝→No. 58（20A）熔丝→冷凝器风扇继电器触点 1 和 2→冷凝器风扇电动机→搭铁。

控制冷凝器风扇电动机工作的也是冷却液温度控制回路和空调压力控制回路两个回路。

① 冷却液温度控制回路：蓄电池正极→No. 41（100A）熔丝→No. 42（50A）熔丝→点火开关→No. 3（7. 5A）熔丝→冷凝器风扇继电器线圈→散热器风扇开 A（冷却液温度高于 95℃时接通）→搭铁。

② 空调压力控制回路：蓄电池正极→No. 41（100A）熔丝→No. 42（50A）熔丝→No. 3（7. 5A）熔丝→冷凝器风扇继电器线圈→空调二极管→空调压力开关→空调电子控制器→搭铁。

此外，散热器风扇继电器线圈、冷凝器风扇继电器线圈还可以通过 ECM/PCM 控制搭铁。

3）压缩机离合器控制电路。蓄电池正极→No. 41（100A）熔丝→No. 42（50A）熔丝→点火开关→No. 3（7. 5A）熔丝→压缩机离合器继电器线圈→ECM/PCM→搭铁。

蓄电池正极→No. 42（100A）熔丝→No. 58（20A）熔丝→压缩机离合器继电器触点 1 和 2→电磁离合器→搭铁。

4）温度控制电路。蓄电池正极→No. 41（100A）熔丝→No. 42（50A）熔丝→点火开关→No.（7. 5A）熔丝→空调电子控制器 ECU→搭铁。

车内温度、蒸发器温度、车外空气温度、太阳能传感器和发动机冷却液温度（ECT）传感器传回温度控制所需要的各种信号。

蓄电池正极→No. 41（100A）熔丝→No. 42（50A）熔丝→点火开关→No. 3（7. 5A）熔丝→压缩机离合器继电器线圈→ECM/PCM→搭铁。

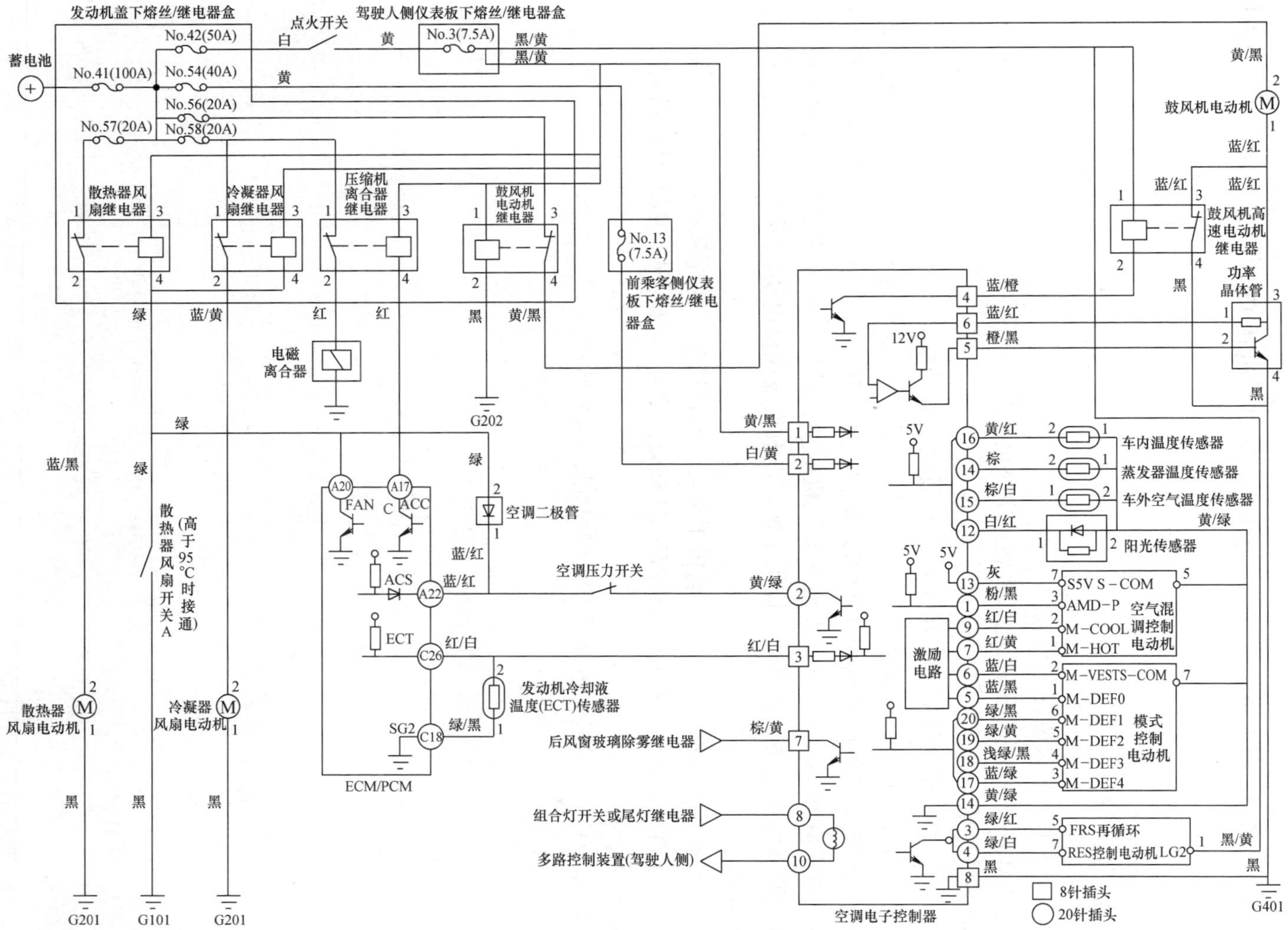

图 4-68　本田雅阁汽车空调电路

任务准备

故障诊断仪 KT600、博世 208 接线盒、万用表、试灯、世达 13 件电子维修工具、内饰拆装撬棒和实训整车。

任务实施

诊断空调（A/C）鼓风机的电路故障。

故障码：DTCB019306 前鼓风机电动机转速电路电压过低/开路。

1. 电路/系统说明

鼓风机电动机控制模块是 HVAC 控制模块和鼓风机电动机之间的接口。鼓风机电动机控制模块有 4 条电路，即 $B+$ 输入电路、接自 HVAC 控制模块的信号输入电路、至鼓风机电动机的 $B+$ 输出电路和低电平侧脉宽调制（PWM）输出电路。HVAC 控制模块向鼓风机电动机控制模块提供低电平侧脉宽调制信号，以请求鼓风机电动机转速。鼓风机电动机控制模块利用低电平侧脉宽调制信号向鼓风机电动机提供搭铁，以改变鼓风机电动机转速。

2. 诊断提示

1）检查电动机轴是否有可能阻碍电动机正常运行的铁锈或其他外部物质。

2）如果电动机工作正常，应重新安装它，并核查“基本信息”或“技术维修通信”。

3. 电路/系统测试

诊断空调（A/C）鼓风机的电路故障流程图如图 4-69 所示。

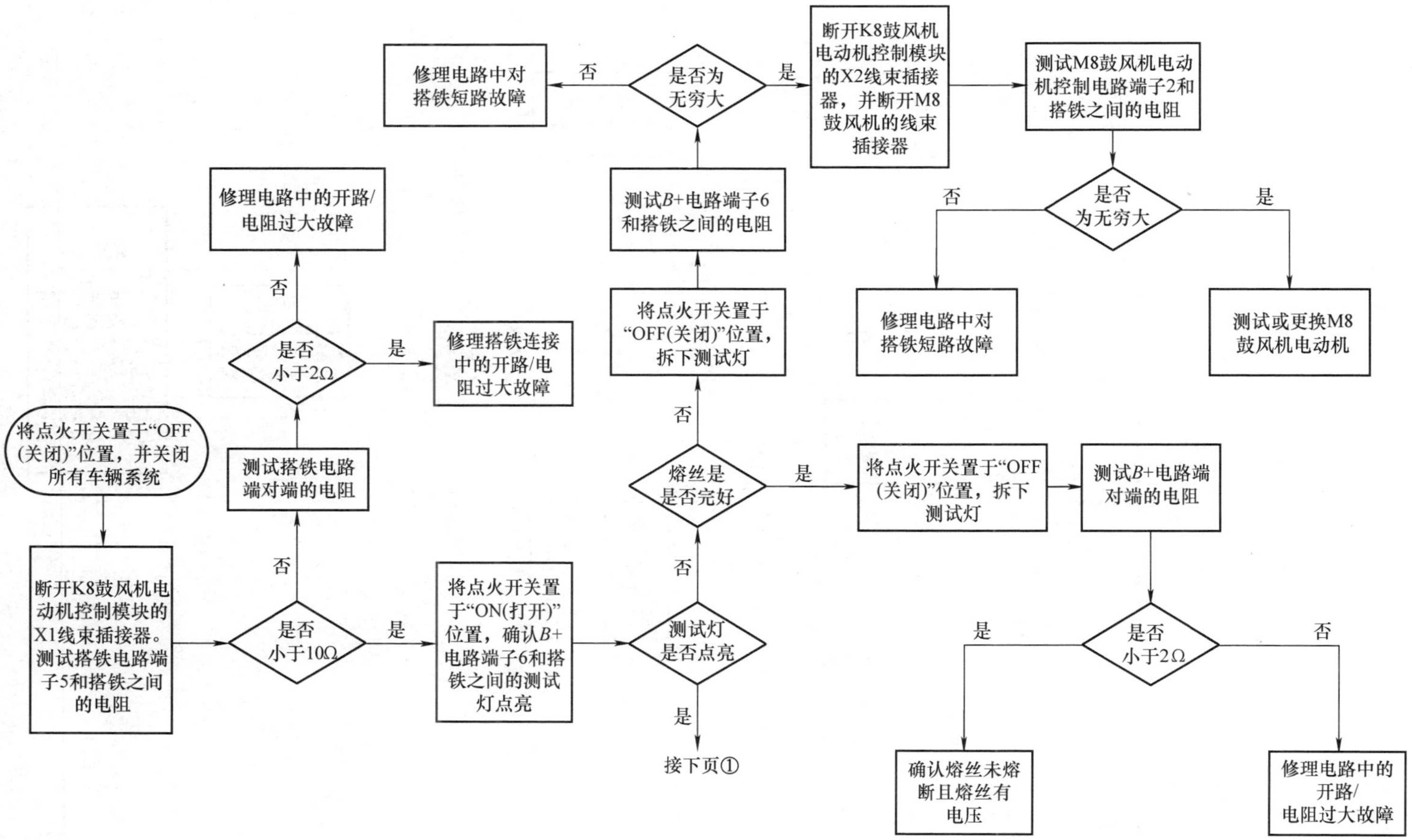

图 4-69　诊断空调（A/C）鼓风机的电路故障

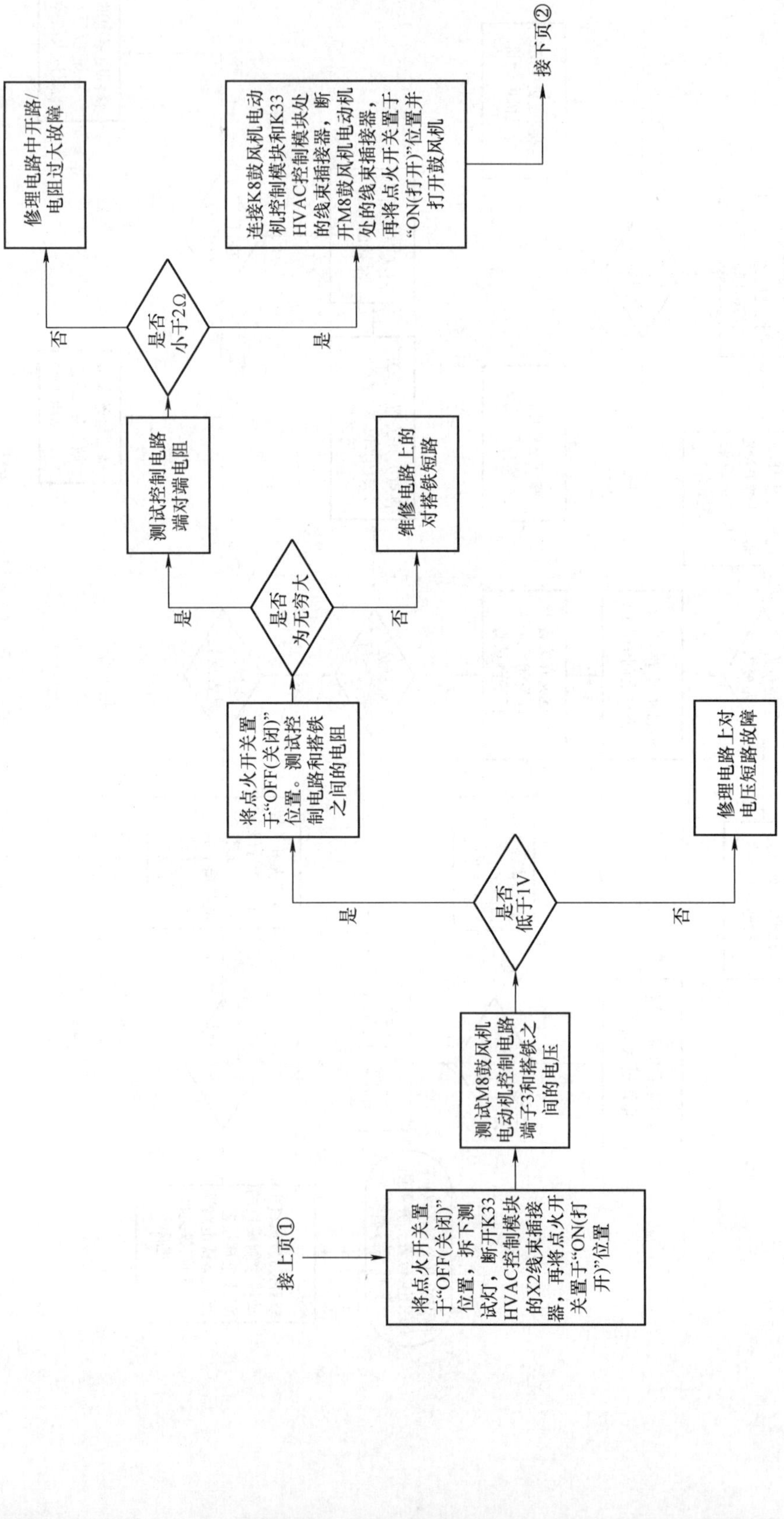

接上页①
将点火开关置于"OFF(关闭)"位置，拆下测试灯，断开K33 HVAC控制模块的X2线束插接器，再将点火开关置于"ON(打开)"位置
测试M8鼓风机电动机控制电路端子3和搭铁之间的电压
是否低于1V
是
否
修理电路上对电压短路故障
将点火开关置于"OFF(关闭)"位置。测试控制电路和搭铁之间的电阻
是否为无穷大
是
否
维修电路上的对搭铁短路
测试控制电路端对端电阻
是否小于2Ω
否
修理电路中开路/电阻过大故障
是
连接K8鼓风机电动机控制模块和K33 HVAC控制模块处的线束插接器，断开M8鼓风机电动机处的线束插接器，再将点火开关置于"ON(打开)"位置并打开鼓风机
接下页②

4 UNIT

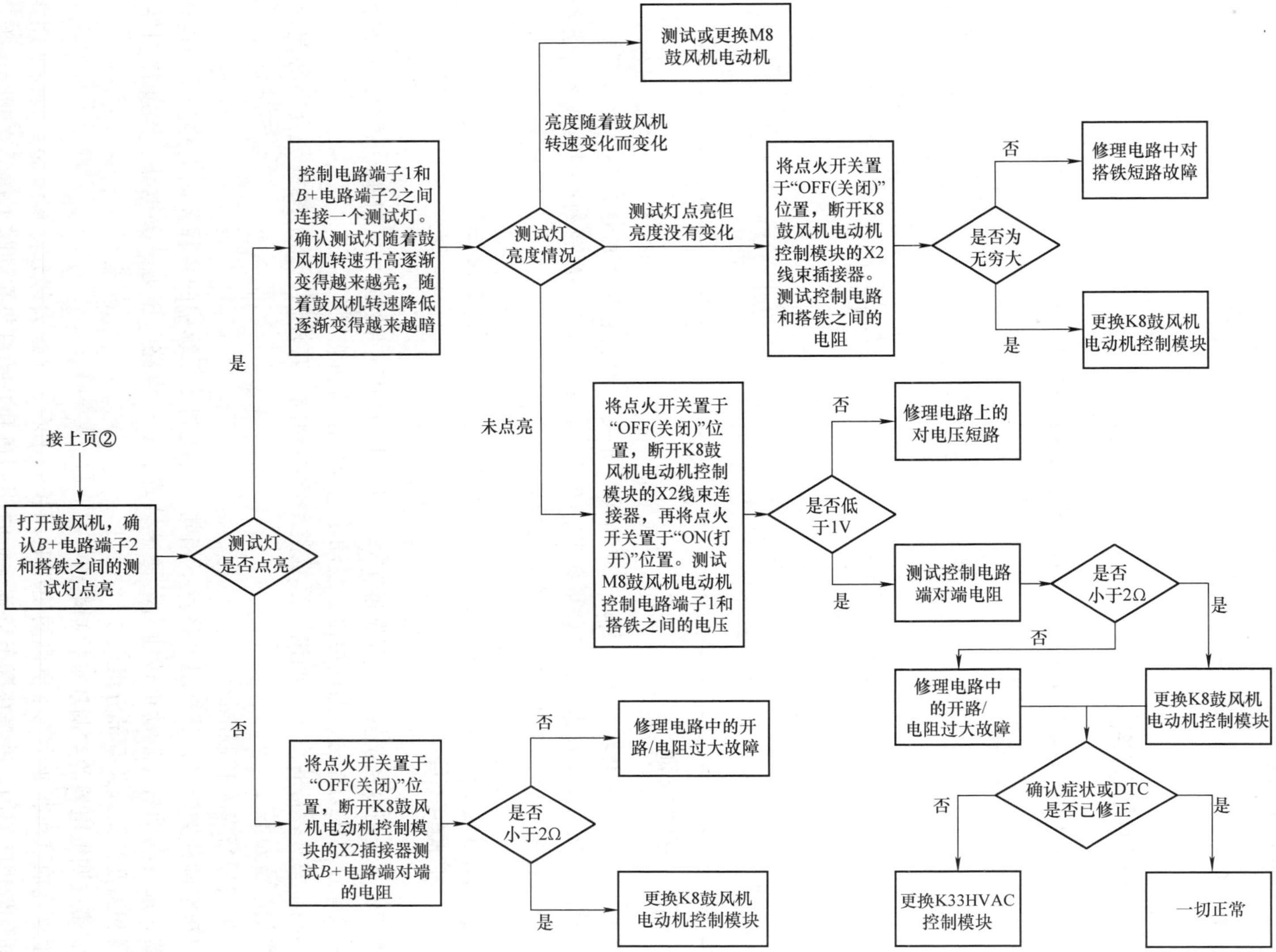

图 4-69　诊断空调（A/C）鼓风机的电路故障（续）

检查评议

评价表参见表2-9。

问题及防治

1）根据检查情况，总结出完成任务过程中会遇到的问题。

2）小组内探讨如何预防这些问题的发生，也可以由组长汇总后咨询教师。

教你一招：回路原则

任何一个完整的电路都是由电源、熔断器、开关、控制装置、用电设备、导线等组成的。电流必须从电源正极出发，经过熔断器、开关、控制装置、导线等到达用电设备，再经过导线（或搭失）回到电源负极，才能构成回路。

扩展知识

为确保空调制冷系统安全、可靠地工作，并维持车内所需的温度，汽车空调控制系统控制电路通常设有压力保护、温度控制、发动机怠速控制等功能。

不同车型所装备的汽车空调制冷系统类型不尽相同，其控制电路的结构也会有所差别。基本控制电路如下。

1. 制冷系统基本控制电路

汽车空调种类较多，其控制电路各不相同。空调制冷系统中的各种控制电路基本由电磁离合器、风扇电动机、发动机转速自动调整装置、安全电路、压力开关电路、温度控制器、继电器和温度控制开关等部分组成。

2. 带空调继电器的空调基本控制电路

根据当前汽车行业中汽车空调的使用时间长短来看，导致大部分汽车内部空调在使用年限方面比较短的原因，就是在汽车空调运行时压缩机和电动机也在同时工作，这就会出现汽车中同时工作的电流比较多，很容易对汽车内部空调的温度控制开关等造成损害，所以，要想让汽车内部空调的使用时间变得更长，能够更好地工作，延长汽车内部空调的使用时间，许多汽车生产厂家都在汽车内部空调系统中安装了空调继电器，利用空调继电器中的触点替代温度控制开关来进行工作，实现压缩机电磁离合器电路的通断工作，并将汽车散热系统电路以及压缩机线圈等部分并联，以便提高汽车空调的使用寿命。

3. 发动机怠速稳定控制电路

发动机怠速稳定控制电路与汽车空调继电器电路串联，而其主要作用就是节约发动机发出的能量，能够对空调压缩机进行适当的保护，使发动机和压缩机的使用时间得以延长。发动机怠速稳定控制电路的工作原理就是当发动机工作且转速低于900r/min时，发动机怠速稳定控制电路能够利用对继电器的触点进行控制，来对空调压缩机进行工作上的减缓或者是让压缩机停止工作，确保电动机在出现怠速的情况下也能够正常、平稳地运行，进而有效地工作。

课后练习

1）在空调制冷装置中，冷凝器和蒸发器之间连接的部件是（　　）。

A. 空调压缩机　　B. 冷却风扇　　C. 节温器　　D. 膨胀阀

2）对制冷剂进行散热的部件是（　　）。

A. 空调压缩机　　B. 冷凝器　　C. 膨胀阀　　D. 蒸发器

3）电控时代的汽车空调都是由微处理器，比如（　　）来停止和起动A/C电路，控制压缩机和冷凝器风扇的。

A. 空调ECU　　B. 发动机ECU　　C. PCM　　D. 以上均可

4）目前汽车空调器是通过外接鼓风机电阻或（　　）的方式来控制电动机转速的。

A. 功率晶体管　　B. 压缩机电磁离合器　　C. 普通电阻　　D. ECU

5）当节气门开度达到（　　）或者全开时，发动机ECU停止向空调压缩机继电器供电，切断压缩机及其线圈的电源。

A. 60%　　B. 70%　　C. 80%　　D. 90%

6）蒸发器鼓风机电动机为直流电动机，其转速改变是通过（　　）。

A. 调整电动机电路的电阻值　　B. 改变电动机的匝数

C. 改变电源电压值　　D. 无法改变

7）担任压缩机动力分离与结合的组件为（　　）。

A. 电磁容电器　　B. 电磁离合器　　C. 液力变矩器　　D. 单向离合器

单元5

汽车空调综合检测

知识目标

1）知道汽车空调综合检测的内容。

2）认识汽车空调综合检测使用的设备。

3）知道汽车空调综合检测的步骤。

技能目标

学会汽车空调出风口的检测、压力的检测、系统检漏、制冷剂的回收与加注、系统性能检测以及系统综合检测等操作。

对于汽车空调系统来讲，其常见故障现象主要有空调不制冷、制冷不足、间歇性制冷异常、出风异常、暖风异常等，故障产生原因主要有压缩机故障、鼓风机故障、冷凝器故障、暖风系统故障等。采用正确的检修思路、准确的检查方法，配以精密的检测仪器可及时诊断并排除这些故障，确保空调系统正常运行。

任务1　汽车空调系统出风口风速的检测

任务描述

马先生驾驶的一辆别克威朗汽车，近日空调系统出现送风不正常现象，打开鼓风机开关到各个档位依旧如此。面对这样的问题该如何解决呢？

任务分析

为了完成本次任务，应该做到以下几点。

1）知道汽车空调出风口的类型及分布。

2）掌握汽车空调通风系统的工作原理。

3）正确使用风速计检测出风口风速。

相关知识

1. 汽车空调出风口分布

在汽车内，空调出风口分布在仪表台左右两侧和中间位置、脚部位置、风窗玻璃处，以及部分车型的后排乘员空间，如图 5-1 所示。通过选择空调操作面板上的相应按钮可以选择不同的出风位置，图 5-2 所示为汽车空调操作面板。

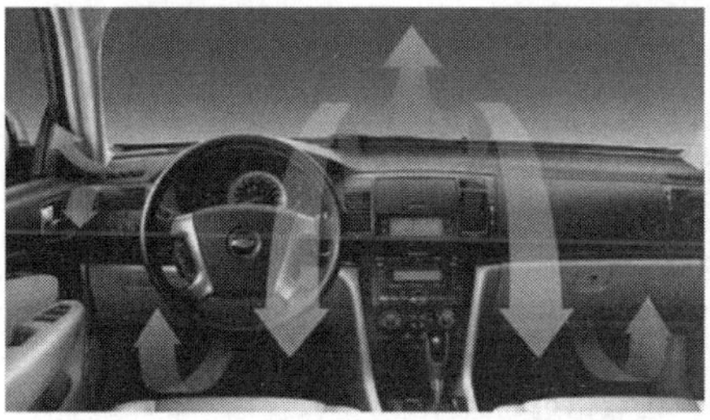

图 5-1　汽车空调出风口分布

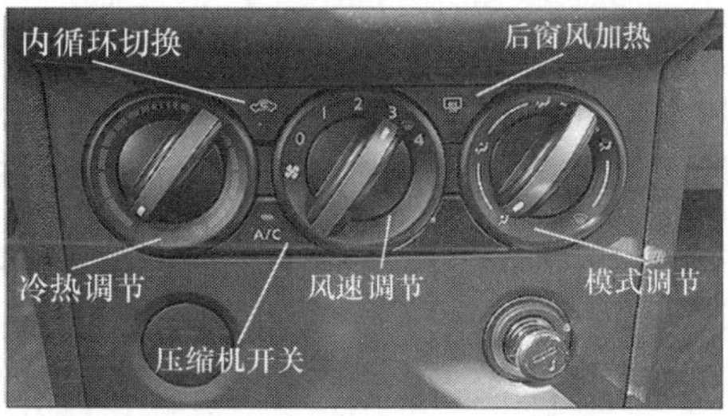

图 5-2　汽车空调操作面板

2. 风速计

风速计用来测量出风口的风速，现已广泛使用的博世 TIF3220R 型风速计可实现以下 3 个功能，即测量出风口风速、测量出风口温度、测量物体表面温度，其结构及操作键盘如图 5-3 所示。

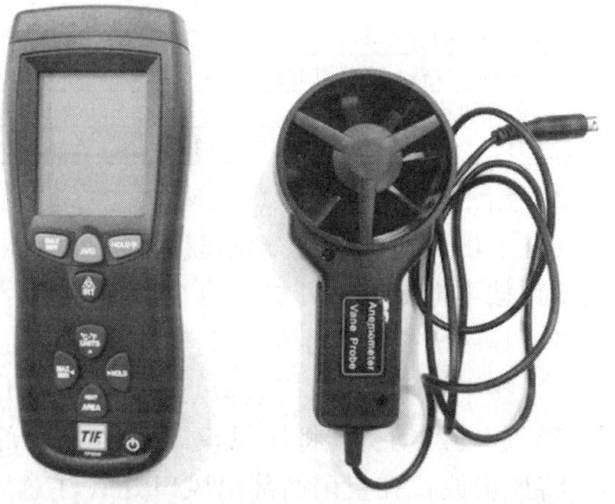

图 5-3　博世 TIF3220R 型风速计的结构及操作键盘

风速计的使用方法如下：

1）取博世 TIF3220R 型风速计，连接风速计风扇插头。注意插头上箭头的位置应与风速计主机相对应。

2）按下电源键，开机。

3）显示屏中部显示的是上次使用的测量模式。温度值将显示在显示屏的左上角。

4）按下 UNITS 键，选择风速模式（VEL），选择单位为 m/s。

5）起动发动机，将送风模式调节为面部送风模式，将风速开关依次设置为 1、2、3、4、5、6 档，将风扇放置在空调面部出风口处，读取数值，并记录所得数值。

6）将送风模式调节为脚部送风模式，将风速开关依次设置为 1、2、3、4、5、6 档，将风扇放置在前脚部出风口处，读取数值，并记录所得数值。

7）将送风模式调节为前风窗除霜模式，将风速开关依次设置为 1、2、3、4、5、6 档，将风扇放置在前风窗玻璃出风口处，读取数值，并记录所得数值。

任务准备

1）检查场地环境：要求通风良好，车辆按标准停放，场地周围无异物。

2）作业工具准备：风速计、车轮挡块、车内五件套和车外三件套。

任务实施

1. 车辆基本检查

维修人员在进行空调系统检查之前要确定车辆自身的基本情况，安装车辆防护装置，记录车辆基本信息，进行基本作业检查，将检查结果记录填写在表5-1中。

表5-1　车辆基本检查记录表

汽车型号		车牌号	
VIN 编号		维修组编号	

车辆基本检查

序号	项目	作业记录	序号	项目	作业记录
1	汽车停放和三角块放置状况		5	发动机机油液位	
2	座套、转向盘套、换档手柄套、脚垫、翼子板护围安装状况		6	冷却液液位	
3	仪器、设备、工量具数量		7	蓄电池电压	
4	各线束连接状况		8	空调传动带松紧度	

签字：　　　　日期：　年　月　日

2. 检测空调系统出风口风速

1）取出风速计，检查风速计显示屏、插头及键盘等外观情况，连接风速计风扇插头。

2）按下电源键，开机，检查风速计能否正常使用。

3）显示屏中部显示的是上次使用的测量模式，温度值显示在显示屏的左上角。

4）按下 UNITS 键，选择风速模式（VEL），选择单位为 m/s。

5）起动发动机，将送风模式调节为面部送风模式，将风速开关依次调节到1、2、3、4档，将风扇放置在空调面部出风口处（注意风扇箭头方向应与风向一致），读取数值，并将所得数值记录在表5-2中。

表5-2　面部出风模式下各出风口风速

鼓风机档位	驾驶人左侧出风口		中央左侧出风口		中央右侧出风口		副驾右侧出风口	
	风速/(m/s)	温度/℃	风速/(m/s)	温度/℃	风速/(m/s)	温度/℃	风速/(m/s)	温度/℃
1								
2								
3								
4								

6）将送风模式调节为前风窗玻璃除霜模式，将风速开关依次调节到 1、2、3、4 档，将风扇放置在前风窗玻璃出风口处（注意风扇箭头方向应与风向一致），读取数值，并将所得数值记录在表 5-3 中。

表 5-3　前风窗玻璃除霜模式下各出风口风速

鼓风机档位	左侧出风口		中央出风口		右侧出风口	
	风速/(m/s)	温度/℃	风速/(m/s)	温度/℃	风速/(m/s)	温度/℃
1						
2						
3						
4						

7）将送风模式调节为脚部送风模式，将风速开关依次调节到 1、2、3、4 档，将风扇放置在前脚部出风口处（注意风扇箭头方向应与风向一致），读取数值，并将所得数值记录在表 5-4 中。

8）将测量数据与新车出厂时测量的相关数据进行对比，找出异常数据。

9）作业结束，回收整理工具，清洁场地。

表 5-4　脚部送风模式下各出风口风速

鼓风机档位	驾驶人脚部出风口		副驾脚部出风口		驾驶人后方脚部出风口		副驾后方脚部出风口	
	风速/(m/s)	温度/℃	风速/(m/s)	温度/℃	风速/(m/s)	温度/℃	风速/(m/s)	温度/℃
1								
2								
3								
4								

检查评议

评价表见表 5-5。

表 5-5　评价表

序号	项目	作业记录内容	配分	得分
1	前期准备	正确检查作业环境，填写作业环境检查表，检查相关设施设备、工具	10 分	
2	车辆基本检查	正确放置车轮挡块	20 分	
		正确安装内外三件套		
		检查仪器、设备、工量具数量		
		检查线束连接情况		
		检查发动机机油和冷却液液位		
		正确检查蓄电池电压		

（续）

序号	项目	作业记录内容	配分	得分
3	空调系统操作	正确操作鼓风机风速调整开关	10 分	
		正确操作送风模式开关		
4	车辆空调系统检查	正确使用风速计	50 分	
		正确选择出风口		
		正确读取数值		
		正确填写出风口风速记录表		
		正确回收工具		
5	职业素养	学习态度：积极主动参与学习	10 分	
		团队协作：善于合作，共同完成		
		责任意识：爱护仪器，作业单填写认真		
		安全规范：有安全意识，操作规范		
		现场管理：6S 执行认真，有环保意识		
合计			100 分	

问题及防治

1）根据检查情况，总结出完成任务过程中会遇到的问题。

2）小组内探讨如何预防这些问题的发生，也可以由组长汇总后咨询教师。

扩展知识

下车是先关空调还是先熄火？

空调现在已经成为汽车必不可少的一项配置了。日常行车过程中，空调的作用非常大，它不仅通过改变温度为车内乘员营造一个舒适的驾乘空间，还是换气和空气净化的装置。

不过空调的使用也是有很多细节需要注意的，比如：“停车时是先关空调还是先熄火？如果这个问题没弄清楚，就会直接损害汽车发动机。

错误的做法是：先熄火再关闭空调。先熄火再关闭空调对发动机是有害的，因为这样在车辆下次起动时，发动机会带着空调的负荷起动，这样的高负荷会损伤发动机。

发动机是汽车的心脏，不仅为汽车提供动力，还关系着燃油经济性、驾乘体验、排放环保性等。良好的发动机可以使汽车具有优异的性能。

正确的做法是：在到达目的地之前几分钟先关掉空调，开启自然风，使空调管道内的温度回升，消除与外界的温差，从而保持空调系统的相对干燥，避免霉菌繁殖。

课后习题

1. 选择题

一个完整的空调系统主要是由（　　）组成的。

A. 压缩机、冷凝器、电磁阀、蒸发器　　B. 压缩机、气液分离器、冷凝器、蒸发器

C. 压缩机、滤清器、膨胀阀、冷凝器　　D. 压缩机、冷凝器、膨胀阀、蒸发器

2. 简答题

1）简述汽车空调出风口的分布位置。

2）简述汽车空调出风口风速的测量方法。

任务2　汽车空调系统压力的检测

任务描述

一辆2016款别克威朗汽车空调系统出现制冷不正常现象，车主将车辆送到4S店进行检修。现在需要对制冷系统进行压力检测，以作为判断其故障范围的参考依据。那么，汽车空调系统压力该如何检测呢？

任务分析

为了完成本次任务，应该做到以下几点。

1）了解空调制冷系统压力调节原理。

2）对压力单位进行换算。

3）使用歧管压力表检测制冷系统的压力。

4）根据制冷系统压力检测结果进行故障分析。

相关知识

1. 汽车空调制冷系统压力调节原理

在制冷系统中，压力主要在压缩机和膨胀阀处产生急剧变化。压缩机的电磁离合器吸合，

使压缩机在发动机传动带带动下转动，将已在车厢内吸热而蒸发的低温低压制冷剂蒸气通过压缩机做功变成高温高压蒸气，输送至冷凝器向周围环境传递热量。压缩机是整个系统的“心脏”，也是高低压的分界线。膨胀阀的功能是通过节流作用降低制冷剂压力，使其成为低温低压的饱和液体，以使其在蒸发器内沸腾蒸发，吸收热量，降低车内温度。同时，它还具有调节流量和控制流量，以及防止“液击”和异常过热的作用，它是系统高低压的分界线。

压力是指单位面积上所受的力，也称为压强，用字母 p 表示，常用单位有 Pa（帕斯卡，简称帕）、kPa（千帕）、MPa（兆帕）。它们的换算关系为：$1\text{Pa} = 1\text{N/m}^2$；$1\text{MPa} = 1000\text{kPa}$；$1\text{kPa} = 1000\text{Pa}$。

2. 歧管压力表的组成、作用与使用

（1）歧管压力表的组成及作用　歧管压力表由表座、压力表（低压表和高压表）、手动阀（低、高压手动阀）、软管接头（一个接低压维修阀，一个接高压维修阀，一个接制冷剂罐或真空泵吸入口）组成，如图 5-4 所示。歧管压力表是汽车空调系统的重要检测和维修工具，用来测量空调系统的高、低压压力，配合真空泵使用可完成对空调系统抽真空、向空调系统中加注制冷剂等任务。

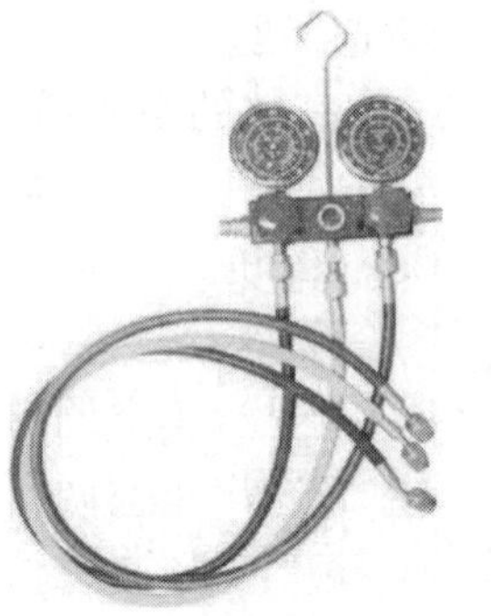

图 5-4　歧管压力表

（2）歧管压力表的使用

1）高、低压手动阀关闭后测量管路压力。歧管压力表可用于测量空调管路压力，测量前要关闭高、低压手动阀（见图 5-5），将红色高压软管接空调管路上高压检测口，蓝色低压软管接空调管路上低压检测口，黄色软管闲置。此时空调系统高压侧与高压表相通，低压侧与低压表相通，这时可通过读取高、低压表所显示数值来确定高低压侧的压力。

2）高、低压手动阀打开后进行抽真空操作。空调系统加注制冷剂之前需要对管路进行抽真空作业，如图 5-6 所示。抽真空时，红色高压侧软管接空调管路上高压检测口，蓝色低压软管接空调管路上低压检测口，中间黄色软管接到真空泵上，同时打开歧管压力表高压手动阀和低压手动阀，管路全部接通，起动真空泵便可以对制冷系统进行抽真空。

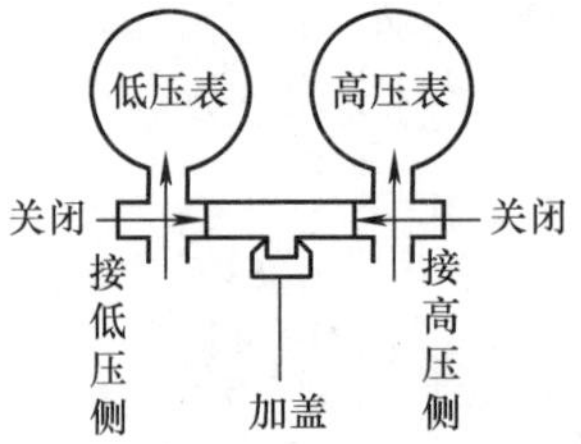

图 5-5　检测空调管路压力

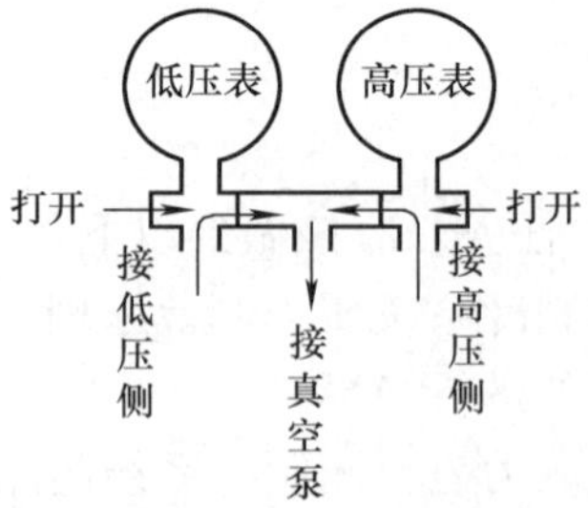

图 5-6　空调系统抽真空

3）单阀打开进行充注。空调系统抽真空后高低压软管不要从空调管路上取下，接着进行充注制冷剂和加注冷冻机油操作，此时关闭高压手动阀，打开低压手动阀，中间软管接头接到制冷剂罐或冷冻机油瓶上，则可以从低压侧向系统充注制冷剂或冷冻机油，如图 5-7 所示。

以上是低压端充注，当进行高压端充注时，需打开高压手动阀，关闭低压手动阀，则可以从高压端充注制冷剂（注意：这时不能起动发动机）。

4）先打开高压手动阀后打开低压手动阀，然后再排放制冷剂。当空调系统需要排出制冷剂时，可先打开高压手动阀，如图 5-8 所示。当压力降到 350kPa 时，再打开低压手动阀，可使系统向外排出制冷剂。

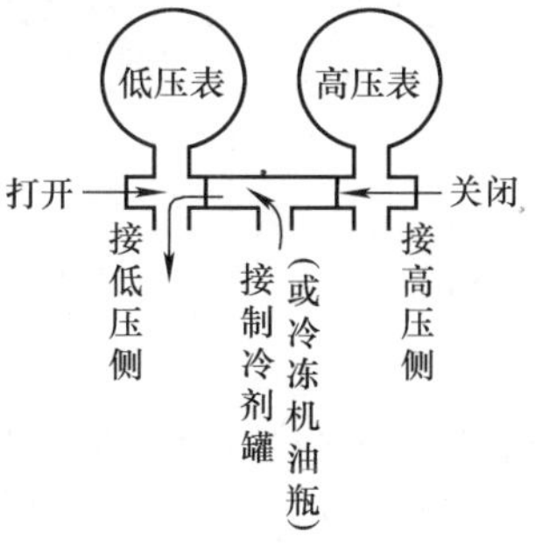

图 5-7　加注制冷剂

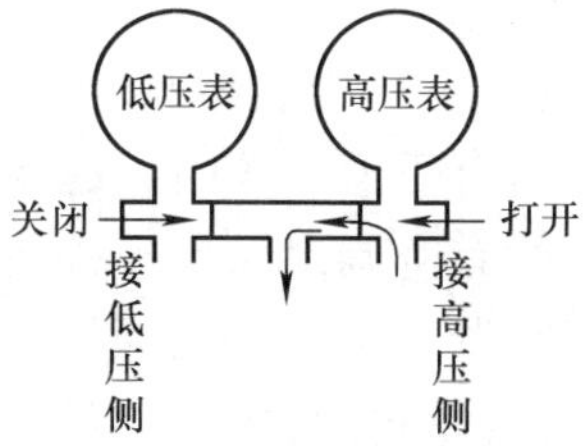

图 5-8　排放制冷剂

任务准备

1）场地环境检查。要求通风良好，车辆按标准停放，场地周围无异物。

2）工具准备检查。歧管压力表、车轮挡块、车内五件套和车外三件套。

任务实施

1. 车辆基本检查

维修人员在进行空调系统检查之前要确定车辆自身的基本情况，安装车辆防护装置、记录车辆基本信息、进行基本作业检查，将检查结果填写在表 5-6 中。

表 5-6　车辆基本检查记录表

汽车型号			车牌号		
VIN 编号			维修组编号		
车辆基本检查					
序号	项目	作业记录	序号	项目	作业记录
1	汽车停放和三角块放置状况		5	发动机机油液位	
2	座套、转向盘套、换档手柄套、脚垫、翼子板护围安装状况		6	冷却液液位	
3	仪器、设备、工量具数量		7	蓄电池电压	
4	各线束连接状况		8	空调传动带松紧度	
签字：　　　　日期：　　年　　月　　日					

2. 使用歧管压力表检测空调系统压力

（1）使用歧管压力表检测空调系统静态压力

1）清洁并拧下汽车空调制冷系统高、低压检修阀防尘帽，放置在工具车上。

2）读取歧管压力表指示值，分别检查高、低压手动阀和高、低压快速接头是否处于关闭状态。

3）连接高、低压管路快速接头，红色连高压检测口，蓝色连低压检测口，确认连接可靠。

4）打开高、低压管路快速接头（此时高、低压手动阀依然处于关闭状态），观察并记录高、低压压力表数值。

高压表读数：________　　　　　　低压表读数：________

（2）使用歧管压力表检测空调系统动态压力

1）打开所有车窗、车门，起动发动机。

2）打开所有空调出风口，并将其调节到全开。

3）按下空调 A/C 开关，使压缩机正常运行，将温度旋钮调至最低处，鼓风机风速档位调整为最大；送风模式设置为面部送风模式，进气模式调整为外循环模式。此过程中，高、低压压力表数值开始变化。

4）踩下加速踏板，控制发动机转速在 1500～2000r/min 内，待压力表指针稳定后观察并记录高、低压压力表计数。

高压表读数：________　　　　　　低压表读数：________

5）关闭点火开关，发动机熄火。

3. 检测结果分析

汽车空调系统高、低侧压力受环境温度和发动机转速影响较大，在不同的环境温度和发动机转速下，测量出的压力值是不同的。表 5-7 中为环境温度为 30～35℃，发动机转速为 1500r/min 时，制冷系统常见故障及用组合测量表检查与排除方法。

表 5-7　制冷系统常见故障及用组合测量表检查与排除方法

状态（组合测量表显示）	制冷装置中所见的故障现象	可能的故障原因	故障诊断
正常 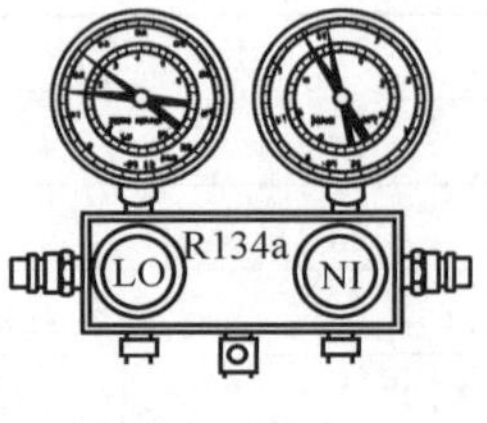	低压侧压力：0.15～0.25MPa 高压侧压力：1.37～1.57MPa	—	—
间歇性的制冷然后不制冷 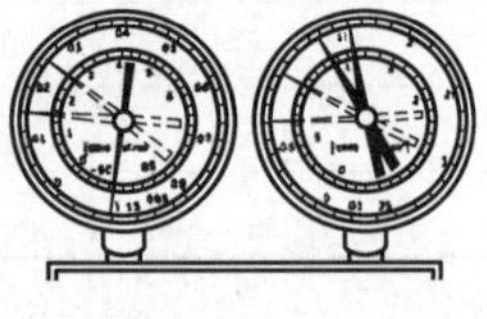	在运行中，低压端的压力时而呈真空时而正常	进入制冷装置的水分在膨胀阀截流孔处冻结，暂时阻止制冷剂循环，但冰融化后即恢复正常	干燥剂处于饱和状态，制冷装置中的水分在膨胀阀截流孔处结冰，堵塞制冷剂循环

(续)

状态（组合测量表显示）	制冷装置中所见的故障现象	可能的故障原因	故障诊断
制冷剂不足 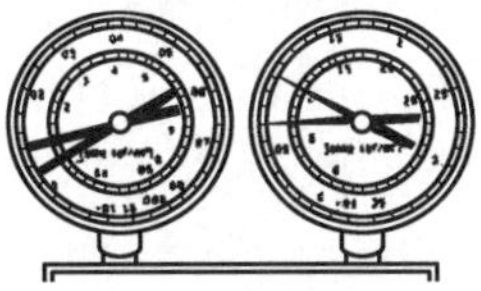	高、低侧压力均很低，在观察窗可持续见到气泡	制冷装置中常见某些部位有渗漏	制冷剂不足或渗漏
制冷不充分 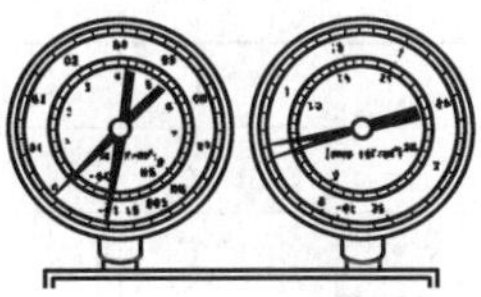	高、低压端的压力都偏低，从部件到接收器的管子都结霜	干燥剂的污垢阻碍制冷剂流动	冷凝器受阻
不制冷（在某些情况下间断制冷） 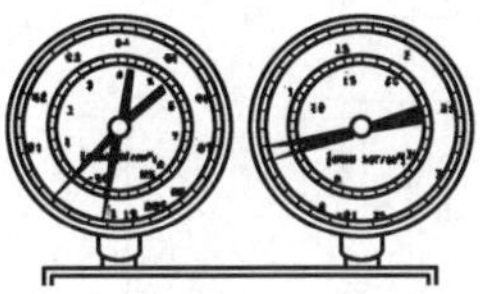	低压端出现真空，高压端的压力极低。在膨胀阀或接收器/干燥器前后的管子上结霜或结露	制冷剂中的水分或污垢阻碍制冷剂流动，膨胀阀热敏管处的气体泄漏阻碍制冷剂流动	制冷剂不循环
制冷不足 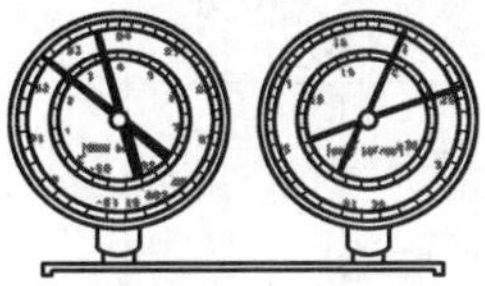	高、低压端的压力都太高，发动机转速下降时，通过观察窗也见不到气泡	制冷系统中制冷剂过量，不能充分发挥制冷效果，冷凝器冷却不充分	系统中制冷剂过多（制冷剂过量注入冷凝器）或不充分冷却（冷凝器散热片阻塞或风扇电动机故障）
制冷不佳 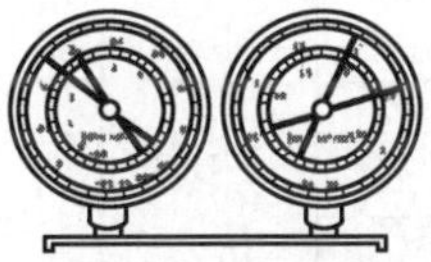	高、低压端的压力都太高，触摸时感到低压管道发热，从观察窗可以观察到气泡	空气进入制冷系统	空气进入制冷系统或抽真空不充分
制冷不充分 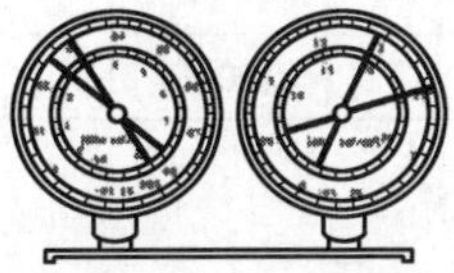	高、低压端的压力都太高，在低压端的管子上结霜或结大量的露	膨胀阀有故障或热敏管安装不当	在低压管中制冷剂过量或膨胀阀开口太宽
不制冷 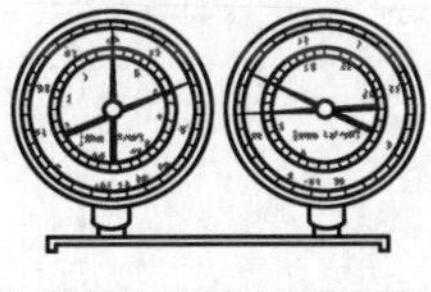	低压端压力太高，高压端压力太低	压缩机内部泄漏	压缩机故障或阀门泄漏或损坏

检测结果分析：________________________

4. 作业结束

回收整理工具，清洁场地。

检查评议

评价表见表5-8。

表5-8 评价表

序号	检查项目	操作内容	配分	得分
1	作业环境检查	正确检查作业环境	10分	
2	车辆基本检查	正确放置车轮挡块	20分	
		正确安装内外三件套		
		检查仪器、设备、工量具数量		
		检查线束连接情况		
		正确检查发动机机油和冷却液液位		
		正确检查蓄电池电压		
3	车辆基本信息检查	正确记录车辆基本信息	10分	
4	空调系统基本检查	正确检查各出风口是否出风	10分	
		按压力测量条件设定汽车空调		
5	制冷系统压力测量	正确安装歧管压力表组件	40分	
		正确连接汽车空调制冷系统高、低压检修阀		
		正确读取高、低压表数值		
		正确填写高、低侧压力值记录表		
		正确回收歧管压力表组件		
6	职业素养	学习态度：积极主动参与学习	10分	
		团队协作：善于合作，共同完成		
		责任意识：爱护仪器，作业单填写认真		
		安全规范：有安全意识，操作规范		
		现场管理：6S执行认真，有环保意识		
合计			100分	

问题及防治

1）根据检查情况，总结出完成任务过程中会遇到的问题。

2）小组内探讨如何预防这些问题的发生，也可以由组长汇总后咨询教师。

扩展知识

空调使用小招

1. 不要紧闭门窗开空调

有些车主开空调时，喜欢紧闭着门窗，其实这样是不好的。因为如果在长时间密闭的车内开空调，尾气中排放的一氧化碳可能会渗入车内，危及车主的生命安全。关闭门窗在车内开着空调睡觉就更不可取了，大家一定要注意安全。

2. 出风口的位置很重要

出风口的朝向会直接影响到空调的使用效果。根据热空气上升、冷空气下降的原理，建议驾驶人在开冷气时应将出风口适当朝上，开暖气时则应将出风口适当朝下。

另外，要注意的是，无论开冷风还是热风，都不要直接将出风口对着驾驶人的脸吹，因为这样容易造成驾驶人感到疲劳，影响行车安全。

3. 及时清洗空调

空气滤清器要定期更换，因为沙尘较多，这些都会粘在滤清器上，容易滋生细菌，使空调产生霉味，因此最好每年更换一次。另外，冷凝器也要定时清洗，而且要将水箱拆下来清洗才能彻底。

课后习题

1. 选择题

某空调系统当高压侧压力达到规定值后，其压缩机离合器分离。甲说：“这是由高压开关致使离合器电路断开引起的”。乙说：“这是安全阀起作用导致压缩机离合器断路引起的。(　　)的观点正确。

A. 甲　B. 乙　C. 两人均　D. 两人均不

2. 简答题

1）简述歧管压力表组件及其使用方法。

2）若歧管压力表显示的数值不在正常范围内，有可能是什么原因？

任务3 汽车空调系统检漏

任务描述

一辆2016款别克威朗汽车的空调系统出现制冷不足现象，车主将车辆送到4S店进行检修，经维修人员初步检查判定为制冷剂泄漏，现需确定其泄漏部位。那么，汽车空调该如何检漏呢？

任务分析

为了完成本次任务，应该做到以下几点。

1）了解汽车空调系统检漏的工艺要求。

2）了解几种常见的检漏方法。

3）能正确使用电子检漏仪检测制冷系统泄漏部位。

4）学会查阅、参考空调系统检漏相关行业标准。

相关知识

1. 汽车空调检漏工艺要求

《汽车空调制冷剂回收、净化、加注工艺规范》（JT/T 774—2010）规定了制冷系统检漏的相关工艺要求。

（1）检漏操作

1）真空检漏。起动回收、净化、加注设备的真空泵，抽真空至系统真空度低于 -90kPa。关闭歧管压力表阀门，停止抽真空，并保持真空度至少15min，检查压力指示值变化情况。

① 如果压力表指示值未回升，则继续按要求进行微小泄漏量的检查。

② 如果压力表指示值回升，则继续抽真空，如果累计抽真空时间超过30min，压力仍继续回升，则可以判定制冷装置有泄漏部位，应检修制冷装置，并重复进行真空检漏的操作。

注意：采用真空检漏方法检漏，只能说明制冷系统是否存在泄漏，而不能确定具体的泄漏部位。

2）微小泄漏量检漏。选择以下适宜的方法进行微小泄漏量的检漏。

① 电子检漏。制冷装置中充入0.5～1.5MPa的氮气或0.35～0.5MPa的制冷剂（以检漏设备要求的介质压力为准），采用相应的制冷剂检漏设备进行检漏，应反复检查2～3次。

② 加压检漏。用加压设备在制冷装置中充入1.5MPa的氮气，保持压力1h，如果压力表指示值下降，则表明制冷装置存在泄漏处，应在各接头处和可疑位置涂抹肥皂水做进一步检查。

③ 荧光检漏。制冷装置中充入含有荧光剂的制冷剂，运行10～15min后，用紫外线灯照

射各接头处和可疑位置，如有黄绿色或蓝色荧光，证明该处泄漏。

（2）补漏　通过检漏操作确定泄漏点后，应进行补漏，并按微小泄漏量检测的要求重复进行微小泄漏量检漏，直到确认制冷装置无泄漏为止。

1）检漏前，应清洗检测部位的污物和结霜，防止阻塞制冷剂检漏设备探头。

2）检漏时，应重点检查以下部位。

① 制冷装置的主要连接部位，如管接头及喇叭口、连接件、三通阀、压缩机轴封、软管表面、维修阀及充注口等。

② 拆装或维修过的部件的连接部位。

③ 压缩机的轴封、密封件和维修阀。

④ 冷凝器和蒸发器被划伤的部位。

⑤ 软管易摩擦的部位。

⑥ 有油迹处。

3）使用制冷剂检漏设备进行检漏时，其探头不应直接接触元器件或接头，并置于检测部位的下部。

4）应定期检查检漏设备的灵敏性。

5）不宜使用卤素检漏设备进行大泄漏量的检漏。

2. 常用检漏方法

（1）目测检漏法　制冷剂与冷冻机油是互溶的，所以泄漏处必然有油迹出现。但是，压缩机轴封处微量的油迹也是正常的。

（2）肥皂水检漏法　检漏时，擦净被检漏部件，把肥皂水涂抹在可能泄漏的地方，若有泄漏，便会出现气泡。

（3）加染料检漏法　给系统加入带有染料的制冷剂，在泄漏处就会明显地看到有颜色斑痕。

（4）卤素灯检漏法　使用卤素灯检查时，应严格遵守其使用方法。待火焰调整正确后，让吸气管管口靠近被检测部位，观察火焰颜色的变化，则可判断泄漏情况。泄漏量大小与火焰颜色对应情况见表 5-9。

表 5-9　泄漏量大小与火焰颜色对应情况

火焰情况	R12 每月泄漏量/g	火焰情况	R12 每月泄漏量/g
无变化	<4	绿紫色	114
微绿色	24	带紫的绿紫色	163
浅绿色	32	强紫的绿紫色	500
深绿色	42		

（5）卤素检漏仪检漏法　该仪器利用卤化物气体对负电晕放电有抑制作用这一基本原理制成。在使用时，只需将探头伸向可能泄漏的部位，若有泄漏，警铃或警灯根据泄漏量多少显示相应信号。

（6）负压检漏法　将系统抽成真空并保持一定时间，观察真空表压力的变化情况，如果真空度下降，说明系统存在泄漏。

3. 电子卤素检漏仪

制冷剂泄漏会导致空调系统制冷不足或不制冷，影响汽车空调的正常使用。为了能够准确地判定空调系统泄漏点，可采用电子设备对空调管路和零部件进行检测。博世 TIFXP－1A 型电子卤素检漏仪（见图 5-9）就是一款常用的制冷剂检漏设备。

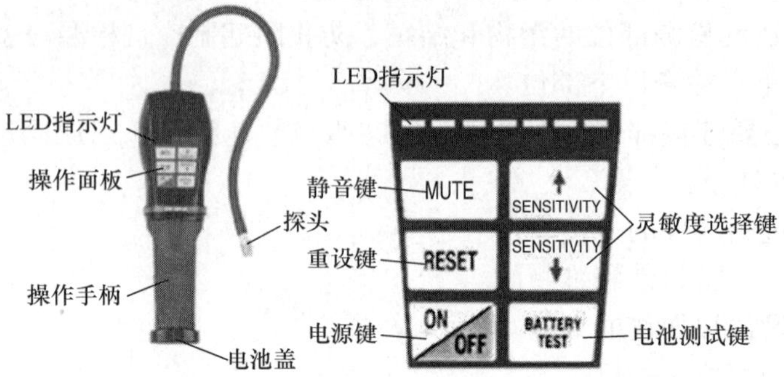

图 5-9　博世 TIFXP－1A 型电子卤素检漏仪

其使用方法如下：

1）用眼睛查看制冷系统各部位（特别是管接头）是否粘有带油的灰尘。

2）使用空调压力表测量空调制冷系统压力。

注意：当系统压力大于 350kPa 时，才能使用电子卤素检漏仪对制冷系统进行检漏。

3）拿取博世 TIFXP－1A 型电子卤素检漏仪，按下电源键即可开机。

4）按下灵敏度选择键，调节灵敏度，使第一个 LED 灯点亮，其他 LED 灯熄灭，仪器发出频度不高的声音。

5）将仪器的探头指向被检区域（不要接触），若点亮的 LED 灯数量增多，声音频率增高，则说明有泄漏现象。

6）当检测到泄漏时按下重设键，继续检测，直到检测到比原来浓度更大的地方时才会再次报警。

注意：为了保证检测的准确性，应对每个容易泄漏点检查 2～3 次，每个点应停留至少 5s。

任务准备

1）场地环境检查。要求通风良好，车辆按标准停放，场地周围无异物。

2）工具准备检查。歧管压力表、车轮挡块、车内五件套和车外三件套。

任务实施

1. 车辆基本检查

维修人员在进行空调系统检查之前要确定车辆自身的基本情况，安装车辆防护装置，记录车辆基本信息，进行基本作业检查，将检查结果填写在表 5-10 中。

表 5-10　车辆基本检查记录表

汽车型号			车牌号		
VIN 编号			维修组编号		
车辆基本检查					
序号	项目	作业记录	序号	项目	作业记录
1	汽车停放和三角块放置状况		5	发动机机油液位	
2	座套、转向盘套、换档手柄套、脚垫、翼子板护围安装状况		6	冷却液液位	
3	仪器、设备、工量具数量		7	蓄电池电压	
4	各线束连接状况		8	空调传动带松紧度	
签字：　　　　日期：　年　月　日					

2. 使用电子卤素检漏仪检测空调系统泄漏部位

1）用眼睛查看制冷系统各部位（特别是管接头）是否粘有带油的灰尘。

检查结果：______________________________。

2）使用空调压力表测量空调制冷系统压力。

检查结果：______________________________。

3）拿取博世 TIFXP－1A 型电子卤素检漏仪，按下电源键即可开机。

4）按下灵敏度选择键，调节灵敏度，使第一个 LED 灯点亮，其他 LED 灯熄灭，仪器发出频度不高的声音。

5）将仪器的探头指向被检区域（制冷剂管路各接头、高低压阀口、软管、压缩机泵头，必须检查的是上述部件的下方，不要接触），若点亮的 LED 灯数量增多，声音频率增高，则说明有泄漏现象。

6）当检测到泄漏时按下重设键，继续检测，直到检测到比原来浓度更大的地方才会再次报警。

检查结果：______________________________。

3. 作业结束

回收整理工具，清洁场地。

检查评议

评价表见表 5-11。

表 5-11　评价表

序号	检查项目	操作内容	配分	得分
1	作业环境检查	正确检查作业环境	10 分	

（续）

序号	检查项目	操作内容	配分	得分
2	车辆基本检查	正确放置车轮挡块	20 分	
		正确安装内外三件套		
		检查仪器、设备、工量具数量		
		检查线束连接		
		正确检查发动机机油和冷却液液位		
		正确检查蓄电池电压		
3	车辆基本信息检查	正确记录车辆基本信息	10 分	
4	空调系统基本检查	正确检查各出风口是否出风	10 分	
		按压力测量条件设定汽车空调		
5	制冷系统泄漏检测	正确检测制冷系统压力	40 分	
		正确设置电子卤素检漏仪灵敏度		
		正确操作电子卤素检漏仪		
		检查部位不少于 5 个		
		正确确认泄漏部位		
6	职业素养	学习态度：积极主动参与学习	10 分	
		团队协作：善于合作，共同完成		
		责任意识：爱护仪器，作业单填写认真		
		安全规范：有安全意识，操作规范		
		现场管理：6S 执行认真，有环保意识		
合计			100 分	

问题及防治

1）根据检查情况，总结出完成任务过程中会遇到的问题。

2）小组内探讨如何预防这些问题的发生，也可以由组长汇总后咨询教师。

扩展知识

空调使用注意事项

误区一：空调总是开最小风量。

大多数车主都误以为空调开到最大档会比较耗油，所以会尽量选择开小风量。其实不然，空调在使用过程中，往往会吸进一定灰尘，从而形成污垢，待时间一长，则会发生霉变，若长期以小量风为主，是很难把空调内的积垢吹出来的，反而会影响身体健康。

提示：每隔一段时间，需要将空调开到最大档，10min 左右即可有效杜绝灰尘积聚。或者在洗车时顺便清洗空调过滤网，如有可能，适当使用空调清洗剂也是有帮助的。

误区二：在车内开空调吸烟。

有烟瘾的朋友会误以为在车内吸烟开空调会降低烟雾浓度，其实不然，即使是“冷空气来袭”，但如果车内不透风，烟雾依然会刺激到呼吸系统，也就等于一直在吸二手烟。

提示：停车开空调本身就有害，如果又要在车内吸烟，切记一定要将空调通风控制调整到“排出”位置。

误区三：图凉快随意选择空调温度。

根据室外温度，车主一般会选择不同的空调温度“图个凉快”。然而，当室内温度长期处在较低温时，身体会因内分泌系统无法快速适应而引发多种不适症，如下肢酸痛、全身乏力发冷、头痛、咽喉痛、腹痛、腰酸、四肢神经痛，严重者甚至还会发生嘴眼歪斜等症状。

提示：正常情况下，车厢内温度调整为 26～27℃为宜。

误区四：空调的风向随意吹。

风向位置也能影响车内温度，如果空调风向随意调节，不仅得不偿失，反而起不到制冷作用。

提示：如果空调出风模式选择不当，空调吹出的冷风会给无须降温的高温部件降温，从而抵消制冷效果。所以，最好选择风口向上吹，这样可以符合冷空气下沉的规律。另外，风向档位最好选择吹面档，这样制冷效果最为均匀。

误区五：空调开启内循环一开到底。

空调内循环会因制冷效率全部“吸收”而节省能源，这样做似乎无可厚非，但时间长了，车厢内空气会因此而变得混浊，甚至缺氧。

提示：刚开空调的时候，可以先用外循环降低车内温度，然后再切换到内循环，但切记每隔一段时间需要切换一次模式。

误区六：停车开空调休息。

汽车发动机怠速工作时，气缸中的汽油燃烧不完全，会产生高浓度的一氧化碳，停车开空调休息时，一氧化碳会进入车厢，时间长了就会使人中毒，甚至死亡。而汽车在行驶过程时，由于空气通过空调设备而产生对流，所以行车中开空调，车内一氧化碳浓度很低。

提示：时常检查发动机盖和底盘是否漏气十分必要，当发现车内有废气泄漏时，应该及时维修。

课后习题

1. 选择题

1）下列不是空调系统检漏方法的是（　　）。

A. 肥皂液　　B. 电子检漏仪　　C. 着色剂　　D. 电灯法

2）汽车空调制冷原理是利用制冷剂液体在（　　）内蒸发或沸腾变为气态制冷剂，吸热来降低车内温度的。

A. 冷凝器　　B. 蒸发器　　C. 压缩机　　D. 膨胀阀

2. 简答题

1）如何对汽车空调系统进行检漏？

2）对汽车空调检漏时，汽车应该处于什么状态？

任务4　汽车空调制冷剂的回收与加注

任务描述

一辆2016款别克威朗汽车对空调系统泄漏部位进行了维修，经检查管路修复良好，由于制冷系统制冷剂不足且可能已经混入空气，现需对空调系统制冷剂进行检测、回收和加注。面对这样的问题该如何解决呢？

任务分析

为了完成本次任务，应该做到以下几点。

1）了解汽车空调系统制冷剂回收、加注的工艺要求。

2）知道汽车空调制冷剂的性能及使用注意事项。

3）使用制冷剂鉴别仪检测制冷系统制冷剂。

4）使用制冷剂回收加注机完成制冷剂的回收与加注。

5）学会查阅、参考空调系统制冷剂回收、加注相关行业标准。

相关知识

1. 汽车空调制冷系统制冷剂的回收、加注工艺要求

《汽车空调制冷剂回收、净化、加注工艺规范》（JT/T 774—2010）规定了制冷系统制冷剂回收、加注的相关工艺要求。

制冷剂回收是指用专用设备将制冷装置中的制冷剂收集到特定外部容器中的过程。《汽车空调制冷剂回收、净化、加注工艺规范》（JT/T 447—2010）规定了制冷剂回收作业执行5个工艺过程的操作，即回收作业准备、制冷剂回收原则判定、制冷剂检测、制冷剂回收操作和完成回收作业。

在汽车维修过程中，凡涉及制冷剂循环系统的作业，在维修前均应对制冷装置中的制冷剂进行回收。

2. 制冷剂检测

（1）类型鉴别　制冷剂类型鉴别可采用以下方法。

1）查阅车辆使用手册，确认制冷装置规定的制冷剂类型（HFC－134a或CFC－12）。

2）检查汽车发动机舱内的空调系统标识、标牌或标签，查看压缩机、膨胀阀等部件上的标牌或标识，确认制冷装置规定的制冷剂类型（HFC－134a或CFC－12）。

3）按1）或2）做初步判别后，还应采用制冷剂鉴别设备检测制冷装置中制冷剂的类型，确认是否与其规定的制冷剂类型一致。

（2）纯度检测　采用制冷剂鉴别设备对制冷装置中的制冷剂纯度进行检测。

（3）检测结果　根据制冷剂的检测结果确定作业方式。

1）制冷装置中存在一种制冷剂（HFC－134a 或 CFC－12），且与制冷装置规定的制冷剂类型相符，应进行回收。纯度低于96%时，应按要求进行净化。

2）制冷装置中存在一种制冷剂（HFC－134a 或 CFC－12），但与制冷装置规定的制冷剂类型不符，应进行回收。纯度低于96%时，应按要求进行净化。

3）制冷装置中存在“未知制冷剂”或两种以上类型的制冷剂，表明制冷装置中是多种制冷剂的混合物，这种情况下不应使用作业用的回收、净化、加注设备进行操作，应采用另外的制冷剂回收设备进行回收或请专业机构进行回收和处理。

3. 回收操作

1）起动制冷装置运行3～5min。

2）采用回收、净化、加注设备进行制冷剂回收，按设备使用手册进行管路连接及操作。回收前应将软管中的空气排尽。

3）按设备的操作提示结束回收操作。

4. 制冷剂加注

（1）加注操作

1）查阅车辆使用手册，确认制冷装置的制冷剂类型及加注量。

2）检查制冷剂储罐中的制冷剂质量，不足3kg时应予以补充。

3）按设备使用手册进行管路连接及操作。

4）按设备提示结束加注作业。

（2）操作要点

1）加注时，应确保储罐中的制冷剂不少于3kg，以保持足够的充注压力。

2）应按制冷装置要求的加注量定量加注。

3）制冷剂的加注是在制冷剂储罐与制冷装置间的压差下进行的。高压端加注时，应关闭发动机（压缩机停止运转），防止制冷剂储罐压力过高；不建议采用低压端加注，以避免产生“液击”现象，损坏压缩机。

4）完成制冷剂加注，断开设备与制冷装置的连接后，用检漏设备检测加注阀处有无泄漏。

5. 制冷剂鉴别仪

制冷剂鉴别仪用于制冷剂类型的鉴别和纯度的检测。图5-10所示为博世16910型制冷剂鉴别仪，具体使用方法如下。

1）将制冷剂鉴别仪挂在发动机舱盖上。

2）进行仪器使用前的检查工作。

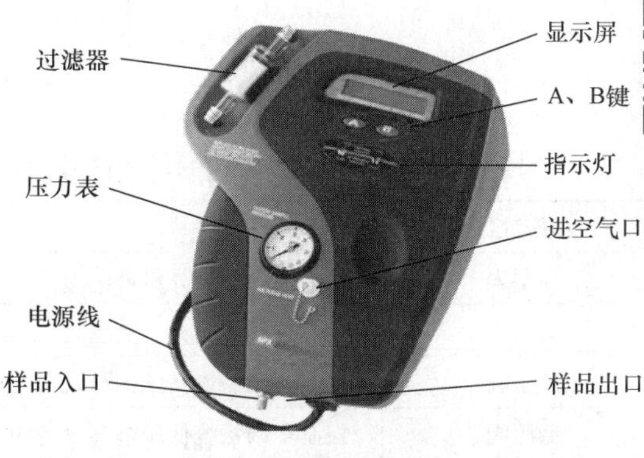

图5-10　博世16910型制冷剂鉴别仪

3）将制冷剂鉴别仪连接到交流 220V 电源上，仪器自动开机。

4）两手指同时按下 A、B 键后，使用 A 和 B 键来调节海拔的设置，直到显示的读数高于但最接近当地的海拔后松手，保持仪器处于待机状态约 20s，设置会自动保存到仪器的内存中。

5）进入系统自检，等待系统标定。仪器将会通过进空气口吸入环境空气约 1min。环境空气是用于校正测试元件并排除残余制冷剂的气体。

6）取下汽车手动空调低压检修阀防尘帽，连接 R134a 采样软管至制冷剂鉴别仪，待鉴别仪系统自检完成。

7）将低压快速接头连接至 2016 款别克威朗轿车手动空调低压检修阀上，观察压力表指针应为 5～25psi（1psi≈6895Pa），按下 A 键，待大约 20s，用鉴别仪进行制冷剂检测。

6. 制冷剂回收加注机

歧管压力表配合真空泵的使用只能把制冷剂排放到空气中，根据环保的相关要求这种方法显然是不可取的，回收汽车空调系统中的制冷剂必须要使用制冷剂回收加注机。现以博世 AC350 型制冷剂回收加注机为例（图 5-11）介绍其相关功能。

博世 AC350 型制冷剂回收加注机能够完成对空调制冷剂的回收、净化、抽真空和加注作业，其操作面板如图 5-12 所示，其操作面板功能介绍见表 5-12。

图 5-11　博世 AC350 型制冷剂回收加注机

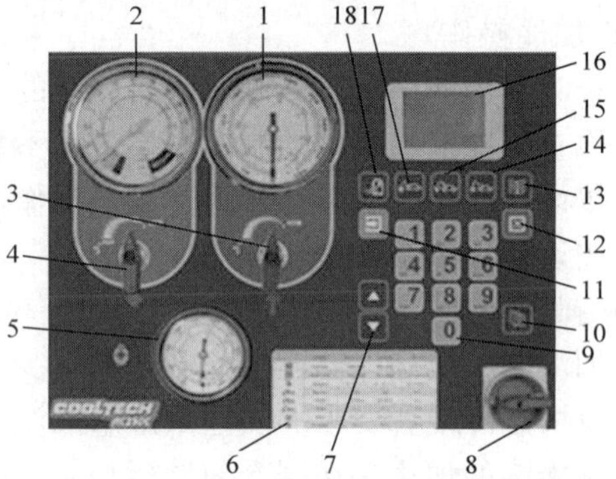

图 5-12　博世 AC350 型制冷剂回收加注机操作面板

1—高压表　2—低压表　3—高压阀　4—低压阀

5—工作罐压力表　6—多语言对照表　7—上下键

8—电源开关　9—键盘　10—数据库　11—开始/确认键

12—停止/取消键　13—菜单　14—充注　15—抽真空

16—显示屏　17—回收　18—排气

表 5-12　博世 AC350 型制冷剂回收加注机操作面板功能介绍

序号	功能键	作　用
1	高压表	显示空调系统高压端压力
2	低压表	显示空调系统低压端压力
3	高压阀	控制空调系统高压端与设备的通断
4	低压阀	控制空调系统低压端与设备的通断
5	工作罐压力表	显示工作罐的压力

（续）

序号	功能键	作　　用
6	多语言对照表	多种语言表达对照
7	上下键	上下选择键
8	电源开关	开机或关机
9	键盘	输入数据键
10	数据库	进入数据库的快捷键
11	开始/确认键	开始/确认程序的进行
12	停止/取消键	停止/取消程序的进行
13	菜单	进入菜单程序的快捷键
14	充注	向空调系统充注制冷剂
15	抽真空	将空调系统进行抽真空
16	显示屏	显示操作信息
17	回收	回收空调系统的制冷剂
18	排气	运行排气功能的快捷键

博世 AC350 型制冷剂回收加注机使用时需注意以下几点。

1）当确定使用一种制冷剂后就不能使用其他制冷剂了；否则会严重损坏设备和汽车空调。

2）使用前必须认真检查真空泵油位，如低于最低位，应及时添加。

3）不可随意增加连接线缆，否则容易导致设备过热或着火。

4）起动设备前应检查是否有冷冻机油，若没有应加入适量的冷冻机油。

5）设备只能在 10～50℃环境下使用，如果温度超过 40℃要在两次回收之间等待 10min。

6）在真空状态下不能超时使用压缩机；否则会损坏压缩机。

7）在使用设备时要佩戴护眼罩。

8）如果在内置存储罐内充注制冷剂过多，可能导致爆炸或严重人身伤害或死亡。

9）在抽真空前必须检查压力表，只有低压在小于 0kPa 时才可进行操作。

10）R134a 与 R12 有特殊的接头，不可混用。

11）对进行抽真空操作的空调系统要补充必要的冷冻机油。

12）不得随意拆开设备外部防护件，在打开设备外盖时必须断电。

任务准备

1）场地环境检查。要求通风良好，车辆按标准停放，场地周围无异物。

2）工具准备检查。纯度鉴别仪、制冷剂回收加注机、车轮挡块、车内五件套和车外三件套。

任务实施

1. 车辆基本检查

维修人员在进行空调系统检查之前要确定车辆自身的基本情况，安装车辆防护装置，记录车辆基本信息，进行基本作业检查，将检查结果记录填写在表5-13中。

表5-13　车辆基本检查记录表

汽车型号			车牌号		
VIN编号			维修组编号		
车辆基本检查					
序号	项目	作业记录	序号	项目	作业记录
1	汽车停放和三角块放置状况		5	发动机机油液位	
2	座套、转向盘套、换档手柄套、脚垫、翼子板护围安装状况		6	冷却液液位	
3	仪器、设备、工量具数量		7	蓄电池电压	
4	各线束连接状况		8	空调传动带松紧度	
签字：　　日期：　年　月　日					

2. 制冷剂的检测

1）将制冷剂鉴别仪挂在发动机舱盖上。

2）进行仪器使用前的检查工作。

3）将制冷剂鉴别仪连接到交流220V电源上，仪器自动开机。

4）两手指同时按下A、B键后，使用A和B键来调节海拔的设置，直到显示的读数高于但最接近当地的海拔后松手，保持仪器处于待机状态约20s，设置会自动保存到仪器的内存中。

注意事项如下：

① 如果通电后不立即按下A、B键，则会采用上次设置的海拔数值。

② 每按一下A键读数增加30m（100ft，1ft = 0.3048m），每按一下B键读数减少30m（100ft）。

③ 仪器可以在海拔变化为152m（500ft）的范围内自动调节，正常的气压变化不会影响仪器的运行。

④ 如果没有输入海拔数值，仪器在预热过程中会显示“USAGE ELEVATION NOTSET”。

⑤ 当选择好正确的海拔数值后，不要再按下A和B键。

⑥ 输入错误的海拔数值将导致仪器的检测错误。

将低压快速接头连接至2016款别克威朗轿车手动空调低压检修阀上，观察压力表指针应指在5～25psi，按A键，等大约20s，鉴别仪进行制冷剂检测。

记录检测数据：R12：________%　R134a：________%　R22：________%　HC：________%　AIR ________%。

5）记录分析结果：____。

注意：分析的结果将在仪器的显示屏上，以下列符号显示出来。

PASS：说明样品的纯度达到98%或更高。制冷剂的种类和空气的污染程度也会同时在显示屏上显示出来。

FAIL：说明样品被测定为R12或R134a的混合物，无论R12还是R134的纯度都没有达到98%，或者混合物太多。同时还将显示R12、R134a和空气（AIR）的百分比含量。

FAIL CONTAMINATED：说明测定的样品有未知制冷剂，如R22或碳氢类在混合物中的含量占4%或更多。在这种模式下，不能显示制冷剂或空气混合物的含量。

NO REFRIGERANT - CHK HOSE CONN：说明测定的样品中空气含量达到90%或更高。通常情况下是因为R134a采样管的接头没有打开，采样管没有与样品来源接通，或样品来源中没有制冷剂。

6）制冷剂回收原则判定：____。

3. 制冷剂的回收

1）开机准备。将AC350型制冷剂回收加注机的电源插头接在220V电源上，转动电源开关，操作界面显示主菜单，包括储罐重量和储罐内部的制冷剂重量。

记录回收前储罐初始重量：________kg。

2）排气。按排气键，设备进行排气，2s完成后按确认键。

3）回收制冷剂。

① 按回收键，然后按界面提示接好管路及接头。

② 设定制冷剂的回收量：利用数字键输入制冷剂重量，按确认键。

查看发动机舱标注制冷剂加注量的铭牌，制冷剂回收量应为________g。

③ 界面显示“清理管路1min”。设备开始自动进行清理，然后进行回收。

4）完成回收作业。

5）根据界面提示，按确认键，进行排油。

计算排油瓶排出油量 = 排油后排油瓶油量（________mL）—排油前排油瓶油量（________mL）=________mL。

6）按取消键，返回主界面，回收制冷剂操作完成。

记录回收后储罐制冷剂重量：________kg。

计算制冷剂实际回收量 = 回收后储罐制冷剂重量（________kg）—储罐初始重量（________kg）=________kg。

7）根据制冷剂检测结果，查阅《汽车空调制冷剂回收、净化、加注工艺规范》（JT/T 774—2010），如需对制冷剂进行净化，利用“制冷剂自循环”功能进行制冷剂净化。

4. 抽真空、加注冷冻机油和制冷剂

1）打开冷媒回收加注机电源开关，设置系统保压时间。

2）按抽真空键，待屏幕上出现抽真空状态后，通过数字键盘设定抽真空时间为15min。

3）按确认键，开始抽真空操作。

4）抽真空结束后，关闭高、低压手动阀。根据系统提示，按确认键，进入保压环节。保压15min后，观察压力表有无变化，确认是否泄漏。

5）再次抽真空 30min 后打开高压阀，按确认键，显示屏显示进入注油流程。

6）观察注油瓶油量，按确认键，开始注油，待注油量达到排出油量 + 20mL 时，按取消键，加注冷冻机油操作完成。

7）查阅车辆使用说明书或查看车辆空调制冷剂加注铭牌，明确制冷剂加注类型和加注量。加注类型：________；加注量：________。

8）按制冷剂回收加注机“加注制冷剂”键，设置制冷剂加注量：

制冷剂设定加注量 = ________ g（空调制冷剂加注量） + 45g（管路回收量） = ________ g。

打开高压手动阀，按确认键，开始充注。充注完成后，关闭高、低压手动阀，断开管路，根据系统提示按确认键，开始清理管路。

管路清理后按确认键，退出系统。

5. 作业结束

回收整理工具，清洁场地。

检查评议

评价表见表 5-14。

表 5-14　评价表

序号	检查项目	操作内容	配分	得分
1	作业环境检查	正确检查作业环境	10 分	
2	车辆基本检查	正确放置车轮挡块	20 分	
		正确安装内外三件套		
		检查仪器、设备、工量具数量		
		检查线束连接		
		正确检查发动机机油和冷却液液位		
		正确检查蓄电池电压		
3	车辆基本信息检查	正确记录车辆基本信息	10 分	
4	空调系统基本检查	正确检查各出风口是否出风	10 分	
		按压力测量条件设定汽车空调		
5	制冷剂回收、加注	正确使用制冷剂鉴别仪	40 分	
		进行制冷剂回收加注机初始检查		
		正确进行制冷剂回收加注机		
		设置抽真空时间		
		设置保压时间		
		观察注油瓶冷冻机油油量		
		加注冷冻机油、制冷剂		
		正确回收管路制冷剂		

（续）

序号	检查项目	操作内容	配分	得分
6	职业素养	学习态度：积极主动参与学习	10 分	
		团队协作：善于合作，共同完成		
		责任意识：爱护仪器，作业单填写认真		
		安全规范：有安全意识，操作规范		
		现场管理：6S 执行认真，有环保意识		
合计			100 分	

问题及防治

1）根据检查情况，总结出完成任务过程中会遇到的问题。

2）小组内探讨如何预防这些问题的发生，也可以由组长汇总后咨询教师。

扩展知识

二氧化碳制冷剂

二氧化碳在地球上是取之不尽、用之不竭的自然资源，早在 20 世纪初就已在工业与渔业的冷冻系统中使用，它的冷媒代号是 R744。二氧化碳毒性小且不会分解出刺激性物质，另外，二氧化碳没有可燃性，获取也非常容易，其工作时产生的温室气体效应远远小于传统制冷剂。但是，二氧化碳存在一个重要缺点，就是它在制冷系统里的工作压力很高，是 R134a 制冷剂的 10 倍，所以要使用二氧化碳作为制冷剂就需要车辆空调系统经过特殊设计。

课后习题

1. 判断题

1）制冷剂 R12 和 R134a 可以混用。（　　）

2）制冷剂 R12 和 R134a 的冷冻机油可以混用。（　　）

3）发动机已发动，开空调时可以从高压侧加制冷剂。（　　）

2. 简答题

1）如何进行空调制冷剂的回收与加注？

2）若更换制冷剂，有哪些需要注意的地方？

任务5　汽车空调系统性能检测

任务描述

一辆2016款别克威朗汽车对空调系统进行了维修，现需对空调系统进行性能检测，以确定其是否运行正常。该如何检测呢？

任务分析

为了完成本次任务，应该做到以下几点。

1）会使用汽车空调故障诊断仪。

2）能完成汽车空调系统性能检测并判断其性能好坏。

相关知识

1. 汽车空调制冷性能检测的要求

《汽车空调制冷剂回收、净化、加注工艺规范》（JT/T 774—2010）中关于制冷性能检验的要求如下。

1）在完成制冷剂加注作业后，应进行汽车空调制冷性能检验。

2）在制冷装置工作状态下，用检漏设备检测加注阀处有无泄漏。

3）制冷装置高、低压侧压力及空调出风口温度检测应根据汽车制造厂商的要求进行。可参照以下方法。

① 车辆停放在阴凉处，将干湿球温度计放置在空调进风口位置。

② 打开车窗、车门。

③ 打开发动机盖。

④ 打开所有空调出风口，调节到全开。

⑤ 设置空气控制器：外循环模式、强冷、A/C开关打开、鼓风机转速最高。若是自动空调应设为手动模式，并将温度设定为最低值。

⑥ 将温度计探头放置在空调出风口内50mm处。

⑦ 起动发动机，将发动机转速控制在1500～2000r/min，使压力表指针稳定。

⑧ 待温度计显示数值趋于稳定后，读取压力表和温度计的显示值，将所测得的高低侧压力、相对湿度、空调进风温度、出风温度与汽车制造商提供的空调性能参数或图表上的参数

相比较，如压力表、温度计显示的高低压侧压力和空调出风温度不在规定的范围内，应对制冷装置做进一步诊断和检修。

2. 汽车空调故障诊断仪

博世罗宾耐尔 Tecnoclim Pro Plus Ⅱ汽车空调故障诊断仪主要功能有两个，即诊断空调系统的性能和诊断空调制冷系统部件，其外观如图 5-13 所示。汽车空调故障诊断仪的使用应注意以下几点。

1）起动并预热发动机 3 ~ 5min 后，开启汽车空调工作 5 ~ 10min。

2）打开所有空调出风口，调节到全开。

3）设置空调为外循环模式，温度调节到最低，鼓风机转速设置为最高。

4）开启所有车门与车窗。

5）取用空调故障诊断仪，将传感器与故障诊断仪连接完毕，整理线束，将其绑在发动机盖上。

6）连接传感器并整理线束。其中，TK1 连接到冷凝器入口，TK2 连接到冷凝器出口，TK3 连接到膨胀阀入口，TK4 连接到膨胀阀出口。

7）戴橡胶手套和护目镜，取下高低压检修阀口防尘帽。

8）连接高低压压力传感器，红色软管连接高压检修阀口，蓝色软管连接低压检修阀口，确认连接可靠。

9）使用自诊断模式检测汽车空调制冷性能。

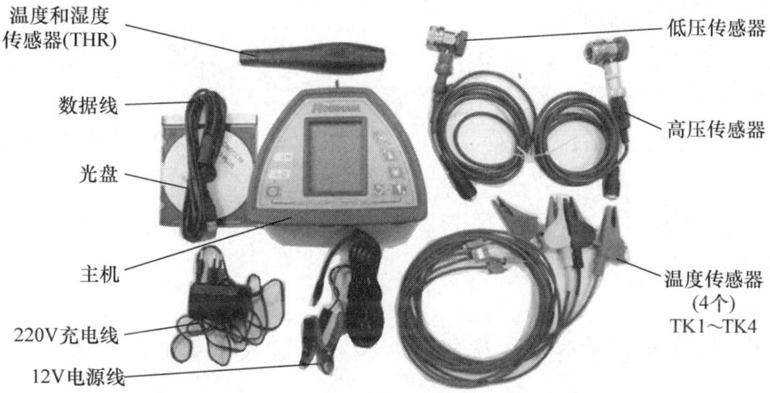

图 5-13　博世罗宾耐尔 Tecnoclim Pro Plus Ⅱ汽车空调故障诊断仪

任务准备

1）场地环境检查。要求通风良好，车辆按标准停放，场地周围无异物。

2）工具准备检查。汽车空调故障诊断仪、车轮挡块、车内五件套和车外三件套。

任务实施

1. 车辆基本检查

维修人员在进行空调系统检查之前要确定车辆自身的基本情况，安装车辆防护装置，记录车辆基本信息，进行基本作业检查，将检查结果填写在表5-15中。

表5-15　车辆基本检查记录表

汽车型号		车牌号			
VIN编号		维修组编号			
车辆基本检查					
序号	项目	作业记录	序号	项目	作业记录
1	汽车停放和三角块放置状况		5	发动机机油液位	
2	座套、转向盘套、换档手柄套、脚垫、翼子板护围安装状况		6	冷却液液位	
3	仪器、设备、工量具数量		7	蓄电池电压	
4	各线束连接状况		8	空调传动带松紧度	
签字：　　日期：　年　月　日					

2. 汽车空调系统性能的检测

1）起动发动机预热3～5min，按要求开启并调节空调，按要求连接汽车空调故障诊断仪。

2）开机，选择自诊断模式，检查空调配置参数。

3）按提示信息连接完毕后，选择“Next”，按“确认”键，进入空气温度和相对湿度界面。

4）将温度传感器固定在中央出风口，将发动机转速控制在1500～2000r/min并保持3min，等待检测完成，读取自诊断结果。

记录检测结果：____________________。

5）返回空调故障诊断仪主界面，选择测量模式。进入显示器模式界面，观察空调各参数并记录在表5-16中。

表5-16　汽车空调检测参数

检测参数	数值	检测参数	数值
高压侧压力		低压侧压力	
环境温度		环境湿度	
空调出风温度		空调出风湿度	

6）关闭鼓风机、汽车空调开关，发动机熄火。

7）吸气压力与环境温度的关系如图5-14所示，空调出风温度与环境温度的关系如图5-15所示，分别与测量数据进行比较，分析汽车空调性能好坏。

分析结果：____。

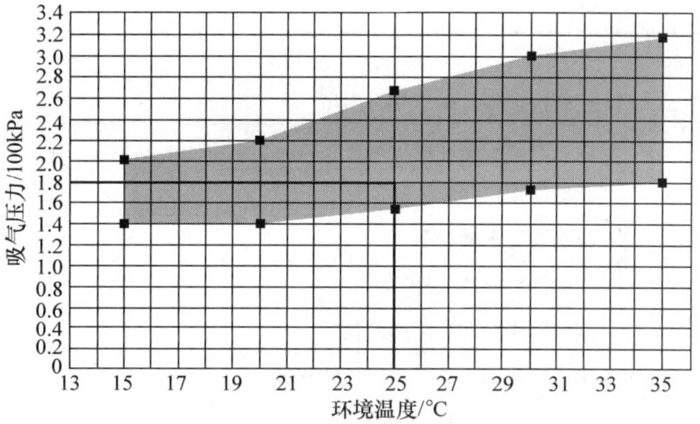

图 5-14　吸气压力与环境温度关系

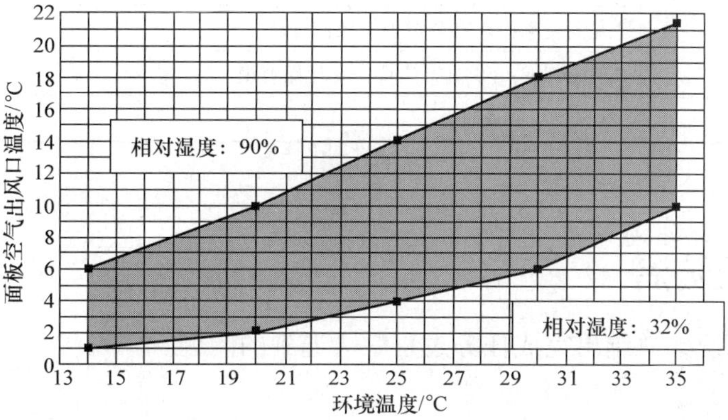

图 5-15　空调出风温度与环境温度关系

检查评议

评价表见表 5-17。

表 5-17　评价表

序号	检查项目	操作内容	配分	得分
1	作业环境检查	正确检查作业环境	10 分	
2	车辆基本检查	正确放置车轮挡块	20 分	
		正确安装内外三件套		
		检查仪器、设备、工量具数量		
		检查线束连接		
		正确检查发动机机油和冷却液液位		
		正确检查蓄电池电压		
3	车辆基本信息检查	正确记录车辆基本信息	10 分	

（续）

序号	检查项目	操作内容	配分	得分
4	空调系统基本检查	正确检查各出风口是否出风	10 分	
		按压力测量条件设定汽车空调		
5	制冷剂回收、加注	正确连接空调故障诊断仪	40 分	
		正确设置车辆参数		
		正确设置检测条件		
		正确操作空调故障诊断仪		
		正确判断汽车空调制冷性能状况		
6	职业素养	学习态度：积极主动参与学习	10 分	
		团队协作：善于合作，共同完成		
		责任意识：爱护仪器，作业单填写认真		
		安全规范：有安全意识，操作规范		
		现场管理：6S 执行认真，有环保意识		
合计			100 分	

问题及防治

1）根据检查情况，总结出完成任务过程中会遇到的问题。

2）小组内探讨如何预防这些问题的发生，也可以由组长汇总后咨询教师。

扩展知识

冬季使用空调要点

1. 冬天不要一上车就开空调

车外天寒地冻，刚上车车内温度很低，大多数人第一时间就打开暖风。但是，当打开暖风把空调调到最高温度、最大风量时，空调口吹出来却是冷风。这是因为车辆刚刚起动，散热器中的冷却液温度很低，需要一段时间热车后才能让冷却液温度升高，这时打开暖风不仅不会让车内温度升高，还会增加发动机负担，散热器中冷却液温度升高反而变得更缓慢。

正确的做法是：先让车辆运转一会，等到冷却液温度指针指示值达到正常冷却液温度的1/2时，再开始使用暖风，而且最好先使用外循环，让车内空气焕然一新，过几分钟后再转为内循环。

2. 冬天汽车空调不用按A/C键

A/C键是空气压缩机的开关，因为汽车暖风工作的原理是非独立式余热供暖系统，也就是利用散热器、排气管等散发的热量加热空气，然后由风机吹到车内。因此，使用暖风时不需要起动压缩机，也就不用按下A/C键了。

3. 冬天开暖风不会明显增加油耗

前面曾说到，汽车空调暖风和冷风的工作原理是不同的，暖风是依靠散热器、排气管等热交换工作的，除了风机，基本用不到其他设备，所以开暖风后的油耗和正常驾驶时基本差不多。只有当上车后急于开暖风时，由于过早开启暖风，发动机温度反而会降低，汽车微机会因此判断让喷油系统加大喷油量，以快速提高发动机温度，只有这时才会增加油耗。

4. 狭小空间长时间停车开空调要注意通风

在空间狭小、空气不流通的地方，如车库，长时间开空调，有可能造成车上人员一氧化碳中毒，这种状况下使用暖风，要注意通风换气。

课后习题

1. 选择题

若有液态制冷剂溅入人的眼睛，则应立即采取的安全措施是（　　）。

A. 立即召集有关人员开现场会说明意外事故确实会发生

B. 保持受伤者情绪稳定并使其确信事故不严重

C. 批评受伤者太不小心

D. 立即用大量的冷水清洗受伤者的眼睛

2. 简答题

1）如何进行汽车空调的操作检查？

2）如何进行汽车空调的日常维护？

任务6　汽车空调系统综合检测

任务描述

一辆2016款别克威朗汽车的空调系统制冷效果下降，时好时坏，现需要对空调系统进行全面检测，排除故障，并通过检测以确定其是否运行正常。

任务分析

为了完成本次任务，应该做到以下几点。

1）掌握空调常见故障的排除方法。

2）正确使用汽车空调检测与诊断仪器。

3）完成汽车空调系统简单故障的排除。

相关知识

1. 汽车空调故障诊断方法

在制冷系统出现故障时，可以采用下列常规方法检查制冷循环系统与电气控制系统，找出故障原因及故障部位。

（1）看　看就是观察空调系统各部件表面的情况，主要内容包括以下几项。

1）通过视液镜观察制冷剂的流动情况。空调系统正常工作时，视液镜中流过均匀透明的液体为正常，其余情况说明不正常。

2）低压管表面结露为正常，不结露说明不制冷。

3）制冷系统各管接头处干燥无油渍为正常，有油迹说明有渗漏。

4）冷凝器表面是否脏污，各软管是否磨损、老化、鼓包及有裂纹等。

5）看蒸发器有无淌水情况，正常情况下空调运行 5 ~ 10min 会有水从蒸发器接水盘中淌出；否则为不正常。

6）看冷凝器电子风扇是否正常运行。

（2）听　听就是听机器运转的声音是否有异常，主要包括以下内容。

1）听压缩机运转时有无杂音或撞击声，有则为不正常。

2）听鼓风机、冷凝风扇电动机等运转时是否有杂音，有则为不正常。

3）若有传动带声，说明传动带打滑。

4）若有尖叫声，则为电磁离合器磁力线圈老化，磁吸力不够，离合器片打滑所致。

（3）摸　摸是指用手触摸各典型部位，从而感觉各部位的温度是否正常，包括以下内容。

1）触摸制冷系统的高低压管，高压管烫手、低压管冷或冰手为正常。

2）冷凝器较热为正常。

3）储液干燥器呈温热态，上下温度均匀且进、出口无明显温差为正常。

4）用手感觉空调出风口吹出的风有冰凉的感觉为正常。

5）用手摸各管接头及电器插座插头是否松动。

（4）测　通过看、听、摸这些人工诊断方法，只能大概判断故障部位及原因，但要得出最后结论，还必须借助空调系统专用仪器、仪表来进行测试。在测试的基础上，对故障现象认真分析研究，找出故障的确切部位及原因，然后对症下药，予以排除。具体可以进行以下检测。

1）用压力表测量制冷系统高低压侧的压力，从而判断制冷系统的工作状况。比如：如果高低压侧的压力都低于标准值，则说明制冷系统制冷剂量不足，需要补充制冷剂。

2）用检漏仪对系统进行检测，判断制冷管路及部件有无泄漏以及泄漏的准确部位。

3）用万用表检查电气控制系统存在的电路故障。

2. 常见故障诊断

评价表见表 5-18。

表 5-18 常见故障诊断

故障现象	可能的原因	修理方法
无冷气	电磁离合器不啮合： ① 点火开关熔丝烧断 ② 电磁离合器故障 ③ 空调开关故障 ④ 配线或接地故障 ⑤ 无制冷剂 ⑥ 压力开关故障	① 更换熔丝并检查是否存在短路 ② 检查电磁离合器 ③ 检查空调开关 ④ 按需要进行修理 ⑤ 检查制冷剂压力 ⑥ 检查压力开关
	压缩机运转不正常： ① 压缩机传动带松弛或断裂 ② 压缩机故障	① 调整或更换传动带 ② 维修压缩机
	膨胀阀故障	检查膨胀阀
	系统有渗漏	使用测漏仪检测
	鼓风机不工作： ① 鼓风机操纵机构故障 ② 鼓风机电动机故障 ③ 配线故障	① 检查鼓风机控制模块 ② 检查鼓风机电动机 ③ 按需要进行修理
间断有冷气	电磁离合器打滑	检查电磁离合器
	膨胀阀故障	检查膨胀阀
	配线连接故障	按需要进行修理
	系统中含过多的水分	对系统抽真空并补充制冷剂
仅在高速时有冷气	冷凝器阻塞	检查冷凝器
	压缩机传动带打滑	检查或更换压缩机传动带
	压缩机故障	检查压缩机
	制冷剂不够或太多	检查制冷剂的数量
	系统内有空气	对系统抽真空和充入制冷剂
冷气不足	冷凝器阻塞	检查冷凝器
	压缩机传动带打滑	检查或更换压缩机传动带
	电磁离合器故障	检查电磁离合器
	压缩机故障	检查压缩机
	膨胀阀故障	检查膨胀阀
	制冷剂不够或太多	检查制冷剂的数量
	系统内有空气	用标准设备对系统抽真空，重新充入制冷剂
	冷冻机油过多	用标准设备对系统抽真空，重新充入制冷剂，按标准数值加入冷冻机油
	空调调节控制故障	检查蒸发器传感器及空调调节控制器
	压缩机处于最小工作容积	按前面所示方法检查调整

（续）

故障现象	可能的原因	修理方法
冷气的风量不够	蒸发器阻塞或结霜	清洁蒸发器散热片或滤清器
	冷却装置或空气管道渗漏空气	按需要进行修理
	空气进口阻塞	按需要进行修理
	鼓风机电动机故障	更换鼓风机电动机

任务准备

1）场地环境检查。要求通风良好，车辆按标准停放，场地周围无异物。

2）工具准备检查。汽车空调检测设备、车轮挡块、车内五件套和车外三件套。

任务实施

汽车空调系统综合检测工单见表5-19，按照其要求完成汽车空调系统相关检测和故障排除。

表5-19　汽车空调系统综合检测工单

汽车型号		工位编号	
发动机型号		VIN 编号	

一、作业前准备

序号	项目	作业记录	序号	项目	作业记录
1	汽车停放和三角块放置状况		5	发动机机油液位	
2	座套、转向盘套、换档手柄套、脚垫、翼子板护围安装状况		6	冷却液液位	
3	仪器、设备、工量具数量		7	蓄电池电压	
4	各线束连接状况		8	空调传动带松紧度	

二、汽车空调系统故障诊断

序号	项目	作业记录
1	确认故障现象	
2	初步检查	
3	确定故障范围	
4	检测过程	
5	检测结果分析及故障点确认	
6	故障排除方法	

（续）

三、汽车空调制冷剂的回收、加注		
序号	项目	作业记录
1	制冷剂纯度检测	海拔设定：
		纯度检测结果：
		检测结果判断：
2	制冷剂泄漏检查	检漏方法：
		泄漏部位：
3	回收管路连接	管路连接结果：
4	制冷剂回收	制冷剂回收结果：
5	制冷剂净化	制冷剂净化结果：
6	初抽真空	抽真空时间设定：
		抽真空结果：
7	保压	保压后真空度：
		结果判断：
8	注油	排出油量：
		注油瓶的油量：
		设定注油量：
		实际注油量：
9	抽真空	抽真空时间设定：
		抽真空结果：
10	定量加注制冷剂	加注量设定：
		加注结果：
11	管路回收	管路回收结果：
12	空调性能检验	空调系统类型设置：
		汽车空调诊断仪诊断结果：
		高压侧压力：
		低压侧压力：
		环境温度：　　　　环境湿度：
		空调出风口温度：　　　　空调出风口湿度：
		根据吸气压力与周围环境温度图表进行标注
		根据送风温度与周围环境温度图表进行标注

说明　实际工作中应按照 JT/T 774—2010 及维修手册规范作业，特作以下规定。

1）工作期间无须进行制冷剂的净化。

2）初次抽真空 3min，保压 1min。

3）再次抽真空 5min，不做保压处理。

4）工作现场海拔数值审定自行计算。

5）设备管路清理时，制冷剂回收量约为 45g。

6）为保证工作正常进行，冷冻油加注量为排出量 +5mL，但工单需要按标准填写。

检查评议

评价表见表 5-20。

表 5-20　评价表

序号	评分项目	判断标准	配分	得分	备注
1	作业前准备	正确检查作业环境，填写作业环境检查表，并对车辆各项指标进行检查，目视检查冷却液量，记录正确数据。使用万用表检查蓄电池电压	5 分		
2	车辆初始运转检查	检查发动机运转状况	9 分		初步了解车况
		检查各仪表运转状况			
		检查空调操作面板状况			
		检查冷却风扇状况			
		检查鼓风机各档位运转情况			
		检查各出风口情况			
		调取空调系统故障码			
3	制冷剂类型鉴别和纯度检测	进行海拔设定	5 分		按要求完成所有环节，记录完整的检测数据和结果
		正确调节压力			
4	制冷剂泄漏检查	正确检漏制冷系统压力	9 分		
		正确设置电子卤素检漏仪灵敏度			
		正确操作电子卤素检漏仪			
		检查部位不少于 5 个			
		正确确认泄漏部位			
5	制冷剂回收、加注	正确使用制冷剂鉴别仪进行制冷剂回收加注机初始检查	10 分		取高低压管路的压力，要求必须是转速处于 1500 ~ 2000r/min，运转 3 ~ 5min
		正确进行制冷剂回收加注机			
		设置抽真空时间			
		设置保压时间			
		观察注油瓶冷冻机油量			
		加注冷冻机油、制冷剂			
		正确回收管路制冷剂			
6	定量加注制冷剂	正确设定加注量	8 分		加注量参考维修手册、空调保养铭牌
		通过单管高压管路方式进行制冷剂加注，完成制冷剂加注			

（续）

序号	评分项目	判断标准	配分	得分	备注
7	管路清理	关闭制冷剂回收加注机的高低压快速接头阀门 拆卸制冷剂回收加注机的快速接头后进行阀口检漏	4分		
8	空调性能检验	正确连接汽车空调诊断仪 将制冷模式设为最冷 发动机转速处于1500～2000r/min 正确记录高低压侧压力 正确记录空调出风温度、湿度 标注吸气压力与周围环境温度图表 标注空调送风温度与周围环境温度图表 判断空调性能	8分		空调系统类型设置包括加注阀门、制冷剂压力传感器、空调压缩机、膨胀节流装置
9	故障现象确认	电器故障描述 非电器故障描述	4分		
10	故障可能原因	电器故障可能原因 非电器故障可能原因	6分		
11	故障检测结果	故障码××：对于端子，表示××端子线路断路；对于非电器，表示出风口风速<××，不正常	10分		
12	检测结果分析及故障点确认	×××线路断路 ×××处有异物	6分		
13	故障排除方法	修复×××线束 拆除×××异物	6分		
14	职业素养	学习态度：积极主动参与学习 团队合作：与小组成员一起分工合作，不影响学习进度 现场管理：服从工位安排，执行实训室管理规定	10分		
15	安全生产	自觉遵守安全文明生产规程			
总分	100分				
得分					

问题及防治

1）根据检查情况，总结出完成任务过程中会遇到的问题。

2）小组内探讨如何预防这些问题的发生，也可以由组长汇总后咨询教师。

扩展知识

空调暖风冬季不暖原因

在冬天或气温较低条件下行车时，大部分人都会打开空调进行制暖，若开启暖风后温度还是非常低，则在低温环境下开车会影响行车状况。碰到暖风不暖时也不需要担忧，了解空调暖风构造，通过以下几方面检查就能排除故障。

1. 冷却系统缺冷却液

冷却液也称为防冻液，汽车暖风循环是在发动机冷却液小循环管路中并联一条管路，管路中连接暖风水箱，暖风水箱通过鼓风机鼓风后产生暖风。暖风不热最常见的故障原因就是因冷却系统冷却液不足导致的，这也是最容易解决的一种故障。

在设计发动机冷却系统时，设计师会首先解决发动机散热，之后是暖风工作。在冷却液不足时，冷却系统会优先进行小循环，此时暖风循环管路中就缺少冷却液了，暖风水箱中大部分是气，此时空调暖风就无法制热。

暖风水箱从发动机舱就能观察到，暖风水箱的位置一般高于或与缸体缸盖持平，这样就优先保证了冷却液在缸体缸盖中循环，后再充满暖风水箱。

2. 暖风水箱堵塞

暖风水箱与发动机散热器相似，内部是多条细小的散热管路，和散热器一样内部容易堵塞。暖风水箱散热管路内部堵塞后，流经管路的冷却液流速变慢、流量变小，导致热量不足，空调暖风不热。

暖风水箱堵塞不影响发动机散热，造成堵塞的原因有冷却液中含有较多的水垢、杂质等。这些杂质都是平时不注意保养，补加冷却液时用水或混加其他类型的冷却液造成的。

3. 节温器故障

若节温器常开，即在使用过程中节温器无法关闭，发动机起动后，在怠速状态下冷却系统就进行大循环，如果在北方冬季冷却液温度会长时间偏低，空调暖风自然不热，冷却液温度表长期处于正常温度以下，还会导致发动机油耗过高、磨损加重，此时应该立即对冷却系统进行维修检查。

4. 暖水阀故障

暖水阀是一个电控阀门，在豪华品牌汽车中比较常见。暖水阀安装在暖风水箱进水管与发动机小循环管路之间，控制进入暖风水箱冷却液的流量，由空调微机控制阀门开度，以达到更加精准控制空调暖风温度的目的。

暖水阀发生故障后，电控阀门开度不再受微机控制，导致空调暖风温度不受控制。

课后习题

1. 判断题

1）空调制冷系统中，制冷剂越多，制冷能力越强。（   ）

2）当空调系统改换了制冷剂时，用于 R134a 的 O 形密封圈不须更换。（   ）

2. 简答题

1）简述空调系统综合检测的流程。

2）如何进行空调制冷剂泄漏点的修复？

参 考 文 献

[1] 王若平. 汽车空调 [M]. 北京：机械工业出版社，2011.
[2] 郝军. 汽车空调 [M]. 北京：机械工业出版社，2004.
[3] 张蕾. 汽车空调 [M]. 北京：机械工业出版社，2007.